本书受到"温州学术文库"、浙江省哲学社会科学规划课题"海外浙江地方党史研究评析——以相关英文研究文献为分析样本"（17NDJC352YBM）、浙江省社科联研究课题"海外学者视野中的浙江"（2011N095）的资助。

李春来　著

WEN ZHOU XUE SHU WEN KU

温　州　学　术　文　库

海外温州研究评析

HAIWAI

WENZHOU

YANJIU

PINGXI

厦门大学出版社　国家一级出版社
XIAMEN UNIVERSITY PRESS　全国百佳图书出版单位

图书在版编目(CIP)数据

海外温州研究评析/李春来著. —厦门:厦门大学出版社，2017.6
(温州学术文库)
ISBN 978-7-5615-6522-3

Ⅰ. ①海…　Ⅱ. ①李…　Ⅲ. ①温州－地方史－研究　Ⅳ. ①K295.53

中国版本图书馆 CIP 数据核字(2017)第 122152 号

出 版 人	蒋东明
责任编辑	江珏玏
封面设计	李嘉彬
技术编辑	许克华

出版发行 厦门大学出版社

社　　址	厦门市软件园二期望海路 39 号
邮政编码	361008
总 编 办	0592-2182177　0592-2181406(传真)
营销中心	0592-2184458　0592-2181365
网　　址	http://www.xmupress.com
邮　　箱	xmup@xmupress.com
印　　刷	厦门集大印刷厂

开本	720mm×1000mm　1/16
印张	14.75
插页	2
字数	262 千字
版次	2017 年 8 月第 1 版
印次	2017 年 8 月第 1 次印刷
定价	58.00 元

序 言

随着"海外中国学"的日渐"走红",各大高校纷纷设立"海外中国学"研究中心,一些高校还开始招收这一领域的硕士和博士研究生。与此同时,译介"美国中国学"的著作成为各家出版社的重要业务,《国外社会科学》、《中共党史研究》、《当代中国史研究》、《国外理论动态》、《国际汉学》等刊物也大量刊登这方面的译介文章。目前,国内学者从不同学科出发,对海外学界的中国研究成果进行学术史的"再研究",产生了诸多有价值的成果。

笔者在华东师范大学政治学系和中国社会科学院当代中国研究所进行硕士研究生和博士研究生的专业学习时,逐渐关注到海外中国学研究这一新兴的学术领域,在在职攻读博士学位期间,努力探索自身学术兴趣与党校具体工作实际之间的"交集",尝试将海外中国学研究与浙江研究结合起来。在朱康对等浙江本土学者的鼓励下,笔者以"海外学者视野中的浙江"和"海外浙江地方党史研究评析——以相关英文研究文献为分析样本"等题名先后申报了浙江省社科联研究课题(2011N095)、浙江省哲学社会科学规划课题(17NDJC352YBM)等地厅级和省部级课题,本书就是这些课题的阶段性成果。

最初,笔者设想以译文集的形式,对从事温州研究的数十位海外学者的成果加以集中呈现。但是一直苦于无法获取上述海外学人的书面授权,因此,为了避免知识产权纠纷,最终只得舍弃已完成的数十万字译文,另起炉灶,从学术史的视角来撰写专题性著作。在写作过程中,笔者日渐发现这是一项吃力不讨好的"苦工"。首先是研究资料的收集、阅读与翻译。由于笔者自身语言条件的限制,只能专门搜集英文研究文献,而舍弃其他语种的学术文献。考虑到需要收集的资料极为庞杂和零散,为了尽量避免资料收集工作中出现挂一漏万的现象,需要深入发掘中国社会科学院、国家图书馆、首都图书馆等研究机构的丰富馆藏资源,再辅之以馆际互借系统和互联网资源,最大限度地保证资料收集的全面性和代表性。此外,还需要在翻译英文文献的过程中,保持不同学科的学术话语在"跨文化"转换过程中的"原汁原味",需要在翻译中尽量做到"完整、准确"。其次是对学术作品的文本分析和理论回应。由于海外温州研究本身具有跨学科的性质,涉及经济学、政治学、社会学、宗教学等诸多学科的成果,因此,对于海外学界同行的研究作品进行"精确、到位"的解读和透视,既需要深厚的理论功底,又需要开阔的学术视野,还需要对于国内各学科的温州研究成果有一定的掌握。这就对笔者自身的学术功力提出了较高的要求。

由于笔者才疏学浅,在写作过程中深感自身知识储备的不足,因此,在书中留下了不少遗憾,只能留待以后再逐步加以完善。总之,本书作为引玉之砖,仅仅是对海外温州学术研究的历史与现状进行了一个初步的梳理,书中仍有颇多不足之处,希望广大方家批评、指正。

李春来

2017 年 3 月 1 日

目　录

导　论 ……………………………………………………………… 1

　一、研究意义 …………………………………………………… 1

　二、研究现状 …………………………………………………… 2

　三、研究内容 …………………………………………………… 2

　四、研究思路 …………………………………………………… 3

　五、研究方法 …………………………………………………… 3

　六、特点与创新 ………………………………………………… 3

第一章　海外温州研究概况 ……………………………………… 5

　一、研究对象及其定义 ………………………………………… 5

　二、新中国成立以前海外学者的温州研究 …………………… 6

　三、20 世纪 80 年代海外学者的温州研究 …………………… 13

　四、20 世纪 90 年代海外学者的温州研究 …………………… 14

　五、新世纪以来海外学者的温州研究 ………………………… 26

　六、研究特点 …………………………………………………… 79

第二章　对海外温州研究的研究方法的方法论归纳 ………… 94

　一、定量分析法 ……………………………………… 94

　二、模型研究法 …………………………………… 116

　三、田野调查法 …………………………………… 119

　四、比较研究法 …………………………………… 127

第三章　对海外温州研究的若干争议性观点的理论回应 …… 154

　一、改革开放前温州各项事业的发展情况 ………… 155

　二、党委政府在温州发展中的作用 ………………… 165

　三、温州干部队伍实事求是工作作风的动机 ……… 176

　四、温州的国家与社会关系 ………………………… 186

结　语 ………………………………………………… 192

参考文献 ……………………………………………… 194

附录一　海外温州研究主要学者简介 ……………… 202

附录二　海外学者论温州发展 ……………………… 206

导　论

一、研究意义

本课题具有一定的学术价值、理论价值和使用价值。

首先,从学术的角度。关于温州的研究并不是国内学者的专利,实际上,近代以来,不少海外学者的研究成果就大量涉及温州,这一点在改革开放以来更为明显。经过多年的努力,海外学者有关温州的研究积累了较为丰硕的成果。因此,对海外学者关于温州的研究进行系统的梳理,本身就具有重要的学术意义。海外学者关于温州的研究,无论是其主要观点、研究视角、研究方法,还是所用材料,都有许多值得国内学界借鉴的地方。同时,海外不同国家和地区在不同时期有关温州研究的"话语"变化,有着深刻的政治和学术背景,这也需要我们及时了解和分析。

其次,从政治的角度。对于海外学者的温州研究还存在一个分析、利用问题。除去获得信息外,我们也应该对明显错误甚至荒谬、反动的东西进行有针对性的批判。这不仅是学术性的问题,在一定程度上也是政治性的问题。海外学者世界观、历史观和价值观的不同,导致他们的研究存在许多问题。这就要求我们在充分借鉴和吸收海外学界有关温州研究的精华的同时,要做到如胡乔木所说:"对在论著中经常出现的比较重要的有影响的错误观点和歪曲我们党的历史的言论,进行针锋相对、有理有据的分析和批判。"

再次,从功能的角度。对海外学者有关温州的研究成果进行必要的梳理和评述,借"他山之石"搞好我们自己的研究,这不仅有益于我们在与海外学界同行的交流中知己知彼,更深层次的意义还在于,把温州研究放到更为宽广的国际政治、经济、文化的大背景下,为党和政府的决策提供咨询性服务。相反,如果我们满足于国内的研究,而对海外的资料和研究不闻不问,难以达到"以我为主"、"洋为中用"的目的。

二、研究现状

从学科分类角度来看,海外学者有关温州的研究属于海外中国学的范畴。作为改革开放以来中国学术界研究的新热点,海外中国学已经取得了丰硕的研究成果,日益成为一门"显学"。国内的海外中国学研究主要集中于对海外中国史学史、海外中国学发展史等问题的研究,而专门探讨海外学者关于中国某一个地区的研究成果,在国内学界还不多见。迄今只有俞可平、熊月之等少数国内学者开展过对海外学者有关北京①、上海②等地区的研究成果的整理和评析。而国内学者对海外学者有关温州的研究成果目前还仅限于零星的译介③。显然,仅靠个别学者的零星译介,我们难以了解海外学者有关温州研究的整体情况,而缺乏对海外学者有关温州研究成果的系统梳理和评析,势必不利于研究温州问题的国内学者与海外学界同行展开真正的学术交流与回应。

三、研究内容

本课题的主要内容是按照海外中国学的研究体系和框架,对海外学者有关温州的研究成果进行梳理和归纳;以国内温州研究为出发点和立足点,对海外学者的温州研究的主要观点进行马克思列宁主义的阶级和历史的辩证分析;从话语体系构建的角度,对海外代表性论著的文本话语书写进行分析和评述;从方法论的角度,重点分析海外学者有关温州研究的新颖研究手段的具体运用;最后辑录海外温州研究的文献目录、主要学者简介及其对于温州发展的主要对策建议的附录,作为今后研究的资料参考和提交相关决策部门参阅。

---

① 史明正.北京史研究在海外[J].北京档案史料,1999(3).
② 熊月之,周武.海外上海学[M].上海:上海古籍出版社,2004;俞可平等.海外学者论浦东开发开放[M].北京:中央编译出版社,2002.
③ 〔美〕艾伦·刘.温州模式与中国现代化[J].王业龙,译.编译参考,1993(3);(美)K.帕立斯.地方积极性与国家改革[J].魏广利,译.上海党校文献情报,1994(4);(美)罗士杰.神明如何平定叛乱:杨府君与温州地方政治(1830—1860)[J].魏广利,译.温州大学学报(社会科学版),2010(2).

四、研究思路

本书的研究思路按照海外中国学的分析框架,主要沿着以下两大路径开展研究:一是对相关海外温州研究论著的"文本创作"进行解读,既对文本本身的内容进行理论分析,又对文本所运用的主要研究方法进行追溯。二是对相关海外温州研究论著的"文本传播"进行考察,探讨文本作者在叙事建构的话语倾向。

五、研究方法

本研究以唯物史观为指导,特别注意对海外温州研究的历史进程、研究特点和代表性论著进行评论与分析。在对代表性作品进行评介时,将其置于所处历史环境中进行分析,去粗取精,去伪存真,瑕瑜分明,短长互见,尽量使评析符合实际。具体而言,首先是尽可能收集海外学者有关温州研究的学术著作和论文;其次是按照海外中国学的研究框架,对海外温州研究的概况、主要观点、研究方法、文本话语等方面进行系统的分类评述;再次,利用网络等手段尽可能与研究温州的海外学者进行沟通、交流;最后,尽可能熟悉国内学界有关温州的研究,以国内的研究作为探讨海外研究的逻辑起点。

六、特点与创新

目前,国内专门从地方研究层面探讨海外学者对于中国某一个地区的研究成果的综合性学术史的"再研究",主要是集中于翻译介绍层面。而且由于国内海外中国学研究一直到近些年才开始"火"起来,因而深入到地域研究层面来探讨海外的著作并不多。以目前海外这方面成果相对比较丰富的上海研究为例。2002 年,时任中央编译局副局长的俞可平等人,在上海市委宣传部的邀请下,为纪念浦东特区开发开放十周年,专门编译了《海外学者论浦东开发开放》的译文集,除了第一章的综述以外,其余部分全部编译自海外学者的论著。① 2004 年,上海市社科院副院长的熊月之等学者,针对海外的上海研究成果极为丰富的状况,首次编写了《海外上海学》一书,该书共分三部分,上篇

---

① 俞可平,等.海外学者论浦东开发开放[M].北京:中央编译出版社,2002.

为现状和趋势,主要包括海外上海学历程、世界各地的上海学研究以及海外英文博士论文中的上海学研究等内容;中篇为名著解读,列举了 25 本海外上海研究的名著的简要内容;下篇为名家剪影,主要介绍了 14 位海外学者的主要生平经历和代表性作品。[①] 总体而言,目前国内的相关研究以综述性介绍为主,专门从理论观点、话语分析、研究方法等层面进行系统性的理论分析的。

本书的创新之处在于:一是从选题上打破了国内的学科划分,更为契合海外研究的跨学科的现状。目前,对海外中国学研究的考察,主要是从政治学理论、国际关系、马克思主义中国化、经济学、社会学等不同学科视域出发,"抓取"国外关于"中国研究"中的不同方面的成果。这一研究对象的划分存在若干不足之处。因为国外学术界的学科划分往往与国内的分类标准不同。以政治学研究为例,国内研究中国共产党的学者在研读国外的相关研究成果时,往往是将国外的"中国研究"中的"近现代中国研究"部分中涉及中国共产党的内容"抓取"出来。这种机械的"切割"存在诸多局限。首先,国外的"当代中国"研究往往是"党"和"国"不分,国外学者的相关研究成果,"更突出地表现为对'国家'的观察,而不单是'党'的活动"。如果我们仅将国外相关研究中"中国共产党"方面的成果作为主要考察对象,而把"经济"等方面的研究成果排除在外,那么势必无法反映国外研究的全貌。尤其是在国外关于中国改革开放"经济"方面的研究成果要远远多于"政治"方面的成果的情况下,这一不足就更为明显。其次,随着西方多学科融合趋势的发展,"政治的经济学"(political economics)这一政治理论与经济理论相结合的全新研究领域开始兴起,对于政府在经济中的作用成为政治学与经济学共同的中心课题。体现在国外的中国共产党研究中,其研究成果往往是"政治"和"经济"不分,很难按照单纯的"政治"或"经济"的分类,将这两方面的内容截然分开。基于此,本书将海外从事温州研究的不同学科的学者"汇集"在一起来共同探讨。

---

① 熊月之,周武.海外上海学[M].上海:上海古籍出版社,2004.

第一章

海外温州研究概况

一、研究对象及其定义

（一）汉学、海外中国学与海外温州研究概念的辨析

汉学（sinology）：国外对中国历史文化的研究，主要是指国外对中国传统的人文学科（如文学、历史、哲学、宗教、艺术、考古等）的研究。词根 sin，希腊文，源于秦；词缀 ology，拉丁文，学科。sinology 指西方学术界对中国语言、文明、历史的研究。汉学研究从 7 世纪古希腊知晓秦国，到 13 世纪马可波罗游历，到 16 世纪利玛窦来华传教，历史久远。中国学（Chinese studies）主要是指国外对现当代中国政治、经济、军事等社会科学领域的研究，始于第二次世界大战结束后，是为适应西方国家研究新中国的政治需要而出现的。海外中国学（China studies）源于汉学（sinology），是指由海外学者参与的、以中国为研究对象的学科或研究领域。海外温州研究，顾名思义，就是海外学者参与的、以温州为研究对象的学科或研究领域。毫无疑问，海外温州研究是海外中国学的组成部分。

（二）关于海外的温州研究概念

"海外温州研究"特指中国大陆以外的所有国家与地区从事人文社会科学

领域研究的研究者①,以各种语种发表的,涉及温州地区的所有学术论著。海外学者的温州研究文献包括三类:一是正式出版的学术专著;二是各类期刊、杂志和会议所提交的论文;三是海外各高校和研究机构的学位论文(以博士学位论文为主,辅以少数优秀的硕士学位论文)。

笔者以"wenzhou"或"wenchou"作为关键词,在以 GBIP(Global Books In Print)、Worldcat、Ebrary、Netlibrary、Cambridge Books online 等外文著作数据库以及 Econlit、JSTOR、ProQuest、SAGE 等外文论文数据库进行检索,经过筛选剔除以后,截止到 2016 年 12 月 31 日,共检出海外有关温州的研究文献 103 部(篇)。

二、新中国成立以前海外学者的温州研究

(一)研究的基本情况

随着 1840 年的鸦片战争拉开了中国近代史的序幕,一系列不平等条约陆续签订,中国被迫开放了一大批对外口岸,温州就是其中之一。此后,形形色色的外国人士来到温州,其中各国来华传教的传教士占了绝大多数,此外还包括医生、外交官等职业人士。在 1949 年新中国成立以前,这些在温州工作和生活的外国人留下了大量的文字记录,其中既有历史当事人的第一视角的观察,也不乏具有一定研究深度的思考。这可谓海外温州研究最早的发端。

(二)主要研究成果及其观点

总体而言,这一时期外国人关于温州的著作可以分为以下几类:

---

① 这里研究者的国家和地区的划分以其文献写作和发表时的状况为准。例如,大陆学者曹南来现任教于中国人民大学哲学院,但其研究温州的代表性文献主要都是其在澳大利亚国立大学攻读人类学博士学位以及在香港大学任教期间撰写和发表的,其作品所体现的学术训练和分析框架更多地体现的是海外的学术传统和知识谱系。据此,本书也将曹南来在此期间在海外出版和发表的成果列入海外的温州研究范畴。

1.回忆录类

（1）苏慧廉（William Edward Soothill）的《中国传教》①。苏慧廉是偕我公会（English Methodist Free Church Mission，U.M.F.C.，后改称循道公会）派往温州地区传教的，他在温州有长达 25 年的宣教与生活的经历，可看作是一部偕我会（循道会）在温州的早期传教史。偕我会在温州创办的医院、学校，不单医治大量的病人，使越来越多的温州人学习新知，促进了基督教在温州地区的发展和传播，客观上也为温州本地培养了一大批人才，加快了晚清时期温州社会发展的进程。苏慧廉对晚清时期中国社会文化的影响和作用是多方面的。苏慧廉写这本书是在其离开温州、前往山西太原任职时，前后历时 18 个月时间，于 1906 年完稿。这本书虽然主要写的是传教，但苏氏具有一般知识分子勤奋好学、关注人生的禀性，视野和见解并不狭窄，加上他在温州生活了 25 年，对温州社会了解颇深。本书涉及面很广，共 20 章，分别涉及传教士、拓荒者、传播福音、教会组织、牧灵探访、施洗、教规、典型的温州教徒、本土化布道、妇女事业、医药事业、鸦片问题、教育事业、温州话圣经翻译、温州当地的庙宇、中国宗教及其创始人、本土宗教儒教、本土宗教道教、外来宗教佛教、伊斯兰教和基督教等内容，留下了许多宝贵的历史记录。其中所附的数十张照片，反映了一百多年前温州真实的面貌，更是弥足珍贵。所以，苏氏的这本书是一份难得的了解温州近代史的地方文献。②

（2）苏路熙（Lucy Farrar Soothill）的《走向中国》。苏路熙是苏慧廉的夫人，26 岁时随苏慧廉来到温州，在温州生活了 25 年。该书是她晚年回到英国以后写的回忆录，记录其在温州和中国其他城市的所见所闻。1931 年路熙去世后，该书由其女儿谢福芸（Dorothea Hosie）整理出版。该书内容涉及中国的方方面面，但三分之二的篇幅是回忆在温州度过的岁月，其中以描述温州的地理环境、人文社会最为细致、最为精彩。她以女人独特、细腻的视角，从小处着眼，把在温州的所见所闻娓娓道来，流畅而又写意。该书风格幽默诙谐、文

① 此书 1907 年出版时有美国版和英国版两个不同版本。美国版书名为《中国的典型传教》（A Typical Mission in China），由纽约青年传教士运动出版社（Young People's Missionary Movement）出版。英国版书名是《中国传教》（A Mission in China），由伦敦奥列芬特、安德森和费里尔出版社（London：Oliphant，Anderson & Ferrier）。美国版比英国版少了第六章"洗礼"（Baptism），插图也少了五张。笔者推测英国版可能是修订增补以后的正式版，因而本书中采用的是英国版。

② William Edward Soothill. A Mission in China[M]. London：Oliphant，Anderson & Ferrier，1907.

字优美,对当时温州的自然环境、山水风光、社会民俗和宗教状况进行了大量珍贵的描绘。比如,她把温州称为"中国的威尼斯","我们能去附近到处看看,这里风景如画","河流一段接着一段,两岸青山如画","温州的水路很壮观,有些河和英国的一样宽,也很长,非常壮丽"。再比如,她详细记录了温州"甲申教案"的一些具体情节:"一个星期六晚上,二三十名中国基督教徒,按期集中在毗连苏慧廉住处的一间房子里做礼拜。开头的赞美诗还未唱完,房前就出现了异常情况:一群暴民在苏慧廉住所前汇聚,当他们发觉苏宅前门紧闭不能闯入时,就转到屋后,在那里,他们如愿以偿。瞬间,无数石头"嗖嗖"地向门窗飞来。过了一会儿,木制的后门支撑不住轰然倒下,乱哄哄的人群如潮水般地涌入院内。这时,苏慧廉正急匆匆地赶往前门,他看到一股火光正从仆人的住处升起,于是马上转身返回后门。他看到院子里已聚集了一大群男子,由于天气炎热,许多人光着上身。这些人手持棍棒,乱扔石头,欣赏着用'洋油'点燃的地板在浓烟滚滚中燃烧。叫了几位朋友把火扑灭后,苏慧廉毫不畏惧地朝暴民们走去,暴民们纷纷逃走,苏慧廉跟在后面不厌其烦地劝说他们,但得到的唯一回答是一块呼啸而来的石头。石头打偏了,击中苏慧廉身边一位基督教徒的头。苏慧廉一次又一次地派人给温州道台送信请求援助,他既没有向道台提出保护财产的要求,也没有提及自己可以享受的治外法权,在遭到攻击时,他仅呼吁人们要保持冷静。事态变得越来越严重,苏慧廉手持用以自卫的马鞭,来到官府求援。但温州道台迟迟不肯接见,在苏慧廉的一再要求下,道台最后做了一点妥协,说愿意听听他有什么话要说。道台经过长时间的犹豫和反复的思考,终于出来坐在公堂上,开始着手平息这起烦人的事件,但他的所作所为是推诿、搪塞、徒劳无功。暴民人数迅速增多,他们警告官方不要插手此事。而后他们四处出动,有目的地放火烧屋,首先被点燃的是苏慧廉的房子,接着,全城其他六名欧洲人的房屋也被烧毁。"①

(3)法籍传教士冯烈鸿(Cyprien Aroud)神父所撰的《传教生涯:冯烈鸿神父的传教日记摘录(1899－1928)》。该书记录他 1899—1928 年在温州的传教历程,其中不乏具有珍贵史料价值的重大事件的当事人记录。例如,关于1900 年温州神拳会的记载:"1900 年 5 月 11 日夜间十时,我(即法籍教士冯烈鸿——笔者注)被地狱般的吵嚷声所惊醒,立即起床,只见路上灯火辉煌,人数

---

① Lucy Farrar Soothill. A Passport to China：Being the Tale of Her Long and Friendly Sojourning amongst a Strangely Interesting People[M]. Hodder and Stoughton limited，1931.

以千计。他们大声叫喊着,狂吼着:'打死番(洋)人,捣毁教堂,烧掉天主堂,杀死野蛮人。'哎呀,这是多么暴戾凶狠! 我同刘怀德(法籍传教士,当时任温州本堂神父——作者注)在与人群仅相隔一围墙处踱着步,听着死亡的吼声,长达半小时之久,但是谁也无法弄清这祸患的原委……'不要动手,不要动手','够了,我们散回吧!'人群中有人喊叫着,回应着。咆哮声减弱后,人群渐渐散去……终于恢复了平静。事后,刘怀德神父给三个人写信,其中一位是新上任的鲍思格(遣使会)巡察使,另一位是当时管理财务的白尔勃勒神父。他在信中不以为然地说:'这里一切暂算平静,但民众中已呈现一些激昂骚乱声,尤以乡间为甚。'"

(4)艾文·斯科特(Irving Scott)的《温州见闻》①。艾文·斯科特是英国人,1925 年受英国圣道公会派遣来温,曾任温州教区长,1938 年回英,1946 年又到温,1948 年离开。该书是他在温州的见闻录,记述了其对温州的印象。

(5)格蕾丝·斯多特(Grace Stott)的《中国传教二十六载》②。格蕾丝·斯多特是传教士曹雅直的夫人。该书是她 1895 年离开温州后撰写的回忆录,详细记录了曹氏夫妇在温州的传教经历。内地会创始人詹姆斯·胡德森·泰勒(James Hudson Taylor)为其作序。

(6)斯多比(W. R. Stobie)、苏慧廉的《中国温州》③。该书详细记录了庚子年间发生在温州的教案的详细过程。

(7)爱德华·哈泼·帕克的《中国:过去与现在》④。该书作者在 1884 年温州爆发"甲申教案"时,担任英国驻温州领事。该书作为其在中国工作和生活岁月的回忆录,其中有部分章节提到了其在温州的经历。

(8)伊迪丝·瑞秋·梅利特·谢弗(Edith Rachel Merritt Schaeffer)的《美福:中国回忆录》⑤。她的父亲是美国传教士、神学教授乔治·休米·塞维利亚(George Hugh Seville),乔治于 20 世纪初受中国内地会(China Inland Mission,CIM)的委派到温州传教,母亲杰西(Jessie)是内地会温州育德女校

---

① Irving Scott. Pictures of Wenchow[M]. The Cargate Press,London,1947.

② Grace Stott. Twenty-Six Years of Missionary Work in China [M]. London: Hodder and Stoughton Limited,1898.

③ W. R. Stobie. William Edward Soothill[M]. Wenchow,China,Shanghai,1900.

④ Edward Harper Parker. China,Past and Present[M]. Chapman & Hall,LD. London,1903.

⑤ Edith Schaeffer. Mei Fuh:Memories from China [M]. Houghton Mifflin Company,1998.

教师。1914 年冬天,伊迪丝出生在温州,小名美福(Mei Fuh),5 岁时随父母回美国。这本书就是她在 84 岁高龄时,以儿童的视角及笔调回忆童年旧事,书中有不少关于温州城貌、风俗、故人的描写,并附有不少珍贵的照片。

(9)英国循道公会传教士爱乐德(W. Roy. Aylott,1906—1997)于 20 世纪三四十年代在温传教,两度任循道公会温州教区长,1940 年起兼任浙东神学院院长。1950 年 9 月 6 日他离温返英,是最后一个离开温州的西方传教士。他撰有六大册的《温州日记(1941—1950)》(未刊稿)。

(10)谢福芸(Dorothea Soothill Hosie)是苏慧廉和苏路熙的女儿,作家,1885 年出生于温州,童年时代在温州长大。在她撰写的多部关于中国的作品中,也时有提到温州的人与事,包括:《两位中国绅士》①、《一位中国女士及其同龄人的肖像》②、《勇敢的新中国》③。

2.语言学研究

(1)爱德华·哈泼·帕克(Edward Harper Parker),英国领事官,1869 年来华,初为公使馆翻译生,1871 起相继在天津、大沽、汉口、九江及广州等领事馆任职,1883—1884 年署理温州领事,离温后又任福州、海口、琼州领事,1895 年退休回国,1901 年任曼彻斯特维多利亚大学教授,是西方著名的汉学家。1884 年,他在香港 *The China Review* 杂志发表《温州方言》④一文,该文是笔者发现的迄今为止第一篇系统研究温州方言的文章,在长达三十多页的篇幅中,他尝试用拉丁字母给温州方言注音。

(2)赫伯特·艾伦·吉尔斯(Herbert Allen Giles),英国汉学家。他在华 25 年,1897 年返英后当选剑桥大学第二任汉学教授。他自认一生最大的成就是《华英字典》⑤。该字典共收汉文单字 13838 个,以经翟氏修改的威妥玛式罗马字注音系统(Wade-Giles System)排序,作为字头的汉字大都有详尽的注

---

① Dorothea Soothill Hosie. Two Gentlemen of China[M]. Seeley, Service& Co. Limited, London, 1924.

② Dorothea Soothill Hosie. Portrait of a Chinese Lady and Certain of Her Contemporaries[M]. William Morrow and Company, 1930.

③ Dorothea Soothill Hosie. Brave new China[M]. London, Hodder & Stoughton, 1938.

④ Edward Harper Parker. The Wenchow Dialect[J]. The China Review, 1884:162 −175,377−389.

⑤ Herbert Allen Giles. A Chinese-English Dictionary[M]. Kelly& Welsh Limited, 1892.

音,不仅按《佩文韵府》注出音韵,而且注出韩、日、越三种读音及该字的一些方言读音。方言读音种类不定,但很多字附有温州方言音。

(3)P.H.S.蒙哥马利(P.H.S.Montgomery)的《温州话导论》。他在 1889 年 9 月 25 日至 1891 年 4 月 3 日任温州瓯海关代理税务司。该书是一本系统介绍温州方言的专著,1893 年由别发洋行出版。

(4)苏慧廉的《温州话版马太福音》[①]。此书全名 *CHAÒ−CHÏ YI−SÛ CHI−TUH SANG IAH SÌNG SHÏ*:*SZ FUH−IANG TÀ SZ−DU E−DJÜE*(《救主耶稣基督新约圣书:四福音带使徒行传》),是苏慧廉用温州方言翻译的《新约圣经》的单行本,1894 年由大英圣书公会(British and Foreign Bible Society)在英国出版。此是温州史上第一部方言版《圣经》(选本)。此书已稀见,大英图书馆、美国康奈尔大学图书馆有藏。

(5)苏慧廉的《温州话版新约圣经》[②]。此书全名 *NG−DA−KO CHAO−CHI YI−Su CHI−TUH SANG−IAH SING−SHI*(《我大家救主耶稣基督新约圣书》),即《新约圣书》温州教会罗马字译本,1902 由大英圣书公会出资,在温州由内地会印书馆(The China Inland Mission Press)出版发行。这也许是温州有史以来第一次也是唯一一次,受全球最权威的圣经机构委托直接印行全本《新约圣经》。

其他重要的还有:苏慧廉的《温州方言入门》和《温州赞美诗集》[③](1899)等。

3.温州海关报告

近代历史上,掌控中国海关的外国人撰写了大量报告,这其中就有许多关于温州的内容。较有代表性的有:亚历山大·嘉米尔森(Alexander Jamieson)主编的英文期刊《海关医学报告》(*Medical Reports*)。该刊作为中国海关关册季刊《海关公报》(*Customs Gazette*)的一部分,旨在记录中国通商口岸的疾病种类、数量,并将其置于当地的气候、风土、生活习惯中加以分析。《海关公报》于 1868 年开始发行,它的第六部分是有关医疗方面的,称为《海关

---

① William Edward Soothill. The Gospel of Matthew, in Wenchow Colloquial [M]. London,1892.

② William Edward Soothill. The New Testament in Wenchow Colloquial[M]. The Wenchow C. I. M. Press,1902.

③ William Edward Soothill. Revised Hymn Book[M]. Character, and Romanised,1899.

医报》,由各地海关医官负责编写。这些医官一方面负责海关洋员及其家属的疾病治疗,另一方面也要对当地的疾病医疗情况进行调查,于每年三月底和九月底分两次汇集后交给海关稽查统计处(Statistical Office Inspectorate General Customs)出版。1871年开始出版第一册,到1904年第67册发行后便中断发行,直到1910年9月第68册才又重新开始发行,此后便完全停刊。其中,有关温州的报告从1878年第一期起,到1910年止,共有24期。就温州地区的报告而言,其内容大致可分为三大类:一是温州的自然地理环境,二是温州的天气降水状况,三是温州当地的医疗状况。

4.外国在华报刊

晚清至民国,外国人在中国主办了《中国评论》(*The China Review*)、《北华捷报》(*North China Herald*)、《教务杂志》(*The Chinese Recorder*)等大量英文报刊,如一些曾在温州工作的外交官、传教士、商人,虽没有撰写关于温州的专著,但也留下些与温州有关的零星记录。

例如:法籍浙东主教赵保禄(Paul-Marie Reynaud)曾撰写温州教案的材料,发表在北京天主教《遣使会年鉴》第50卷(1885)和北京《公教报》(1884年12月19日,第811期)上,文中记述当时的情况说:"董神父已上床安心就睡,忽闻人声喧器和猛力捣门,他急忙穿衣下楼。正欲派人报官求救,闻知基督教堂已被焚烧,路上有千百民众围困着天主教堂,隐约见有棍棒、长矛、火药枪摆动。当时情急势危,胜似千钧一发,大门已被捣开,人们如潮涌入。幸有两头中国犬勇猛拦阻,使董得以领完堂内'圣体'而乘机逃脱。民众一经侵入,就进行盘查搜寻洋人。这时董已跑到屋后,正在越墙,但因围墙较高,他三次攀越均告失败,跌倒在墙脚下,人乏力竭,腿淋鲜血。他再次奋起,边求圣母垂怜,边举足孤注一掷,猛力捣踢砖墙,捣出了一个洞孔,如此接连捣踢,得以洞孔为梯级,攀越过墙。登临墙头时,只见近处有四五人正在泼洒火药煤油,准备点火烧堂。幸而无人发现,使他得以安然落地,并向邻居乞求避难。当时路上满是人,他已无法远逃,怎奈邻居不予怜悯同情,反而恫吓回绝,或以棍棒拦阻,不容进入。最后,还是一位善良老人不管妻子儿女的反对,举手招呼了董,置之于灶间一角,掩以木柴,匿藏之。但他却仍能了解周围一切,他能清晰地听见心爱的堂舍的燃烧声,暗看那被风刮来的冲天火焰,岌岌乎大有可能殃及自己的避难所。人们的哭喊声声入耳,屋外的情景幕幕在目。人们还不断地搜寻着、议论着、咒骂着。有邻居伴对搜索者称,洋人怎能逃得出去,谅必已被烧死了;也有人称,听说他已在自己房里被捉住了;更有那做他保护神的善心老人,为了打掩护,还故作姿态,配合进屋的人寻找,跟着他们边寻边找骂污言秽语。就这样,衣衫不整的董增德藏身在柴堆内,呼吸困难,心惊胆战,凄切地熬过一夜又一礼拜天。那天夜间,近郊驻军中有一名慕道者小军官,曾在闻讯后急忙召集 30 名士兵,企图进城弹压。但为时已晚,城门已经关闭。大火烧毁了整个天主堂,唯独剩下三间孤儿院舍。全靠附近及时赶到的数名官兵的保护,孤儿和几个农村教徒才幸免于难。"

三、20 世纪 80 年代海外学者的温州研究

(一)研究的基本情况

一方面,随着中国打开国门,赴中国大陆进行资料收集和学术交流工作的条件大为改善,但这反而让整个海外的中国研究有些措手不及的感觉,面临"海量"资料信息的冲击,海外学者需要一个消化与调整的过程。另一方面,温州在 20 世纪 80 年代的崛起虽然开始受到海外学者的关注,但是毕竟温州发展的时日尚短,对于海外学者而言,还需要进一步的观察。因此,这一阶段,在海外学术界还没有真正意义上的温州研究的学术论著问世,只有在海外的一些大众媒体当中有一些关于温州的新闻报道。因此,这一阶段可以看作海外温州研究的沉寂阶段。

(二)主要研究成果及其观点

爱德华·加甘(Edward A. Gargan)在《纽约时报》上发表《三位中国银行家充满非革命的热情》[1]一文,通过采访杨嘉兴等人,回顾鹿城城市信用社等民营金融机构在创业初期和后期的经营情况和发展战略,探讨了温州的民间金融问题。

《赢在温州》[2]一文对 20 世纪 80 年代温州的经济繁荣进行了详细的报道,指出中国温州市这个曾经的条约口岸如今正在蓬勃发展。温州市拥有大量的现金流,这归功于其兴盛的民营经济,它的工厂生产那些被国有企业所忽视的消费品。

---

[1]　Edward A. Gargan, 3 Chinese Bankers Full of Nonrevolutionary Zeal[N]. New York Times (Late Edition (East Coast), Aug 5, 1988:A.4.

[2]　Winning in Wenzhou[J]. The Economist, Vol. 309, Iss. 7580(Dec), 1988.

四、20 世纪 90 年代海外学者的温州研究

(一)研究的基本情况

这一时期可谓海外温州研究的成形阶段,不同国家和地区以及不同学科专业的学者纷纷从不同角度撰写温州研究的论著,温州的经济、政治和社会各方面均有成果问世,初步奠定了以经济方面的研究为主,辅以政治与社会等方面研究的研究思路,这意味着海外温州研究领域大体形成。

(二)主要研究成果及其观点

1.经济

就经济方面而言,海外温州研究成果大体围绕温州模式、农村工业化等方面展开。

一是温州模式研究。

澳大利亚学者基思·福斯特(Keith Forster)的《经济发展的温州模式:印象》一文,从温州的历史、温州的经济、温州模式、温州的未来几个方面阐述了对温州发展的印象。作者首先追溯了温州的近现代历史,浙江在 1949 年以前并不是一个共产党活动的中心。但是,在 20 世纪 30 年代,温州出现了一个十分活跃的共产主义游击运动,不过很快被地方国民政府镇压下去了。第一次浙江省中国共产党的代表大会于 1939 年在平阳县召开。1942 年浙江省委书记刘英被捕并被杀害。作者接着探讨了温州的经济,指出,到 20 世纪 80 年代的末期,和全省其他地方相比较,温州的经济有了巨大的发展,但仍然是一个十分落后的地方。该市城镇居民的人均收入是 928 元,处于全省倒数第二,仅仅高于丽水,比杭州的人均 2345 元的一半以及宁波的 2167 元的一半都还要少;农村人均收入为 832 元,而杭州是 996 元、宁波是 1066 元;集体企业的劳动生产人均为 12171 元,而杭州是 20405 元、宁波为 17823 元;包括分红和津贴在内的平均年薪国有企业为 1793 元,杭州为 2063 元、宁波为 1988 元,在全省只有台州比它低;集体所有制企业的平均工资为 1614 元,而杭州为 1806 元、宁波为 1669 元。在 1988 年,温州的非农业人口为该市人口的 70%,人均收入为 2791 元,而杭州是 4317 元、宁波为 3553 元。国有企业的劳动生产力为 13777 元,杭州为 26183 元、宁波为 32643 元,比温州还低的只有衢州(17775 元)。在集体企业中的劳动生产力温州为 12304 元,杭州为 26089 元、

宁波为 18582 元,衢州为 14303 元。人均住房面积为 7.81 平方米,杭州为 7.7 平方米、宁波为 7.1 平方米,温州在这方面居全省第三。平均农民收入为 1087 元,杭州为 1349 元、宁波为 1255 元。这些数据显示了温州国有企业和集体企业的生产力较弱。根据劳动生产力的测试,温州比该省两个主要城市——杭州和宁波都要落后,这些数据表明出于对省政府对该地区的忽视的不满,该地区的国有企业和集体企业职工的工作并不积极。随着集体农业部门在 20 世纪 70 年代末被冲破,政府对商业诉求的政治控制的松弛,私营企业逐渐发展起来。在这些企业的基础上建立了温州模式,这些企业成为该地区发展的动力。最开始是试验阶段,接着由于改革政策,这些企业受到鼓励,私营企业在当地的经济中占据主要地位。国有企业仍然掌控着经济的主要部门,如电力、银行、邮政、交通等。但是这些数据揭示了在 20 世纪 80 年代,国有企业落后于私有企业的发展。1980 年的工业产出值,国有企业占 36%,集体企业占 51%,家庭作坊占 13%。到了 1985 年,这个数据分别是 18%、54%、30%。同时,国有商业的日用品零售额从 37% 降到了 27%,个体经营则从 2% 上升到了 27%。到 1988 年,41% 的工业产出和 33% 的商业交易来自于非国有企业。1985 年,58% 的旅客和 65% 的交通运输都是由私人产生的。到了 1988 年,这个数据上升到 66%。在 1988 年,51% 的国有企业的工人都有第二职业,三分之一的国有企业处于亏损状态。这部分是过分沉重的社会福利造成的,这些企业每个职工要负担 0.38 个退休工人。在通过资本生产方式来解决工业落后的道路上,温州还有很长的路要走,这一道路直接关系国家政策对私营企业的认可度。在 1982 年 12 月,国家宪法确立了个体经济的合法地位。1987 年 1 月,中共中央第一次以文件方式批准了私营企业的发展,同年 10 月,关于社会主义初级阶段的"十三大"报告允许了私营企业作为国有、集体企业的重要补充而长期共存。1988 年 4 月,全国人大修改了宪法,给这一理论提供了法律支撑。1988 年 7 月的法规将私营企业定义为资产属于私人所有、雇佣 8 个劳动力以上的营利性经济组织,公司税收为 35%,私营企业需要将其税后利润的 50% 留作生产发展基金。40% 的税收来源于个人所得,高层管理者的收入被限制在它们雇佣的工人工资的 10 倍以内。如果没有这个规定,很可能私营企业者会养成奢侈的生活作风,因为这就是对于私营企业者的法律框架。虽然这个法律在最初破坏了集体工业,但法律的通过是一个值得珍藏的迟来的礼物。官方对温州模式的批准以及传播是对它的一个合法的认可。1989 年中国的政治风波引起了海外人士对于包括温州在内的整个中国的改革开放事业前景的普遍担忧,因此,在论文的最后部分,作者对温州的未来做出了比较悲观的预测,指出,浙江70%的钱据说都在温州,大部门集中在10万个商人手中,买进原材料再卖出成品。因此,1988年温州18万家族企业的贷款压力的影响很突出。1988年8月,温州人民银行开始禁止多于1000元的现金转移,停止对所有的非国有企业的贷款,5000个工厂立即停止了生产,但是银行私下以很高的利息给一些私营企业提供了1200万元的贷款,另外还有4亿在这些私营企业手中流通。地方商人很早就失去了信心。1989年,温州的工业产出创历史新低,对固定资产的国有部门的投资也下降,对外贸易量也下滑,海外投资急剧增加。国外投资不可能在复兴温州经济上发挥主要的作用,除非开通直接对台贸易。温州模式的传播事实上从中国的出版物中消失了。作者做了温州"这个城市和它的未来还不确定"的总的判断,并提醒人们应当看到某些积极因素。因为,尽管"大多数温州人认为他们已经不再是全国的聚光灯。但是,对贫穷观念的认识激发他们建立一个富裕的,不再仅仅是一个货币概念的温州"①。

美国学者艾伦·刘(Alan P.L.Liu)在《发展的"温州模式"与中国的现代化》一文中指出,20世纪80年代中国经济与社会发展的最重要特征之一是诸多企业家农村地区——尤其是那些东部沿海的农村地区——的崛起。一些这样的地区被中国记者和学者称作可以为其他农村地区效仿的"模式"。"模式"一词意味着,一个地区的社会和经济发展最好地代表了当前全国领导层的发展战略。作者认为,温州模式成功的公式可以表述为三个"M"——大规模的首创精神、流动性与市场,与一个"I"——市场空隙。最先也是最重要的是,大规模的主动性精神表现在家庭工业的快速发展方面。反过来,在中国其他地区工作的温州移民又使这些工业的发展成为可能。研究表明,温州家庭工业的最初投资来自五个方面:移民劳动力的收入、输出本地特产的收益、"地下工厂"的利润、海外亲属的贴补和银行贷款,其中最重要的是移民劳动力的收入。家庭工业极其依赖大量高度流动的温州供销员,他们承担着销售、传播信息(尤其是关于温州以外的市场的信息)和签合同("外包")的多重任务。家庭工业和供销员在市场乡镇中活动,这些市场往往建立在传统的市场中心基础之上。温州乡镇的快速发展中,有十个乡镇最为著名,每一个都专门销售某一种特定的商品。这些新型的乡镇几乎都位于沿海平原,那里河流密布,水运四通八达,是当地商人、全国商人乃至外国商人们碰头的地方,也是小贩出身的商

---

① Keith Forster. The Wenzhou Model for Economic Development: Impressions [J]. China Information, Vol. 53, No.5, 1990:53-64.

人在周边农村组织家庭工业以销往全国市场或出口海外的生产基地。①

其他较重要的著作还有卢奇·托姆巴（Luigi Tomba）的《出口"温州模式"到北京和佛罗伦萨：对两个移民社区的劳工与经济组织的比较视角的建议》②等。

二是农村工业化研究。

美国学者白苏珊（Susan H. Whiting）的《所有制形式的地区演变：上海与温州的股份合作企业与农村工业》一文，来自其参加 1996 年香港科技大学主办、亨利·卢斯基金会与哈佛大学费正清东亚研究中心赞助的"转型经济体的产权：来自中国研究的洞见"的学术会议所提交的论文。会后 Jean C. Oi 和 Andrew George Walder 等人将会议论文汇编成册，冠以"中国的产权与经济改革"的标题由斯坦福大学出版社于 1999 年出版。该论文集主要是探讨四川、闽南、滇西北、江苏无锡、浙江温州、天津大邱庄等地区的产权变迁。白苏珊认为，作为农村工业产权形式的主要创新，股份合作企业在中国近年来的报纸与改革导向的书刊中随处可见。选取上海市松江县（今松江区）和温州市乐清县的案例作为比较，来分析这一改革创新的重要性，由此得出两个主要论点：第一，股份合作制企业是一种过渡性的所有制形式，它是农村工业应对不完善法律和市场环境的产物。第二，地方官员已经利用股份合作制企业的框架来支持各种截然不同的公有制和私有制。我们可以通过分析地方关于的制度激励与制度限制来解释地方官员对待公有制与私有制的不同态度。具体而言，该文的第一部分列举影响农村工业所有制形式演变的各种因素；接下来的部分阐明乐清与松江的股份合作制企业是发展的方式和原因。在乐清，股份合作制企业已经提供了一个私营投资者发财致富的框架，而在松江，股份合作制企业被政府用于控制农村工业。结尾部分着重论述了在中国从计划向市场转型中推动产权发生渐进变革的推动力量。

具体而言，该文详细讨论了影响农村工业产权分化的各种因素：在地方层面，引起工业所有制形式的演变的关键因素包括当地政府官员和潜在的投资

---

① Alan P.L.Liu. The "Wenzhou Model" of Development and China's Modernization [J]. Asian Survey，Vol.32，No.8，1992：696－711.

② Luigi Tomba. Exporting the "Wenzhou model" to Beijing and Florence： Suggestions for a Comparative Perspective on Labour and Economic Organization in Two Migrant communities[M]// Hein Mallee，Frank N. Pieke，eds. Internal and international migration：Chinese perspectives. Routledge，1999.

者。他们的行为被视为他们应对制度环境的激励因素与限制因素的产物。论证是建立在下列假设基础之上的：私人投资者寻求将他们资产的价值最大化，乡镇干部与村干部力图保持他们的职位以便获得职位所带来的权力和好处；在确定当地占主导地位的工业所有制形式方面，当地政府官员的行为起着关键作用，他们的行为受到两个关键因素的影响：干部评价体系与财政体系；用于确定地方官员的收入、任期和提拔的标准极大地推动了农村工业的扩张与发展；此外，地方官员高度依赖于农村工业提供的财政收入。由于这些原因，推动农村工业的发展已经成为地方干部的主要目标之一。然而，在改革初期，各地的地方官员选择来推动农村工业发展的所有制形式千差万别。这受到每一地区的财政、市场以及组织资源与大的政治和经济环境的制约。在诸如上海这样的地区，拥有相对强大的公社和生产队发展的传统，当地干部直接掌控资本和其他资源，这使得他们大力发展集体所有制企业。相反，在诸如温州这样的地区，公社和生产对发展的传统不强，当地干部缺乏对那些发展公有制企业的资源的控制，相反，他们努力推动私营企业的发展。更广泛的法律—政治和经济环境也限制了工业所有制发展的方式。法律—政治环境反映了法律和意识形态对不同所有制认可和支持的程度。法律—政治环境包括官方的政策、规章和法律，但又不仅限于此。正如里瓦克所强调的那样，法律是一种社会现象，取决于大众对于法律的稳定性和强制性的信仰。例如，1988年民营投资的正式法律是一个重要的里程碑，但是它并不足以确保私人投资者的工业产权。正如诺思所指出的"尽管可以通过政治的或者司法的手段一夜之间改变正式的规则，很难骤然改变那些体现在习俗、传统和行为模式中的非正式限制"。此外，政策决定本身反映了矛盾和紧张。尽管颁布了私营企业的法律，但1995年9月的中共十四届五中全会通过的党中央文件试图使私营经济处于从属地位。通过利用这些矛盾，地方官员执行（或者没能执行）中央政策时如履薄冰；此外，因地制宜是政策实施的公认原则。因此，更大的法律政治环境限制并没有完全消除官员和投资者对于某种特定的工业所有制形式的选择。最终，工业所有制形式受到资本、土地以及其他要素市场性质的限制，同时还受到产品销售市场性质的限制。由官僚决策而不是价格机制来配置产品在某种程度上限制了私人投资者——这些投资者在正式的官僚渠道之外的大多数区域运作——实现他们投资价值最大化的能力。乐清和松江的股份合作制企业正在发挥的独特作用反映了这些限制。在1989年，国务院研究室将股份合作制看成一种"过渡形式"①。

该文的结论认为,随着不以所有制形式论成败的市场环境的日益完备,股份合作企业在乐清所发挥的独特作用可能不再重要。同理,在一个日益市场化的环境中,松江的地方官员保持他们对当地经济的掌控的能力和意愿可能会减弱。这些影响与市场化推动私有化的假设相一致。像法律—政治改革一样,中国的市场改革正以渐进的方式不断深化。在这一情况下,股份合作制的意义在于它有助于推动中国从计划经济向市场经济转型中的产权增量变革。②

三是其他方面的研究。

尼古拉斯·克里斯托夫(Nicholas D. Kristof)的《远离北京,在党的视野之外:温州的自由经济繁荣》,对温州人的个人特征做了如下的描写:北京的共产党领导人正为如何复兴衰败的苏联式国有企业而绞尽脑汁。但是正当他们为怎样才能将中央计划经济和自由市场更好地整合到一个"社会主义商品经济"当中而痛苦不已时,温州的企业家们没有在理论上浪费任何时间。温州人已经找到了成功的奥秘所在:勤奋工作、创新、努力赚钱。典型的温州人的客厅要么是作为工厂使用,要么是作为商店使用,采用计件工资的家庭成员和雇工经常工作到深夜。所有这些都是在没有任何外来投资的情况下实现的"。③

其他较重要的著作还包括:英国经济学家彼得·诺兰(Peter Nolan)的《中国的市场力量:竞争与小商业——温州争论》④,华人学者 Lin Zili 的《温州商品经济研究》⑤,日本学者菊池道树的《中国农村民营部门研究:以浙江省温

---

① 国务院研究室调查组.浙江温州实行股份合作企业的情况[Z].1989 年 9 月 8 日油印件.

② Susan H. Whiting. The regional evolution of ownership forms: shareholding cooperatives and rural industry in Shanghai and Wenzhou[C]// Jean C. Oi, Andrew George Walder eds. Property Rights and Economic Reform in China. Stanford University Press, 1999.

③ James McGregor. Far From Beijing: Free Enterprise Blooms In Wenzhou, China, Out of the Party's Sight—City of Entrepreneurs May Be A Model For Reviving The Country's Economy—The Rise of a Button Bazaar[J]. Wall Street Journal. (Eastern edition), Aug 13, 1992: A.1.

④ Nolan, Peter. Market forces in China: competition and small business: the Wenzhou debate, London[M]. New Jersey: Zed Books Ltd., 1990.

⑤ Lin Zili. An Examination of Commodity Economy in Wenzhou[J]. International Journal of Social Economics, Vol.18, Issue 8—10,1991.

州市为例》，晁望（Wang，Chao）的《基于 GIS 技术的中国中等城市的空间特征变迁：以厦门和温州为例（1980—1992）》①，加拿大学者谭 K.C 的《温州小城镇与区域发展》②，华人学者周春兴（音）、陈航（音）的《温州：区域与历史背景下的发展》③，楚外纯·温斯顿（Chuk，Wai-chun Winston）的《中国温州的企业家》④，华人学者 Luo Yajie 的《中国的制度化与农村经济发展：苏南、温州、广东的区域分析》⑤，蔡欣怡（Kellee S.Tsai）的《受限制的市场？华南沿海的金融创新与政策演变》⑥等。

2.政治

（1）美国学者克里斯特·帕立斯（Kristen Parris）《地方社会与国家政权：温州模式与中国民营经济政策的形成》（印第安纳大学博士论文，1991 年），全书除导言和结论意以外，共分为六章：第一章，文献回顾与分析框架；第二章，历史背景；第三章，合法性与正当性（1978—1982）；第四章，政策、实践与温州模式（1983—1988）；第五章，管理与组织；第六章，征税协会。

（2）台湾学者刘雅灵《来自底层的变革：温州农村工业化中的民营经济与地方政治》一文认为，自从 1978 年年底引入经济改革以后，中国农村发生了巨大的经济变革。一方面，去集体化的高潮是解散人民公社和发展个体家庭农业；另一方面，市场的重新出现使农村经济的商业化和工业化程度与日俱增。就农村工业化而言，可供地方发展的路径选择——从集体工业到私营工

---

① Wang，Chao. Changing spatial patterns of medium-sized cities in China，1980—1992 case studies of Xiamen and Wenzhou using GIS[Z]. Ottawa：National Library of Canada＝Bibliothe que nationale du Canada，1997.

② Tan K C. Small towns and regional development in Wenzhou[M]// Gregory Veeck，eds. The Uneven Landscape：Geographic Studies in Post-reform China. Louisiana State University Press，1991.

③ Chun-shing Chow，Hang Chen. Wenzhou：Development in Regional and Historical Contexts[M]// Yue-Man Yeung，Xu-Wei Hu. China's Coastal Cities：Catalysts for Modernization. University of Hawaii Press，1992.

④ Chuk，Wai-chun，Winston. Entrepreneurship in Wenzhou，China[D]. University of Hong Kong，1996.

⑤ Asia. Boom time in capitalist Wenzhou[J]. The Economist，Vol. 347，Iss. 8070，May 30，1998.

⑥ Kellee S. Tsai. Curbed Markets？Financial Innovation and Policy Involution in China's Coastal South[R]. Weatherhead Center for International Affairs，Harvard University，Working Paper Series 98—06，May，1998.

业——在全国各地兴起。尽管私营经济处境不佳——被看作是社会主义制度的异类,农民企业家成为二等公民,浙江的温州成为第一个由私营经济占主导的地区,并因此引起了中国政界和学界的关注。迄今为止,温州发展的独特之处在于,从 20 世纪 80 年代初以来,私营工业的净产值超过国有和集体工业的总和,这威胁到当地社会主义经济的生存。另外,在温州盛行的诸多经济活动实际上开始违背国家政策,如果不是完全非法的话。如果私营经济仅仅是像国家规定的那样,作为社会主义经济的补充的话,怎么能够允许它在温州凌驾于国有和集体经济之上,居于主导地位呢?刘雅灵认为,正是温州在 1949 年政治变迁中独特的历史遗产最终推动了当地私营工业比其他地区发展得更为迅速。[①]

(3)美国学者克里斯特·帕立斯(Kristen Parris)的《地方积极性与国家改革:发展的温州模式》一文中,第一部分回顾了温州当地的社会生态、经济、文化的问题,温州由于地形多山、人口稠密和资源短缺,群众生活极为艰难。土地的贫乏也意味着要靠传统的制伞、做鞋、弹棉花、织布、制革等手工业来贴补农业。人口过剩迫使许多温州人移居到中国的其他地方谋生,往往是作为贩卖当地产品的流动商贩,有的则在海上谋生,或是去东南亚和欧洲,成为温州海外侨民社会的一部分。温州由于崎岖的山地和独特的方言,历来与浙江省的其他地方相互隔绝。温州在战略上被看作是面对台湾的前线,极少得到中央的投资。

该文的第二部分归纳了温州模式的几个特点:第一个特点是家庭工商业。个体或家庭工业和商业企业普遍采用的一种形式就是"挂户经营",它允许独立企业与公有制企业结合起来。"挂户"企业依附于现有的国有或集体单位,有偿使用这些企业的名称、信笺、介绍信,最重要的是使用这些企业的银行户头和发票,并为其所得纳税。到了 20 世纪七八十年代的时候,"挂户"的做法在整个温州地区普及。虽然难以获得必要的统计数据,但是有消息来源说,到 20 世纪 80 年代中期,有 62% 的家庭企业是挂户企业,有的地方这个数字高达 90%。中央认为挂户形式是一种非法的投机倒把行为。为了避免私人企业的风险和麻烦,其他独立经营者直接注册为集体企业,让当地居委会或村委会成为其主管部门,作为交换条件,这些部门要收取一定的管理费。这种做法被称为"戴红帽子"。到 20 世纪 80 年代中期,温州大约有 80% 的街道和区办企业

---

① Yia-ling Liu. Reform from Below: The Private Economy and Local Politics in the Rural Industrialization of Wenzhou[J]. The China Quarterly, No.130, Jun.1992.

是"红帽子"企业。"红帽子"和"挂户经营"奠定了温州经济快速发展的基础。第二个特点是私人雇工和劳动力市场。1981 年,国家规定个体企业雇工不得超过 7 人。然而,到 1980 年,温州农村的"红帽子"企业和其他一些个体企业已经突破了这一界限。1983 年中央 1 号文件《当前农村经济政策的若干问题》表达了官方进一步放宽对私人或私营企业里的私人雇工的规定。这后来被称为"看一看"政策,它允许根据各地实际情况和地方官员的态度增加私人企业的雇工。在那些余地较大、人口流动选择较小、政策相对宽松的农村地区,私营经济成分的增长超过了城市地区。这一政策使集体企业与私人企业之间的区别更加模糊不清了。现在允许各种各样的以合作或集体的名义出现的企业存在。在温州,它们包括属于两个或两个以上的"合伙户",更多的则是有争议的"股份"公司——是有一批冒很大风险进行投资的个人自行组织的公司。在公有制企业和私人投资者之间也有合股经营和承包经营的形式。有时,一家集体企业因为私人财产的不断增长而被悄悄地私有化了。在另一些情况下,新的所有制混合体不断发展。私人雇工是一个敏感的意识形态问题。官方一直坚持说,随着 20 世纪 50 年代的社会主义改造,剥削已经被消灭了,劳动力不是商品。但是,在 1985 年,温州至少已经拥有 40000 名私人雇工,虽然有 35 名雇员比较普遍,但一些企业的私人雇工已经超过了 100 人。这些数据只能是估计数,因为许多私营企业的工人往往没有登记,而且经常是临时工。在 1988 年,私人雇工和私营企业在法律上得到了认可。但是戴"红帽子"的做法仍然存在。1988 年年底,在温州每 10000 家私营企业中只有十多家是真正登记注册的合法企业。与此同时,温州的城镇集市上也有"自发的"固定"劳动力市场",有时多达 500 多人。劳动力一般来自乡下,每天早上他们候在那里,以期能在私营企业里获得一份合同工作。城市的工人职业介绍中心的数量也在不断增加,失业者可以在那里找到国有、集体和私营企业的工作。虽然这些经济行为扩大了剥削的范围,但是仍不失为缓解温州长期存在的劳动力过剩问题的一个办法。第三个特点是商品市场。温州有 400 多个小交易市场,但是最著名的是十个大规模的批发市场。这些市场主要从事工业产品、农副产品和手工艺品的交易,1985 年的交易额几乎达到 10 亿元,超过这一地区商品零售总额的 50%。其中永嘉县的桥头纽扣市场是从一个 20 世纪 70 年代规模较小的"自发"的塑料花市场发展起来的,到 1991 年它成为全国最大的纽扣市场,有 1900 多个批发摊位,日成交额超过 50 万元。起初,大部分纽扣都是从其他地区买进来的,但不久之后,家庭工厂就开始自己生产,到 20 世纪 90 年代初期,中国 80% 的纽扣都是由这个县提供的。尽管温州路途遥远,桥头和其他市场还是吸引了全国各地的买卖者。它们依靠 10 万多名私人市场供销员传递全国各地的信息,带来全国各地的材料和产品。第四个特点是信贷和金融市场。尽管新的规定允许私营企业从银行获得贷款,但是在实际运行中私营企业却不能依靠保守的国家银行或官方信用社来获得投资基金。所以他们转向"民间信用",这包括传统的自行组织的信用活动的会("聚会"和"呈会")、由私人直接进行的或由收取一定费用的中间人安排的私人贷款。1984 年 11 月,苍南县的方培林(音)开设了温州地区第一家私人"钱庄"或"私人银行"。来自国家金融系统内的反对意见使其注册与营业十分艰难,但是当地一家报纸却坚持认为私人借贷是搞活经济的一个重要因素,并不构成高利贷犯罪(语气有些软弱)。在 1985 年,私营和个体企业大约 36% 的资金来自于这些渠道,有些地方的利息高达 9%,而同期国家和集体的贷款利息却低于1%。1986 年杨嘉兴在温州市中心开设了一家私人股份信贷机构,实行浮动利率。虽然国家银行系统的官员们对他的营业持反对意见,但是他却得到了地方政府和官员的支持。两年后,典当行业在温州再度出现,到 1989 年 4 月已有 200 多家当铺。

该文的第三部分讨论了温州模式下的经济发展。到 1984 年 7 月,温州地区注册的私人企业共有 82000 多家,其中有 4300 家是 1984 年新注册的,这些企业大都位于农村。1984 年,农村个体工商企业占注册企业总数的 82%,上一年则只占 52%。在 1979 年至 1985 年期间 140 万名农民离开土地到这些企业工作。到 20 世纪 80 年代中期,私有经济成分已经超出了官方规定的填补国有和集体经济在经济领域里的空白区域的目标。也许最具戏剧性的是温州工业结构的变化。到 1985 年年末,从前占主导地位的国有工业只占工业总产值的 18%,集体工业则占 52%,个体(包括家庭)企业占到了史无前例的30%。在 1991 年,即使经过了 1989 年私有成分经受严厉惩罚之后,国有企业占工业产值的比例仍没有超过 12%,而私营企业据报道仍占 35% 的比例。这些数字还不是对私营经济成分的全面估算得出的,因为有许多私营企业仍注册成集体企业。

该文的第四部分讨论了当时中国国内有关温州经济性质的大讨论。指出,1985 年 5 月 12 日,《解放日报》提出存在着致富的其他道路,"温州模式"就属于这样一条道路。这是有关"温州模式"的第一篇文章,在报刊上引发了热烈的讨论。关于温州经验一词及其含义,人们众说纷纭。在中国,"模式"一词是一种相对较新的提法,它和英语里的"model"一词有着密切联系,其含义是指普遍适用。在过去,像大寨这样的发展模式被叫作"典型"。"模式"一词所引发的争议贯穿于整个争论的始终。浙江省委的领导——曾经谨慎地——使用"格局"的提法,该词具有"方式"和"风格"的含义,在新闻采访中,大多数温州地方干部和农村干部都随之采用这一提法。浙江省委书记王芳曾经采用温州的"独特格局"的提法,认为这是温州独特的历史传统和地理条件的产物,从而暗示其重要性有限。这场有关温州经济性质的大讨论让温州成为全国范围内关于中国社会主义改革和发展的讨论的中心。同时,国内也有人正争取在温州设立"商品经济发展特别试验区"。地方积极性和中央支持共同促成了1986 年国家在温州设立这样的试验区。试验区的地位不会给温州带来更多的中央投资,但却给温州发展私营经济以及把温州塑造成为改革先锋的新形象提供了更大的空间。最终,温州的新身份在 1986 年 12 月得到公开确认。这使温州得以发展私营经济,加快国有和集体企业改革,逐渐实施价格改革与金融结构改革而不受中央既有政策的约束。当地干部为试验区的具体实践起草了详细的政策和程序。一系列的——总共有 7 个——临时性法规①承认了温州自发产生的实践合法性,这些实践包括挂户和私营企业(当时仍叫私人企业)。这些法规中的大部分于 1987 年夏末秋初生效。对私营企业家而言,挂户企业的合法化意味着巨大的胜利。私人企业是指那些生产工具归私人所有,雇工 7 人以上(商业企业雇工 4 人以上),资本在 30000 元以上的企业。这一定义规定,私人产权可以继承,雇主的收入与工人的平均工资之间的差距必须控制在 6 倍以下,税后利润中至少 50% 必须投资于企业再生产。因此,它既试图赋予私人企业以新的合法地位,又试图干预私人企业的内部管理。这些地方法规并不具有全国性政策或法律的效力,尽管如此,地方法规还是为全国性的改革——包括随后 1988 年赋予私人企业合法性的宪法修正案和全国性法规——打下了基础。

该文的第五部分讨论了温州的国家和社会。在温州,独立企业家经营着有悖于国家政策的非官方经济,但他们仍是在国家社会主义的范畴内追求利益。温州经验表明,在 20 世纪 80 年代要重新理顺国家和社会的关系,但是这一过程受到既有的制度和意识形态的影响。作者主要探讨从价值观念的更替、新的制度安排、组织与自组织三个方面来具体展开论述:①价值观念的更替。早在 1970 年,温州非官方经济的崛起就导致了价值观念的变化,同时也改变了反映着国家政权与追求有限个人利益的地方机关权力的流动渠道。为了使新的价值观念合法化,这时已意味增加和重新界定了官方的信条。一个

---

① 这些法规参见《温州试验区有关条例汇编》,温州:中共温州市委办公室,1987 年。

例子就是地方"正名",借此将私营和半私营企业统统改为与社会主义精神保持一致的名称,于是家庭工业、私人企业以及各种各样的混合体现在都叫作"民营"(或民办)企业。但是以前诸如学校那样二等民办机构既不涉及个人利益,也不涉及雇用劳动力和剥削。地方正名的努力标志着一种新的旨在促进私人利益并使之等同于公共利益和社会主义精神的行动主义。②新的制度安排。诸如挂户和"红帽子"企业这样的新的地方实践也反映在国家社会主义的范围内。它们虽然得到了法律的实际认可,但也说明现行的国家制度和意识形态是如何去适应地方行为的,即使是那些远离中央的地区的地方行为。同时,它们也表明了个人是怎样为自己的利益而利用国家制度的,他们在这样做的时候,又是怎样成为一股能够界定政策甚至国家本身的性质的力量的。新的商业组织的形成展现了国家的力量以及社会的推动力。③组织与自组织一些组织仅仅是国家同化和控制社会力量的策略,比如说个体工商业劳动者协会(ILA)。它是在 20 世纪 80 年代初为参与私人经济而在地方一级作为群众组织而建立起来的,1986 年 12 月召开了它的第一次全国会议。虽然这个组织宣称是代表私人企业家利益的,但它却是由负责公私企业注册及制定有关政策的管家机关——国家工商行政管理局建立并领导的。一些私人企业家成为积极分子并且通过它来获取自己的利益,而其他人则仅把它视为国家试图干预他们的事务的另一个机构。其他一些组织则意味着一种虽然受到压制但却不断增长的社会积极性。1989 年 1 月,78 名经营"民办"企业有成就的企业家在温州宣布成立民营公会。对该公会成员和温州决策者的采访证实,该公会与个体工商业劳动者协会不同,它是由当地企业家独立发起的。成员们说它是个"民间的"组织,而个体工商业劳动者协会是个官方组织。但是,非官方组织为了获得国家的保护及确保与国家的顺利交往,与一个官方的国家单位建立关系并不是异乎寻常的事。民营公会挂到了工商联,工商联与国家工商行政管理局不同,它不办理注册或收取罚款。公会成员们认为这种组织是在中国做生意和追求利益的最有效的办法。也应指出,该公会四分之一的成员是党员,代表着党的队伍中一股变革的力量。

该文的结论部分指出,温州被国家指定为改革试验区以来,正是改革最艰难的几年。1992 年年初,邓小平的中国南方之行及其发表的深化改革的讲话使温州又重新恢复了活力,并使那些给温州贴上"资本主义经济"标签的人鸦雀无声。在随后的年代里,温州的地位无疑仍将是有争议的,并将继续起到改革风向标的作用。①

3.社会

《这里的"六害"远未根除——温州的除"六害"停滞不前,迷信盛行》(载《华尔街日报》1990年1月5日)一文,详细地报道了当时全国性的除"六害"运动在温州这一中国宗教最活跃的地区所遭遇的阻力。②

其他关于温州社会问题研究的著作还有:罗亚杰(Luo,Yajie)的《中国的制度与农村经济发展:苏南、温州与广东的区域分析》(北卡罗来纳—夏洛特分校,1997年)、意大利学者 M Colombo、M Berlincioni、FG Michelucci 的《温州—佛罗伦萨:托斯卡纳区的身份、企业和结算提供》(佛罗伦萨:费伦泽安吉洛出版社,1995年)、华人学者 Chao Wang 的《中国的中等规模城市的空间图景的变迁:以1980—1992年间厦门与温州所使用的地理信息系统为个案》(渥太华:加拿大国家图书馆,1997年)、加拿大学者 Perry,R. Kim 的《中国的规划:青岛与温州》(魁北克大学,1998年)、李明环(Li Minghuan)的《在欧洲发财快!关于温州的移民动因的思考》(载 Hein Mallee,Frank N. Pieke《国内与国际移民:中国的视角》,劳特利奇出版社,1999年)、卢奇·托姆巴(Luigi Tomba)的《出口"温州模式"到北京和佛罗伦萨:对两个移民社区的劳工与经济组织的比较视角的建议》(载 Hein Mallee,Frank N. Pieke《国内与国际移民:中国的视角》,劳特利奇出版社,1999年)等。

五、新世纪以来海外学者的温州研究

(一)研究的基本情况

这一时期可谓海外温州研究的深化阶段,各类高质量的成果不断涌现。具体表现在:

一是研究内容发生了重要变化。研究温州经济的成果,除了温州模式、农村工业化等"老"的选题,还出现了民间金融、企业家群体等"新"的选题;研究

---

① Kristen Parris. Local Initiative and National Reform:The Wenzhou Model of Development[J]. The China Quarterly, No.134(Jun.),1993.

② Adi Ignatius. "Six Evils" Are Far From Eradicated In This Remote City—China's Crusade Against Vices Is Faltering in Wenzhou;Superstition Is Rampant[J]. Wall Street Journal (Eastern edition),Jan 5,1990:C.

温州政治的成果,除了温州模式等"老"的选题,还出现了市民社会等"新"的选题;研究温州社会的成果,除了宗教等"老"的选题,还出现了温州籍华人华侨等"新"的选题。二是研究深度的拓展。三是研究者本身发生了重要变化。研究队伍的来源日益多样化,蔡欣怡、曹南来等华人学者日渐成为研究的"主力",同时日本、印度、葡萄牙、新加坡、意大利、韩国等国学者开始进入温州研究领域,这就打破了前两个阶段美国、英国、澳大利亚等英语国家对于温州研究的垄断。

(二)主要研究成果及其观点

1.经济

海外学者主要围绕产业集群、民间金融、企业家群体、温州模式等问题展开研究。

一是产业集群研究。

日本学者川上园部(Tetsushi Sonobe)和大冢二郎(Keijiro Otsuka)的《产业集群创新:台中机床业与温州低压电器业》[①]在第六章中提出一些有关创新型企业和模仿型企业的特征问题。创新型企业也是该行业的开拓型企业吗?如果不是的话,它们共同的主要特征是什么?在面对新的创新时,这些企业的创始人会如何行事——如果这些企业不是创新型企业的话?这些新技术仅仅来自于创新型企业的独创性,还是来自于一种先验的体验呢?那些在产品数量急剧增长阶段进入这个行业的模仿性企业会遇到什么情况呢?为了探讨这些问题的规律,我们必须进行大量的个案研究。试图从台湾台中机床业和温州低压电器业这两个案例研究来勾勒出发展模式的普遍特征。探讨的这两个案例的政治和经济环境存在巨大差别。此外,尽管所探讨的这两个行业都属于机器业,但是它们在生产和技术方面都存在差异。尽管有这么多的不同点,它们在发展和创新方面也存在着诸多的相同点。温州与其周边地区的经济发展是靠由私营企业组成的密集产业集群来拉动的,这种发展模式被称为"温州模式"。这与台湾的发展模式存在某些相似之处。接下来以既适用于台湾的案例又适用于大陆的案例的共同假设为出发点,在随后两部分对这两个行业

---

① Tetsushi Sonobe, Keijiro Otsuka. Innovation in industrial clusters: the machine tool industry in Taichung and the low－voltage electric appliance industry in Wenzhou [M]// Tetsushi Sonobe and Keijiro Otsuka, eds., Cluster－based industrial development: an East Asian model. New York: Palgrave Macmillan, 2006.

进行个案研究,最后一部分探讨产业发展的内源性模式的影响。

该文结论部分认为,尽管信息溢出效应已经得到了各种经济学流派的关注,形成创新的过程——它们是信息得以外溢的原因——得到的关注却要少得多。根据分析,在数量扩张阶段,产品的质量较差,产品之间的差别也不大,当时新的模仿型企业大量涌入这一行业,产量增长迅速。但是整个行业的生产率往往停滞不前,因为模仿型企业并没能带来生产率的提高。生产力仅仅在质量提升阶段才得到明显提高,在这一阶段,产品数量的增长往往放缓。如果这种工业发展模式在一个经济体中的众多行业同时发生,在缺乏重大技术变革的经济快速增长以后,将是重大技术创新进度的放缓,那么全要素生产率的增长在东亚国家一直很低,直到近年来它们的经济比较发达了,这一情况才有所改观,这就不足为奇了。这样的转变很可能会发生,因为整个经济体的收入增长将拉动对于各个行业高质量产品的需求,这将刺激产品质量的提升。但是,由于我们的研究兴趣在于单个行业的发展过程,因而我们将这种整个经济体需求结构的变革看作外因。我们在这里要强调的是,在创新提升生产率之前,模仿将导致数量的增加。

从分析中可以清楚地看到,多方面创新对于提高产品质量和生产机制最为重要。就台中的机床业而言,主要的变革是从建立在转包机制基础上的数控机床的大规模生产开始的。这一创新仅仅是擅长传统机床生产的工程师、擅长将机床和计算机衔接起来的电脑专家、过去为传统机床生产标准零部件的零部件供应商之间进行新的组合的产物。在温州的低压电器业的案例中,主要的创新包括,采用产品检测机器、创立品牌、开发新的直销渠道、使用转包商。同样重要的还有对既有人力资源进行新的组合。值得注意的是,和熊彼特所预言的一样,这些创新远远谈不上是建立在发明创造基础上的新变革,而是更接近于发达国家多年以前就出现过的对创新的模仿。从这个意义上说,有理由将发展中国家的创新称作"模仿的创新"。我们想强调的是,产业集群可能增加了创新出现的概率。正是零部件供应商与商人的集聚才让台中和温州两地能够采取获取零部件和销售终端产品的新战略。这一假设与本书中其他案例研究的结论大体一致。但是,支持性证据仍然还不够,似乎有必要通过大量案例研究来验证这个假设的正确性。出乎意料的是,在温州的低压电器业中,从前的商人扮演着企业家的角色,而我们认为这一行业是相对技术密集型的行业。但是,当这一行业刚刚起步时,对技术知识的要求不高,产品很简单,质量也较差。在 17 世纪欧洲第一次工业革命的过程中,正是商人引入机械化来进行大规模生产。在二战以前的日本,在东京郊区的棉布产业集群中,商人也扮演着企业家的角色。那么,商人带动的工业化很可能将比我们所探讨的要更为普遍。

丹尼斯·魏的《中国的制鞋业与温州模式:世界主要的鞋业生产商与出口商的视角》①一文,通过对 2008 年有关温州——世界最大的鞋类生产与出口国的主要生产中心——制鞋业的调查,深化了对工业区和区域发展的研究。具体而言,探讨了温州开创的经济发展模式在应对全球经济调整中是怎样转型的。作者认为,温州制鞋业的升级——通过扩大国内和国外的销售网络和工厂——意味着,其他有适应能力的城市或地区也能够克服类似的困难。该文既挑战了强调地方制度与优势的新地方主义,也挑战了过于强调全球化与全球生产网络优点的观点。

第一部分论述了研究背景。中国是怎样实现其在制造业方面的崛起的呢? 它的工业和地区在这一过程中扮演着什么样的角色呢? 中国的制鞋业是中国制造业崛起的典型,因此它为解答这一问题提供了启示。有限的西方研究著作假定,中国的制鞋企业集中于出口导向的珠三角地区,珠三角的发展受外资和出口生产所驱动,其发展蓝图是著名的珠三角模式。但是这反映的是20 世纪 90 年代初的情况,它还需要与时俱进。现在中国形成了几个主要的鞋业生产中心,包括泉州(福建省)、成都(四川省)、重庆和温州(浙江省)。该文试图通过对温州市制鞋业的研究来扩大我们有关工业和区域发展方面的知识。温州以工业区和区域发展的温州模式著称,温州模式的基础是体现在当地制度环境中的家庭小企业的自下而上的发展。

第二部分探讨了温州的工业区与马歇尔型工业区(MIDs)这一传统模式的相同点。过去,当工业区在公认的温州模式下运作,它在许多方面都与经典的马歇尔型工业区——当地深厚的制度环境下的小企业集群——存在相似之处。② 第一,温州已经有 500 多年的制鞋历史,包括明代专门为皇室做鞋。在1978 年,温州已经有 19 家制鞋企业,年产 50 万双鞋。到 2008 年 8 月,制鞋企业的数量增加到 2700 家(如果把非正式的个体作坊也计算在内的话,总数超过 4000 家),还有 2500 家企业从事与制鞋相关的皮革、鞋底、机械、配饰、设

---

① Wei,V. H. Dennis. China's Shoe Manufacturing and the Wenzhou Model:Perspectives on the World's Leading Producer and Exporter of Footwear[J]. Eurasian Geography & Economics,Vol. 50,Issue 6(Nov/Dec),2009.

② 甚至它的产品——鞋子、衣服、金属打火机、眼镜架、剃须刀、锁具、塑料产品以及低压电器——也与意大利的工业区存在相似之处。

计以及其他业务。制鞋业总共有大约 100 万名工人，共生产了 12 亿双鞋，占中国鞋类总产量的四分之一，温州是中国最大的制鞋中心之一，在 2007 年占国内市场的 17％，逐渐形成一个高度专业化分工协作的产业集群，2008 年温州制鞋业的总产值达到 652 亿元。温州市可以得到大部分零部件、半成品、国内服务，包括（水头的）猪皮、（龙湾的）人造革、（仰义的）牛皮、（乌牛的）制鞋机械、（白石的）鞋底、（黄地的）配饰、（鹿城、瓯北、瑞安的）制鞋企业、（瞿溪）的交易市场。甚至制鞋业所需设备中的一半都可以在当地买到（温州市鞋革行业协会，2008）。第二，中小企业（SMEs）历来是温州的主体，这一点与马歇尔型工业区一样。在 2008 年统计的 2692 家制鞋企业中，只有 753 家可以列入国务院的"规模以上"企业。在生产鞋子部件（例如鞋底、皮革、配饰）或者从事硝制和买卖皮革的企业中，中小企业的比重甚至更大。这一现象在制鞋业中多少有些独特，这表明扩大规模所带来的成本降低微乎其微。此外，缺乏知识产权也有利于小的鞋企开展生产，因为并不需要花费重金进行昂贵的技术创新。第三，制鞋业主要集中于温州地区——温州、瑞安、永嘉和平阳，许多乡镇——工业区的基本单位——从事专门化生产。大多数生产和交易中心功能齐全，以地方传统为基础，得到当地政策的扶持。最后，正如像传统工业区一样，当地制度和关系网络紧密缠绕在一起，通过信任和文化来衔接，靠相互交换和权力关系来维持。近年来，温州出现了许多商会，这是网络和贸易保护需求的产物。其中，温州市鞋革行业协会是最大的、最有影响的商会之一，它帮助鞋革行业开展地方谈判、资源配置以及国际贸易壁垒和争端所涉及的法律程序。最后，制度重组和构建新的商业网络的严峻考验已经在温州孕育出一个新的企业家和当地干部群体，他们可以决定公共政策。结果他们可能与马歇尔型工业区的官员越发相似。制鞋业的重要性自然也使其成为当地政府政策关注的重点，在诸如额外的土地资源局、银行贷款、税收减免这样的政策方面得到照顾。此外，市政府为当地制鞋业积极进行游说，寻求在省内和国内得到认可以及获得政府合同和特殊的经济特权（例如设立经济特区）。

第三部分分析了温州的新工业区模式的多元化、升级和外部联系。尽管与马歇尔型工业区存在相似之处，但温州的制鞋工业区不断在与时俱进。从 20 世纪 80 年代末以来，随着温州的家庭企业经历了两轮主要的制度变迁，面临着几次战略选择，以及跨地区企业（MREs）的出现，二者的相似之处开始减少。显而易见的是，温州制鞋业的崛起不仅仅是靠廉价劳动力，还由于重要的制度变革和产业重组。这一情况也适用于中国其他许多地区和经济部门，这些地区和部门使中国成为"世界工厂"。温州已经彻底超越了正统的工业区模式,不仅仅是中小企业、地方集群和关系网络。作为在股份合作企业方面进行制度变革的产物,温州开始出现了一些生产品牌产品的大企业和跨地区企业。总体而言,制鞋业的企业规模开始扩大,2007年有8家企业的销售收入超过10亿元;同年,四家温州企业跻身于"中国制鞋业盈利最多的十家企业"的行列。重组也提高了产品质量,有五家温州企业荣膺中国"知名名牌"称号。面临激烈竞争和利润下滑的情况,温州的制鞋企业试图通过开设连锁店以及提供销售、广告、会计和金融服务的专业公司来实施多元化战略。尤其是大企业,将投资分散,从新的商机获益,降低过于集中于制造业的风险。多元化和提高附加值的做法体现在针对外地客户的销售策略——超越马歇尔型工业区主要关注本地内需的做法。销售策略已经从20世纪80年代的外派销售人员转变为80年代末和90年代中期以地域为基础的销售网络,然后又转变为通过国内外的专业连锁店网络将灵活的网络与品牌竞争结合起来。现在,温州的鞋企避免将产品销售让给零售商,这与发达国家的制造商不同。例如,康奈在全国开设了2600家专卖店,在国外也开了100多家。技术升级已经改进了生产过程。集群和标准化降低了行业准入障碍,这造成了过去几年里鞋企数量的增加和产量的提高。引入了更先进的设备和生产机制,包括从西方国家进口的自动化制鞋生产线。由于设备的升级,大企业对劳动力的依赖程度有所下降。最后,空间重组——主要是重新选址和扩张——是正在变化的温州模式的主要特征,这让企业可以更为有效地应对变革,克服发展障碍。我们2008年对温州市鞋革行业协会官员以及企业管理层的采访证实了劳动力成本下降以及重新选址的政策激励的重要性。鞋企的空间扩张主要表现在扩大生产和多元化。与服装业和电子业不同,主要的鞋企没有把它们的总部搬到上海、杭州这样的大城市。很明显存在两种主要的重新选址和空间扩张形式。第一种是在土地和劳动力成本更低、具备市场潜力的其他地方——主要是浙江较不发达地区(例如,丽水)和中国内地(例如,成都和重庆)——建立生产线。面对利润下滑,一些温州鞋企甚至试图将制鞋外包给其他国家,尤其是越南和俄罗斯。第二种是在中国沿海主要的全球化城市——尤其是以时尚女鞋和外国鞋企而著称的广州和深圳——成立销售、研发和信息中心。那里的机构主要是收集时尚潮流信息,为温州的企业提供样鞋。

第四部分论述了"新"温州模式的局限,从生产成本和利润空间、品牌、质量和数量、大政府与小政府、代际的、亲缘的与结构的闭锁等方面进行了分析。就生产成本和利润空间而言,激烈的竞争和微薄的利润是迫使温州制鞋业升级扩张的主要因素。温州正面临着与20世纪80年代末韩国釜山制鞋业相似的问题,这一点越发明显。到 2008 年为止,更严格的劳动法规、能源和原材料价格上涨、人民币升值、紧缩的货币政策、出口退税减少这些因素已经极大地增加了温州制鞋业的生产成本,挤压了利润空间。因此,当年就有 100 多家温州鞋企倒闭,制鞋业的税前利润从 2007 年的 34.9 亿美元下降到 2008 年的 13 亿美元。全球金融危机和全球制鞋业的产能过剩已经迫使温州的鞋企重新选址、多元化发展或者仅仅离开该行业。最早的设备制造商和出口导向型生产商受到危机的沉重打击,开始重新定位,以便进入中国国内市场。在全球金融危机中,皮革硝制行业受到的打击最为严重,许多小企业倒闭,幸存的企业中大部分都在亏本经营。在 2008 年,水头镇——曾经以其皮革硝制行业的繁荣而被称为中国著名的"皮都"——大约 90% 的企业停业,皮革加工的收入从 2001 年的37.3亿元下跌到 2007 年的 12.7 亿元。但是,水头衰落的主要原因不是全球金融危机,而是皮革硝制行业造成的严重环境污染,这使得水头在 2003 年成为中国十大非法污染源之一。由于利润微薄,用于升级制鞋业的资金开始减少。最后,由于温州企业之间的联系极其强大,企业倒闭和重新选址常常在当地经济中造成连锁反应,妨碍了将温州转型为全球化工业城市的发展和努力。就品牌、质量和数量而言,除了多元化和重新选址以外,温州的企业也试图通过扩大产量和外包生产来提高其产品的附加值和利润率。由于顾客对鞋子价格非常敏感,因而鞋企的定价权力有限,企业发展的典型策略是提高产量和企业的规模,以便从规模经济中获益。这使温州鞋在世界市场上主要属于低端产品,与之形成鲜明对照的是意大利鞋企强调高品质的时尚鞋子。强调数量造成企业生产出大量的鞋子,但质量方面并没有多大提高。尽管温州的鞋企相信,它们在品牌与质量方面继续具有竞争优势,但采访表明,管理层对于本地研发能力和人力资源开发能力的不足忧心忡忡。为了提高产量,温州企业还开展外包业务。但是,外部造成了质量控制的新问题。提供外包服务的企业往往是第二流甚至是第三流或第四流的企业,它们拥有的确保产品质量的现代化设备和熟练劳动力都不多。此外,对于绝大多数温州大型企业而言,它们仍然缺乏先进的管理机制来监督外包生产。管理者更担心的是,外包商可能成为潜在的竞争者(考虑到准入门槛较低),因此对于帮助外包商不感兴趣,这直接影响到鞋子的质量。该文进一步证实,鞋子的质量问题还与皮革加工有关。在中国,大多数的猪、牛都是小规模的家庭养殖,缺乏现代化的加工手段。因此,中国制造的皮革往往比意大利的皮革质量差。做鞋所需的其他材料——例如橡胶和塑料——也存在类似的问题。最后,采用质量不好的原材料不仅影响到鞋的耐磨性,还影响到鞋的舒适性,这进一步加剧了大规模生产的廉价鞋子所面临的问题。就大政府与小政府而言,该文所采访的企业管理层不仅拥护改革,而且寻求政府的支持。与他们在广州、深圳和成都(全部都是省一级城市)的竞争者不同,温州只是地级市,对于中央来说地位不太重要。尽管它是主要的经济中心,中央政府对于省会和对于各个省有战略意义的工程的投资偏向使得温州市承担着许多金融责任,它不得不自己筹资来修建机场、铁路以及其他城市基础设施。结果,温州缺乏其制鞋业的发展和现代化所必需的基础设施——尤其是研发能力——的支撑。温州作为地方性城市,很难吸引顶级设计师,因此鞋企被迫重点生产男鞋,男鞋时尚导向更低,利润也更低。结果,温州仍然不能将自己转型成为一个真正的现代化大都市——这是达到更高的工业发展水平的先决条件。从这个意义上说,问题在于"小政府",它只能为商界提供有限的支持。就代际的、亲缘的与结构的闭锁而言,温州的发展囿于独特的发展道路——以家庭为基础的、劳动密集型的制造业为核心。新一代人可能教育程度更高,但是仍然保持强大的家庭商业纽带,尽管他们失去了温州精神的一些美德——例如创业精神和艰苦奋斗。因此,尽管进行了上述重组,许多温州鞋企还是依赖低技术生产方式的小企业,这些企业仍然是家庭企业。底蕴深厚的制度、强大的地方网络和独特的文化造成了亲属闭锁的问题。强大的地方关系网络——以当地方言和文化为中心——阻止了非温州人的"融入",这进一步降低了当地制鞋业对有经验的设计师和熟练工人的吸引力。强大的、顽固的地方制度在本质上是抵制变革的,这造成了结构性闭锁的潜在问题。在当地制度环境中,外部资金和熟练工人很难表达需求和开展合作。在外商直接投资方面,这一点尤为明显,到目前为止温州的外商直接投资极为有限。因此,两种当地特有的惰性——代际的和结构的惰性——已经极大地影响到吸引外部投资、技术创新和有经验的技术人员。

第五部分是结论。温州制鞋业的经历再次表明,成功的工业区能够适应变化,这挑战了新地方主义对于小企业和地方优势以及制度的过度强调。温州的经验也挑战了 GVC/GCC/GPN 观点,GVC/GCC/GPN 观点过于强调主要跨国企业和全球网络的重要性。中国和温州现在面临着全球经济衰退引发的出口下降所带来的新一轮经济挑战。与其他大多数制造业一样,温州的制鞋业在 2009 年年初处境艰难。在 2009 年上半年,温州制鞋业的产值下降了8.1%。因此,温州可能需要修改旧的改革蓝图,从而再次调整它的地方制度,提高制鞋业的经济效益。在 2009 年已经采取了朝着这一方向的具体步骤,部分步骤体现在市政府"十五"计划的调研和起草过程中。尽管障碍看起来很多,温州的内部活力和能力可能仍然能够使它应对这些全新的挑战。

该文试图通过中国的区域发展模式(例如,珠三角模式、苏南模式和温州模式)所提供的更为清晰的情况来阐释温州制鞋业的发展和重组。在这样做的过程中,既挑战强调小企业与地方优势的新地方主义,又挑战过于强调全球网络和外部发展因素的观点。认为这两种观点都不足以解释中国的区域发展。

其他较重要的论著还包括:加拿大学者 Li H.的《温州制鞋业的竞争优势的来源分析》①、杜文彬(Ben Dolven)的《中国的商业实验室:温州展示了私营经济的挑战》②、香港学者 Yang,Fan Michelle 的《顾客对宾馆服务质量满意度及其行为意图的影响:以温州的宾馆业为研究个案》③、华人学者 Zhang,Yue 的《温州产业集群的发展:质量改进与创新能力》④、华人学者 Jici Wang 的《中国的消费品制造商——专门参考温州的鞋业集群》⑤、瑞典学者 Deirdre Cody 的《温州的国际工业区模式的调整与进步:以制鞋业为研究个案》⑥、美国学者丹尼斯·魏(Yehua Dennis Wei)的《工业区重组、地区发展升级:温州模式的案例》⑦、丹尼斯·魏的《超越 GPN——中国的新区域主义划分:重组制

① Li H. An examination of the Sources of Competitive Advantage in the Wenzhou (China) Footwear Industry[D]. University of Windsor,Ontario,Canada,2003.

② Ben Dolven. China's Test Lab for Business: Wenzhou City Shows the Challenges as Private Sector Gains Heft[J]. Wall Street Journal. (Eastern edition),2003,6(2).

③ Yang,Fan Michelle. The impact of hotel service quality on customer satisfaction and behavioural intentions: a case study of hotels in Wenzhou[D]. Hong Kong:[School of Hotel and Tourism Management,the Hong Kong Polytechnic University],2004.

④ Zhang,Yue. The development of Wenzhou industry clusters: its quality improvement and innovation capability[D]. University of Massachusetts. Lowell,2005.

⑤ Jici Wang. China's consumer goods manufacturers—with special reference to Wenzhou Footwear Cluster[M]// Shulin Gu and Mark Dodgson,eds.,Innovation in China: harmonious tranformation?,Sydney:eContent Management Pty Ltd,2006.

⑥ Deirdre Cody. The Adaptation and Advancement of The International Industrial District Model in Wenzhou: A Case Study Of The Footwear Industry[D]. Lund University,2006.

⑦ Yehua Dennis Wei,Wangming Li,Chunbin Wang. Restructuring Industrial Districts,Scaling Up Regional Development:A Study of the Wenzhou Model,China[J]. Economic Geography,2007,83(4).

农业,重塑温州模式》[①]。

二是民间金融研究。

美国学者蔡欣怡(Tsai,Kellee S.)的《中国的后街金融民营企业主》[②]的第四章"温州的金融创新与管制"认为,迄今为止,对温州的大多数研究都只是突出它的改革经济的地域性,并且强调温州人经商和规避中央监管的鲜明独特的文化特性。这些主要是描述温州抓住了改革初期温州政治的微妙棘手之处,但是由于它们强调温州的反叛特征,因此只提供了有限的比较性观点。中国的其他城市和南方沿海地区都处于类似的政策环境之下,也都发挥着它们各自的政治经济的谋略。实际上,大多数的转型经济大概都具有地方上的主动性,以便对付管制的干预。因此,该文并不关注温州为何如此与众不同,而是关注哪些社区金融机构的产生逻辑,以及这些机构为什么得到允许而繁荣兴旺,或是受到管制干预的基本政治经济条件。简言之,这些地方金融制度的起源是什么? 一旦它们被建立,为什么有些制度运作的时间更长? 企业主们的政治关系对于他们选择金融制度的影响是什么?

第一部分讨论了温州非正规金融活动的概况。尽管温州的私营经济蓬勃发展,但国有银行体系不愿意、在法律上也不可能满足新一代个体企业主的信贷需求这导致温州的私营经济与其非正规金融先后发展起来,名扬海内外。这两者都既挑战正规的金融机构又与其竞争。在 20 世纪 80 年代中期,当时温州的私人金融业引起国内的广泛关注,企业主采用的融资策略也升级换代,从亲友、邻居和当地商人之间特定的无息借贷,发展到更制度化也更有争议的方式,例如一周 7 天、一天 24 小时都营业的私人钱庄。如果说 80 年代初是温州的非政府金融创新的话,那么 10 年后,最初的创新正在被温州的上级行政机关颁布的金融体制改革所控制、合并或改制。这不是说官方的改革政策妨碍了 90 年代的其他创新发展,而是说经济行为者所置身其中的市场和金融制度环境都发生了变化。这场变革的最后结果就是重新界定了经济领域的游戏规则。为了更具体地说明,使用了官方统计的时间划分,显示私营企业主人数在改革前六年(1979—1985 年)大量增加,1986 年至 1991 年间的增长速度稍

① WEI, Y. H. D. Beyond the GPN—New Regionalism divide in China: restructuring the clothing industry, remaking the Wenzhou model [J]. Geografiska Annaler: Series B, Human Geography, 2011,93(3) :237−251.

② Tsai, Kellee S. Back-alley banking private entrepreneurs in China[M]. Ithaca N.Y.; London: Cornell University Press, 2002.

慢一些,到90年代增长速度又有所加快。这表明私人运作的资本密度在80年代中期有所增加,在80年代后期又有所下降。但是,与90年代私营企业数目不多的增长不同,人均资本大量增加;到1999年,私营经济在全市工业生产中的比重超过96%。两相比较,生动地说明了企业主的增加与其平均资本额增长之间存在差异。尽管很难证实来自非正规金融业所提供的信贷数量,中国的经济学家估计,往高了说,1983年至1985年间温州95%的资金流动发生在非政府金融行动者和机构之间。往低了说,这一时期,作为温州资本总量一部分的非正规金融业的估计份额也有80%。温州的非正规金融活动及其机制包括行业信用,职业贷款者、中间人(即银背),冒充集体企业(戴红帽子或挂户企业)从银行和国有企业融资,以股份合作企业的形式融资并发行股票,信贷互助会(轮会、标会、抬会等),私人钱庄,农村合作基金会和当铺。各种各样的非正规金融机构能够发展与一种流行的观点相一致,这一观点认为,凡是政府一直支持私营经济的地方,就会出现各种金融机构。温州的案例提供了一个机会,可供人们深入研究造成这样一个结果的地方政治经济动态。实际上,中国的“地方政府”既不是一个单一的行动者,也不是一个总能规避上级政府政策监管的独立行政实体。在国家银行体系试图垄断经济中的信贷供应的情况下,非正规金融机构几乎总是面临官方干预的危险。实际上,官方对私营金融活动的干预在温州已经发生过,只不过是以一种选择性的方式,由选择性的政府实体进行干预。此外,在某些制度创新一直受到管制的情况下,金融企业主们发明出创造性的办法来规避或者适应管制的限制,这些举措又引发了进一步的管制。因此,在最广泛的层次上,一种创新(I)与管制(R)的循环动态在某些案例上清晰可见:I→R→I'→R',一直循环下去。但是,并不是所有的创新都引发管制的干预,并且也不是所有的管制措施都失败。另一种经济派的观点认为,金融机构的存在取决于利润,是否有利可图肯定影响到金融业务的日常开展;但是对于金融机构在政治上的容忍,则会对其生存机会产生更大的影响。在需求方面,温州的事例表明了当地政治关系在塑造私营企业主金融选择方面的重要性。此外,在其他条件不变的情况下,与干部关系密切的私营企业主或者本身就是干部的企业主,更有可能采取高度制度化的金融活动,而几乎没有什么政治关系的人更可能采取中低度制度化的金融活动。要阐述这些观点,需要考察各种私人金融策略发展的政治经济环境以及后来政府对其的反应。在许多案例中,对特定性私营金融的供给和需求是紧密联系在一起的。私营企业主必须围绕着政治的和管制的限制因素来设计发明金融机制。与此同时,国家的管理机构既有执行管制命令的政治动机,也有与企图逃避管制的私营企业主合作的经济动力。换句话说,某些非正规的金融机构可以被看成是产生于追逐利润的经济行为者与寻租的管制者之间彼此监视的反复过程之中。考察企业主与干部之间的互动会让情况更加复杂。但是这正是理解某些金融活动为什么比其他金融活动更为流行的关键所在。

第二部分论述了温州的非正规金融的三个阶段。著名的"温州模式"从改革开放以来大致可以划分为三个阶段(1979—1985、1986—1991、1992至今)。在第一阶段,私营经济集中于手工业的家庭生产。这种生产只需要很少的资金,因为它使用的是简单的生产工具和极少的固定资产。当农村的这些专业户准备扩大生产规模时,他们靠私人借贷融资,有时也靠金融中介或银背来融资。除了从放贷者手中借钱以外,温州最早的一些企业主也参与信贷互助会。在不同地区,互助会的基本类型被称作"程会"、"合会"或"举会",它们也可以被翻译成"提供优惠的会"、"合同的会"和"合作的会"。尽管这三种会在当地方言中存在细微的差别,但是它们的机制都十分相似:10~15人同意每月都出固定的钱作为集体资金;会头在第一次会上收取所有的钱;以后几个月,集体资金或是像"轮会"一样,按照预先订出的日程表依次向其他会员发放;或是像"标会"那样,由提供最高利息的会员先用。小型零售商在创业或重要的发展阶段,为了办证(以及相关的开支)和购买固定资产,最有可能入会。但是,在日常的经营阶段,他们的短期资金需求最好用行业信用来满足,即通过批发商先供货,然后过几个小时、几天甚至是几周以后再付款,他们靠发展和批发商这种持续的关系来维持经营。在20世纪80年代初,私人信贷活动诸如互助会和金融放债者仍然是分散的,局限在彼此隔离的农村企业主的社会网络之中。在第二阶段(1986—1991年),随着全国其他地方的高通胀,尤其是1988年的通胀,私营经济的发展陷入停滞。经济与政治的行为者不确定中央政府是否会继续推进改革。许多企业主缩小了生产规模,把生产资本变成储蓄存入银行以赚取利息。相应的,民间信贷的规模也缩小了,靠放高利贷为生的人面临萧条的市场,把钱存入银行,尤其是存入城市信用社。从1989年到1991年年底,城市的储蓄额增加了32亿元,新增存款的一半来自以前投资于私营企业和私营金融业的资金。但是,从1992年开始的第三阶段,随着产品质量的改进,生产变得更为资本密集型,家庭工业扩大了规模,专业市场繁荣兴旺,温州开始从中国的欠发达地区吸引廉价劳动力。

第三部分分析了温州私营企业和股份公司注册为公有制企业或集体企业的发展动态。当地企业主创造出一些奇思妙想来从官方银行体系融资,通过挂靠在公有制企业和登记为集体企业,即使它们是货真价实的私营企业。采用前一种策略的企业被称为"挂户企业",因为它们挂靠在国有企业下面,向国有企业支付费用以使用其名称、信笺、信封、发票和账户,以此来偷税漏税和规避对私营企业(相对于国有企业)更为严厉的其他规定。那些选择登记为居委会或村委会企业的私营企业的做法被称为"戴红帽子",它们打集体的招牌只是为了获得银行贷款、税收优惠政策以及私营企业所不能享受的其他好处。到 20 世纪 80 年代中期,温州市大约 62% 的家庭企业是挂户企业,80% 的居委会的和区属的企业是戴红帽子的私营企业。戴红帽子的企业和挂户家庭企业代表了最低调的融资策略,因为它基本上保证了获得银行贷款所必须的企业的登记身份。

第四部分描述了温州信贷互助会演变为金字塔形的投资架构(抬会/排会)以及此后的多米诺骨牌式的崩溃。信贷互助会作为基层向农户提供社区中存贷来源的策略,在改革开放的初期重新出现。在温州,随着越来越多的农户转向小商品生产,互助会变成了向固定资产、大批采购原料和其他与生产有关的成本进行投资的重要资金来源。互助会的融资规模急剧扩大。最初,每位会员每月的会钱一般是 100~500 元;到 20 世纪 80 年代中期,每月的会钱攀升到 1000 元、5000 元,甚至高达 10000 元。从理论上说,一个标准的程会或举会的会员都能从信贷互助会中营利,只要会中没有人拖欠就行。当某些会头开始同时经办几个"会"并陷入短期的资金流转紧张的情况时,问题就暴露无遗。一个会头拖欠了,会影响到成百上千家。例如,根据 1984 年"黄花"一案的案例,一位姓南的人在 1977 年开始举办举会,以改善乐清县黄花镇的贫困状况。到 1982 年,南氏卷入了几个"会",失去了维持它们的能力,到了年底就彻底周转不动了。但是,南氏继续参与互助会,以资助其他的"会"。到 1984 年春,这些"会"彻底崩溃,造成了 367 家 110 万元的集体债务。到 1991 年,南氏 60% 的债务仍未解决。这种多米诺骨牌式的金融崩溃最严重的案例,涉及抬会和排会。这两种混杂的"会"原来都是相对无害的、以社区为中心的互助组织,现在已经变异成一种潜在危害更大、更不稳定的形式——金字塔形的投资诈骗手段。不同于程会和举会依赖于会员之间的互惠来提供一种免于官僚主义的存贷手段;抬会和排会(字面上的意思是"抬升会"和"排队会")是基于会头与投资者之间的双边关系,会头答应给最初的投资特别高的回报率。这些变异的问题在于,资金并没有真正投资于生产型的经营之中;预期的"投资者"实际上是投机者,他们被一夜暴富的美梦所诱惑。典型的抬会会头本来并不是商业企业主,而是一种"皮包商"。这些皮包商往往是教育程度很低的农村妇女,她们本身没有任何资金,依靠社会网络去招揽投资者,"投资"

的基础不是建立在有形生产上,好几层的会头冒出来以维持庞大的付款洪流。随着 1985 年至 1986 年春抬会数量的成倍增加,温州的非正规金融业一片混乱,其中乐清、平阳、苍南、永嘉、洞头以及台州和丽水的各个县尤为严重,涉及资金累计超过 1 亿元(约为 3300 万美元)。最后,各阶层的民众都被波及,包括工人、农民、医生、教师乃至警察和干部都未能幸免。一旦投资者开始经办的抬会开展利息更高的集资,那么到最后,包括会头和投资者在内的大多数参与者都会负债累累。1986 年年初,抬会大规模崩溃之际,参加排会(抬会的近亲)的人数达到高潮。在 1986 年 5 月和 6 月,平阳县和苍南县的排会开始崩溃。平阳有 17 万名排会参与者,总共涉及金额 1.04 亿元(3010 万美元);苍南有 3.5 万排会参与者,总共涉及金额 9100 万元(2640 万美元)。各县政府都试图对各个会头进行内部处理,但是排会继续扩张的势头无法得到遏制。在某些情况下,政府的干预反而起到了促进入会的反作用。乐清县曾经出现了一份禁止入会的公告,但上面没有加盖公章,而正式的政府文件一般都加盖了公章;换句话说,这种警告只是半官方的。但是,当地民众显然将其视为反映了党的路线,却反其道而行之,理由是凡是中国共产党反对的都能赚钱。人们确实是用车拉着十元面额的钞票去找会头,而其他的人则从横贯温州的运河用船运送钱。会头不再需要出门去动员别人来入会了。陌生人手里捧着现金来找著名的会头,急于参加这个明显的金融奇迹。记账也变得漫不经心了,大笔的交易就随手记在破纸片上,会计变得极其复杂。此时,这些钱一分也没有投资于生产性经营方面。假定的投资回报只是靠操纵其他的"会"来维持。据估计,到 1986 年,超过 95% 的温州家庭都参加了"会"(北部两个小县的人除外)。规模是如此的庞大,以至于当个别人开始拖欠会钱时,整个"会"的参与者网络都濒临破裂了。因为会头签了那么多人的钱,会头及其家人成为摧残、绑架、拷打、性侵犯的对象,虽然没有人实际上想要杀掉会头本人。1986 年举行审判会头的法院公审大会时,约有 25 人自杀,几个会头的家属被杀害。在危机应对中,温州成立了"清会办公室",以阶级运动的方式进行处理;办公室尽可能地从会头和会员那里把全部钱没收干净,然后平均分配给"会"的所有受害者。具有讽刺意味的是,在受害者继续扣押住会头要求还钱的情况下,叫作"救命会"和"单万会"的一次性"会"又兴办起来了。尽管温州非正规金融市场一片惨淡,"会"崩溃的消息却从未在官方报纸上出现过。对当地干部而言,这是非常尴尬的事情。银行系统的高层官员还是知道了这件事情,温州接待了一批又一批来自北京、杭州和上海的高层干部和经济学家,他们既想了解非正规金融机制如何得以滚雪球地造成如此大的混乱,又想取缔"会"这种活动。

按照当地文化人和干部的说法,在20世纪80年代初,温州许多人都指出金融改革必须与经济改革同步进行,但是却没有得到回应。回过头来看,当地的观察家们相信,只有酿成一些像"会"崩溃那样极端的大乱,才能促使官方重新思考改革的政策及其后果。从分析上看,政府对"会"干预的性质与前文所述的子假设相一致。当"会"的参与者局限于企业家的小圈子中,并且把资金用于生产性目的时,"会"的可见度就低,当地干部缺乏政治上的与经济上的动机去干预它们的运作。但是,一旦温州广大群众卷入抬会和排会的投机热潮,"会"的可见度就很高,并且影响到社会稳定。尽管主要是抬会和排会造成了严重后果,当地政府却禁止所有形式的"会",用以防范非正规金融市场的潜在风险。

第五部分阐述了温州私人钱庄的出现。由于官方银行反对钱庄,金融企业主们就转向一种争议较小的方式来从事金融中介。他们不是用从事合法性有问题的法人实体来直接对抗金融体系的各级干部,而是选择一种更符合正规金融机构口味的组织形式——信用社。正如私营企业认为自己在政治上注册为集体企业更为便利一样,想经营钱庄的人就组织起来以信用社的方式运作。因为信用社在结构上是发行股票的金融机构,即使其实际股份只是由两三个人(也正是有关的人)所控制,它也有一个集体兴办的机构外衣。从理论上说,他们的经营状况会直接影响到城市信用社的股东和职工的收入。温州在1984年才成立城市信用社。在1989年,共有26家信用社,其中16家在城区;到1992年,有43家信用社,其中包括14家"农村金融服务社",这些服务社占了浙江全省总数的三分之一。与钱庄一样,它们通过延长营业时间来满足私营经济的需求。此外,它们提供的利率也和钱庄一样有竞争力,即使他们还受到国家银行体系所规定的利率的限制,但银行业从业人员、干部和商人们都心知肚明,城市信用社注册为集体金融机构,事实上它们是私营的。它们不向其他国家机关汇报,自筹资金,独立核算,自负盈亏。城市信用社在整个80年代享有相对的独立自主和灵活运作。但是,在1990年,中国人民银行温州分行调查了城市信用社,发现了一些情况,主要是管理层薪酬过高或是没有适当给股东分红。一年以后,中国人民银行温州分行颁布了一项政策,规定城市信用社和农村金融服务社归中国人民银行管辖。但是,当地干部公开承认,城市信用社仍然继续独立经营;其利率仍然高于国有银行;在人事任免和贷款审批贷款方面仍然独立自主,实际上与往常的经营方式相比没有什么变化。1997年3月,上级金融机构再次尝试对城市信用社进行更严格的管制,将它们改造为城市合作银行——一种发行股份的商业银行。上级金融机构这种做法的理论依据在于,通过合并使它们成为标准的商业银行来提高城市信用社的效率。随着城市合作银行的建立,银行业从业者和地方干部都相信,实际上,由私人经营的城市信用社——私人钱庄的产物——最终将不得不放弃其大多数股份与自主经营的局面。原来的城市信用社的老板被告知,他们可以在新机构中持有 50%～60% 的股份;地方政府将持有 30% 的股份,其余的10%～20%则归其他个人或单位。此外,由于城市合作银行是通过合并温州所有的城市信用社而形成的,它的各个分行现在得向监管其经营和业务的总行汇报工作。实际上,当初经营钱庄的人为了规避官方干预所戴的红帽子,现在变成了一顶难受的硬帽子。

图 1-1 总结了钱庄多年来的组织发展过程。它们在温州引起高度争议的历史有着两层含义。首先,那些足智多谋、善于在银行体系以外培养政治关系的金融企业主可以通过在其他机关登记来建立私营的金融机构。其次,政治关系可以帮助他们越过最初的官僚机构的障碍去创办一个新的金融机构,但是可能也不足以保障该机构的生存。当私营金融机构发展到了一定的程度——正如温州的私营钱庄那样,其非常规的金融活动就一定会引起银行当局的干预。这并不是说,金融企业主就此放弃,不再从事私营金融业——许多私营钱庄仍然在地下活动。但是,不披上政府批准的伪装而公开经营一家非政府金融机构变得愈发困难了。实际上,在河南省,所有的金融机构都戴着某种合法的帽子。

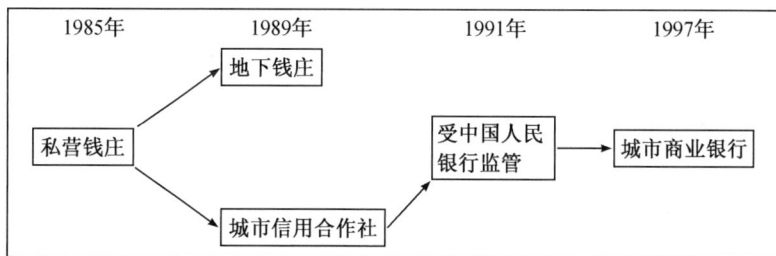

图 1-1　没帽子→红帽子→硬帽子:温州私营钱庄的命运

第六部分研究了温州当铺的兴衰。兴办当铺代表着温州的金融企业主尝试选择一个不像钱庄那样有争议的组织形式,能给当地商人提供非政府的金融服务。由于不允许个人开设当铺,他们就注册为集体企业。从组织上说,当铺看起来与其他的红帽子企业没有什么差别:它们也有一个董事会、一名经理、一个监事会以及其他的专门机构,大约有 10 至 12 名员工。当铺的创办人一般都是其他商业企业的高管,他们拥有广泛的商界人脉关系。这些关系也使当铺老板敢于公然违法经营,例如,包括从客户那里接受房地产证、从信用社借钱、为储户提供日常保管服务等。由于从定义上说,当铺提供的是有抵押的贷款,因此其活动所承担的风险看起来要小于金融中介和钱庄老板所承担的风险。此外,与共产党执政以前的中国当铺不同,现在的当铺的主要客户是相对富有的生意人而不是贫困的农民。根据20世纪90年代初对当铺的普查,大约97.9%的客户利用现金来从事生产性或经营性活动;只有2.1%的典当物品是用于日常生活的现金开支。但是,从1988年年初第一家当铺开张以来,它们在温州的业务一直是周期性循环的。到1988年年末,在温州工商局登记注册的当铺有42家——这占了当时中国所有当铺的20%,但是一年之中就倒闭了15家。到1991年年初,当铺的数量增加到34家,1992年又减少到19家,只是到了1994年又增加到30家。当铺经营起起落落的原因可以追溯到它们无力偿还债务。研究温州当铺的当地经济学者表示,其不稳定的根源在于基本经营方面存在缺陷。首先,固定资产估价很差。当铺经办的最大宗的抵押品是一些非法的房地产,这使得它们要冒很大的风险。当铺重点关注的是典当抵押品本身而不是抵押的人,在房地产的案例中,客户们甚至往往没有产权——在中国这是指使用权,或者提供的是虚假的文件,或者典当的建筑物还存在法律纠纷。第二,一味追求营业额往往使当铺老板对客户典当物品的理由毫不关心,这让他们忽视了贷款的安全问题。尤其是在经营的最开始阶段,当铺老板关心的是开拓业务、增加利润。在某些情况下,当铺甚至刚刚开张几天就贷出数百万元。第三,内部运作程序常常出现麻烦,因为雇用的员工往往与店主沾亲带故,并不胜任工作。员工把镀金物品当作真金物品、主要会计师搞不清抵押物品的贷方与借方的事情层出不穷。为了融资,当铺一般都依靠诸如城市信用社和农村金融服务社这样的非银行金融机构的贷款,或是来自企业和国家单位内部资金的非正规借贷,或是从富裕商人手里的借款。为了维持经营,许多当铺利用其资金来偿还债务,引起正规金融体系广泛关注的是,它们从私营企业主那里吸收存款来维持资金链。例如,苍南县的一家当铺的80万注册资金完全来自它吸收的存款;在另一家当铺,超过82%的注册资金(约700万元)是来自吸纳的存款,这比当地农村金融团体的存款水平高出75%。当铺的存款利率比城市信用社和农村金融服务社高22至66个基本点(二者每月的利息分别为0.9%~1.2和0.24%~1.0%),这使得它们极具竞争力,这一点与私营钱庄和官方金融机构之间的状况是一样的。

第七部分描绘了温州农村合作基金会的半合法化。农村信用社作为合作化运动所遗留下来的机构,它所面临的来自整个非政府金融机构的竞争要大于城市信用社所面临的竞争,这主要是因为在改革开放初期,温州大部分属于农村地区。1980 年,当温州农村地区的私营企业主数量成倍高速增长时,83％的农村信用社都在亏本经营。与此同时,金融中介与会头们正忙于存、贷业务的欺诈经营的巨大网络。农村信用社知道它们的利率相对于在自家门外经营的非正规金融市场所提供的利率来说要低得多。苍南县金乡镇农村信用社在未向上级银行请示的情况下,就擅自于 10 月成立了第一家浮动利率的正规金融机构。对个人储户来说,一年期固定存款利率从 4.5％上调到 10％,贷给私营经济和乡镇企业的年利率由 6％上调到 15％。到这年年底,金乡镇农村信用社又能够保持收支平衡了。其他地方的农村信用社看到了它的成功,纷纷效仿。到 1986 年,温州地区 88％的农村信用社都实行了浮动利率。但是,直到 1989 年 9 月,央行才批准温州成为利率改革的试点地区。官方政策又一次不是引导而是尾随自由化改革的方向。尽管农村信用社力图成为中国农业银行向当地放贷的工具,但它们无法满足农村信贷的需求。在苍南县经济改革委员会于 1992 年 8 月发布《农村信用股份基金会试行意见》的公告后,农村合作基金会开始蓬勃发展。农村合作基金会不同于农村信用社,农村信用社在 1996 年被划归中国人民银行监管以前,在法律上归属中国农业银行监管,农村合作基金会由于最初是由农业部批准的,甚至不被当成是金融机构。基金会由乡、村两级政府管辖,根据各地的情况,它们分别由县级经济体制改革委员会、乡级农业局、村级村委会乃至工会等各级行政部门批准成立。它们的名称也各不相同,但在组织结构上都是按照股份制或股份合作制组织的结构组建的。与城市信用社和农村信用社的情况一样,股份集中在几个人手里。农村合作基金会的数量和规模扩大的速度甚至要快于钱庄或当铺发展的速度——而且这种发展势头实际上发生于 1993 年中央政府发布紧缩的宏观调控政策以后。到当年年底,农村合作基金会已达到 89 个,累计持有人民币存款 6 亿多元(当时约合 1.03 亿美元)。当紧缩的货币政策自上而下推行以后,温州的官方银行还是能够吸引到存款,但是贷款规模仍然受到限制。到 1993年,它们的存贷差达到 56 亿元(9.65 多亿美元)。当地政府担心"会"再次爆发,因此就给农村合作基金会开了绿灯,让它去弥补资金的不足。尽管农村合作基金会与银行机构的业务相同,但它们仍然规避中国人民银行的监管,并且避免使用金融术语,例如,贷款被称为"代管金",存款被称为"投放金",利息被称为"资金调剂费率"或"资金占用费率"。但是,农村合作基金会这些委婉的提法并没有削弱它们对于当地企业主的经济吸引力。其他省要么规范农村合作基金会要么将其取缔,因为在中国的中央银行眼中,农村合作基金会一直是非法的。在温州,银行从业者与经济学家就如何改造农村合作基金会意见不一。一方面,它们提供了基层信贷所急需的资金;另一方面,如果没有人监管,它们就会继续提供更高的利率,并且吸收那些得不到官方银行机构保护的存款。作为中央政府企图使金融体系合理化的其中一种措施,1999 年 3 月,国务院宣布农村合作基金会要么关闭要么由农村信用社接管。这项政策至少在四省一市(四川、湖南、河南、广西和重庆)遭到了反对。与之形成鲜明对比的是,到 1999 年年底,温州的 225 家农村合作基金会被"改造"完毕,并没有引起社会动乱,因为大多数温州农村合作基金会有能力补偿其储户的损失。在合理化改革的日程中,下一个就是农村信用社。有些农业银行干部建议采取"一行两制"的办法,把农村信用社改造成农村合作银行,在县一级以上,享受国有商业银行的待遇;在县一级,它应当是一个"结合部",由农业银行和基层的合作金融组织共同资助;在县一级以下,它应当是一个合作金融组织。与此同时,有些地方政府宁愿把农村信用社改造成为当地的商业银行,以维护当地的经济利益。

第八部分探讨了温州官方对非银行金融机构的干预与监管。随着私营金融策略的形式日益多样化,地方干部的干预或不干预保持着同样的受利益驱动的逻辑,这些利益被存在于不同层次的制度环境中的行为者规定得更为详细了。租金的机会与干预的性质的快速比较表明,前者并不是缺乏政府干预的一个特别健全的指数。换句话说,金融企业主可能付租金给各级官僚机构来寻求保护,但是当其活动变得高度可见或引起争议时,承受要进行干预的政治压力的负责机关就会发现了。还有必要重申,对温州场外市场的监管干预浪潮,发生在有着激烈竞争的场外市场内部和正规与非正规金融业之间。换句话说,对每一种特定的金融机制干预的本质,都应当被看作是地方政府和银行当局极力缩小金融投机并促进当地经济稳定的众多举措的一部分。取缔所有的"会"就是这样一个事例,可以看出抬会和排会所造成的混乱对更"规范"的会的形象和管制有着怎样的连累。在解析进入监管金融机制的官僚行为者——政府、银行业从业者、工业和商业——之前(以及它们这样做的理论基础),值得重申上述的每一种私营金融活动,都先于官方当局之间关于其特定功能或侵害现行政策一事的任何辩论。因此,政府机关干预的逻辑是根据察觉到的每一种活动对各方面的干部的政治、经济利益的影响。由于银行并不向私营经济提供信贷,存款水平就代表了非政府形式金融对当地国有银行纯经济影响的中心指标。从中国人民银行温州支行所收集到的材料表明,官方银行的储蓄率在 20 世纪 80 年代确实经常发生波动。当非政府金融业中的存款和投资机会容易获得时,官方银行中的存款就减少,结果官方银行就采用浮动利率,以便和私营金融业者展开竞争。除了累计存款水准存在周期性变化之外,与信用社相比,各国有银行中的存款波动也造成了不同的影响。国有银行极力反对非政府金融行为者地下或伪装的金融活动。由于信用社本身事实上的所有权是近乎私有的或完全私有的,因此信用社股东在动荡的金融变迁中保持缄默。但是,为什么有着软预算约束的国有银行会关注民间金融对其自身营运的影响呢?这一点尚不清楚。换句话说,既然在他们各自的银行中实际上有着终身就业的保障,那么为什么还要关心其银行利润是高还是低呢?这是因为,首先,当地国有银行"发言"的程度不同。它取决于非政府金融活动的正规程度,以及银行能够为允许例外的金融活动负责的行政层级。例如,国有银行并不抱怨给当地金融市场造成明显重大破坏的抬会和排会,但是对于钱庄,当第一批钱庄处于最初的筹备阶段时,农业银行就收回了对它的支持,人民银行也不承认其合法性。作为国有银行体系的执行层,他们不能直接批准私营银行的创办,即使他们想这样做也办不到,否则就有遭到上级批评的风险。但是,地方银行能够做并且也确实做了,采用的是一种聪明的说服技巧,以非政府的"民间"金融在当地经济发展中扮演了重要的角色说服上级银行。通过所谓的"聪明的游说技巧",当地银行官员和经理们在杂志——例如《农村金融研究》《浙江学刊》和《金融研究》等——上发表理论文章,"客观地"分析了温州的金融环境,并且就金融体制改革的进程提出了政策建议。他们认为,如果钱庄能够公开地经营,那么正规金融机构可以通过,比如说要求一定比例的贷款损失准备金存在国有银行中来监管它们,或者是钱庄以更透明的方式与银行共享其客户基础。实际上,"红帽子"企业更有可能使用国有银行的金融服务,而"没帽子"的企业就依赖(非法的)私营银行。这种游说也间接地引起了对所察觉到的现有银行体系缺陷的关注。它们基本上是在更明白地说,如果你不允许我们直接满足私营企业主的信贷需求,那么就让其他的机构在我们的监管下来做,我们想这样做,但是缺少授权和基础设施;但是现实是私营企业主新发展壮大的市场对金融服务的需求确实存在。通过呼吁承认钱庄的合法性,银行希望能够被授予监管它们的正式权力,伴随着从制度上——尽管是非法的——获取租金。工商行政管理局是从高度制度化的金融实体——即包括钱庄和当铺在内的注册的私营经济——那里获得租金的主要受益者。工商局肯定不会抱怨在它那里注册过的企业的金融活动,因为这个官僚机构可以从敲诈的和谐中获得稳定的收益。同样,温州的银行也在取缔钱庄方面行动迟缓,因为它们感到把钱庄纳入自己的行政管辖范围存在着经济利益,它们通过破坏的手段试图侵占钱庄的市场占有率,当这一举措的影响有限时,它们就游说上级,力图获得管辖钱庄经营的权力。最终,温州银行机构成功地消灭了已经注册的私营钱庄。1989 年全国范围的政治经济紧缩迫使私营企业主就范,改为把自己经营的资本存入国有银行。当之前的钱庄老板另起炉灶开办起城市信用社时,温州的银行满足于提高自己的利率,以便于当地的金融市场上进行旗鼓相当的竞争。只要它们能够从自己的下属机构——过去叫城市信用社,现在叫城市合作银行——那里榨取到租金,它们就心满意足了。另一方面,上级银行将非银行金融机构的发展看作是损害了它对经济中资本规模和成本的控制。各个银行的央行一再试图实施国务院在通货膨胀时期发布的限制信贷的文件,但是受到来自日益市场化的地区——例如温州——的挑战,因为下级银行明白经济不断发展的地方动力,也明白限制官方信贷来源的后果。在地方政府(市、县、乡、村)干预的情况下,处理不同金融机构的各个层面上的策略取决于其制度上的和经济上的利益。例如,乡、村政府与农村合作基金会有着直接的利害关系,因此支持农村合作基金会的运作。市、县政府从更高的银行层级的角度知道它们问题丛生;但是他们同时也知道农村合作基金会为什么能够存在——即市场需求,于是暗地里让各级金融机构承担改造它们的责任。但各级金融机构除非能够把农村合作基金会置于自己的直接管辖之下,否则它们就缺乏监管农村合作基金会的动力。同理,只要乡、村一级干部直接参与了将私营企业登记为集体企业的行动,就不要指望他们去拆穿"红帽子"的把戏。在"红帽子"的和谐中,他们实际上是靠出售集体的招牌来换取一笔钱——他们将这种钱称为集体企业管理费。在私营钱庄的案例中,大多数的县、乡政府都不愿意登记这些公然有争议的企业,但是也不公开反对它们,因为干部—企业主彼此依赖的网络足以保障这种合作的平衡。正如私营钱庄一度曾经跨越了银行等级制度而在工商局进行注册一样,"红帽子"企业也可以声称自己是集体所有制企业而规避工商局的监管。最终,地方政府从来不曾反对有利于私营经济以及让财政收入不断增加的金融机制,因为当地的发展有利于其经济利益。但是,当金融活动危及基层的社会秩序时——例如抬会和排会那样的情况,县、乡政府就会力图减少其破坏,进而恢复社会秩序,并且防止上级政府干预。温州市当然干预了,并且也确实逮捕了最大的"会"的会头,还发动了一场清剿"会"的运动。但是,高层官员和学者的来访,却只是让温州干部强调允许私营金融机构以一种更为制度化和更为透明的方式经营的重要性。

　　第九部分阐明了私营企业主对金融机制的选择。拥有较强政治关系的企业主将会选择制度化程度更高的金融机制的预期,在温州的最基层得到证实。这一观点的逻辑是,拥有较好政治关系的企业主将会以注册企业的形式将其金融设施制度化,以此来降低交易成本和减小不确定性。因此,有必要简单地探讨对私营企业主来说决定不确定性和交易成本的一些主要变量。首先,企业主中最基本的差异是其注册地位。与没有挂企业招牌的企业相比,由私人所有但是注册为集体企业的企业在使用国有企业所享有的国有银行和其他资源方面拥有的机会更多。上述有关红帽子企业的讨论表明,红帽子关系的稳定性取决于相对红帽子提供者的流动性和相对依赖性两个方面。如果红帽子提供者试图增加保护的成本,而且企业相对流动性也相对较高,那么替代的选择就不一定是转向另一家红帽子保护者,而是与其他私营企业一起把资源集中起来,组成股份合作企业和股份有限公司。随着多年来针对私营企业的抨击有所缓和,以及绝大多数温州人都以各种形式参与私营经济活动,这一策略日益流行。在 20 世纪 80 年代,戴红帽子有一个公开的保护人会带来很多好处。但是,到 90 年代中期,许多大型企业实际上已经壮大起来,摆脱了红帽子关系,发现自己与具有同样想法的其他企业主合作起来找专业银行贷款会更为有效。在 20 世纪 80 年代初,通常注册为"个体户"的小生意人拥有的制度选择不多,他们更可能依赖亲朋好友提供的非正规贷款,或者是与放债人和提供行业信用的批发商搞好关系,而不是试图去讨好国有银行负责信贷的干部。许多小生意人觉得,根本不值得花时间去填表办手续、送礼和等待借一笔抵押贷款。① 随着基层农村信用社和农村合作基金会的发展,单个的企业主可以更为放心地享受它们提供的服务。这不仅是由于这些机构就是专门为当地私营经济服务的,而且还由于私营老板更容易与当地非银行金融机构的老板和员工攀上关系。因此,给当地农村合作基金会负责信贷的干部送礼并不一定要在贷款批准之前,也可以在其后,这样就会更被看作是一种感激与好意的表达,而不是贿赂。尽管送礼或宴请农村合作基金会负责信贷的干部所花费的金额从县级工商银行获得贷款所需要的花费大致相当,但感觉根本的不同。这并不是说,农民企业主珍视"友谊"到了不考虑经济利益的地步;但是,接触一家特定的金融机构来获取服务的舒适自在感,确实成为他们默默计算交易成本时考虑的因素。驱动创办各种非政府金融机构的逻辑部分取决于监管的

---

　　① 潜在的借方送给负责信贷的干部的礼物常会超过贷款本身的金额。在这种情况下,双方的默契是即使还贷,也不会按时还。第 101 号受访者。

环境,这种环境管辖着各种经济部门中资金的可得性。在诸如温州这样快速发展的地区,资金的稀缺性可能是转向非官方信贷来源的最初经济动力。但是,地方政府的各个部门在促进或阻碍非正规金融机构的出现方面也发挥了重要作用。制度的供应和维持过程本质上是政治性的,尽管实际上机构的经济表现也影响到其能否长期存活的能力。在需求方面,经济行为者所选择的特定金融活动和机构取决于他们所理解的选择上。在温州所出现的一系列金融机制表明,私营企业主对金融机构的选择取决于其规模和获得当地政治与社会资源的相对能力。此外,在追逐各种金融选择的过程中,这些企业主聚集起来的主动行为也改变了当地的金融制度环境,并且影响了更广泛层面上的金融改革措施的实施。一句有关中国改革过程的流行语形象地描述了这个动态的本质:"上有政策、下有对策。"

三是企业家群体研究。

日本学者佐藤浩的《后改革时代农村中国的市场关系的增长:对农民、移民和农民企业家的微观分析》[①],以1999年至2000年间进行的可靠调查为基础,分析农民企业家(即乡镇企业的管理阶层)的社会特征与经营行为。其调查的目标地区是苏南的吴江县(隶属于苏州市)和浙南的温州市,这两个地区分别代表苏南模式和温州模式——农村工业化两种截然不同的模式。苏南模式以集体企业为基础,温州模式以私营企业为基础。两种模式下的管理阶层也具有相应的特征,温州的高层管理者的形象适合于企业家,他们开创企业,独自承担一切风险;而在苏南,在集体企业中拥有管理职务的高层管理者更接近当地干部。然而,在20世纪90年代后半期,随着乡镇企业的改制,再进行这种区别变得日益困难。二者不断增加的相似度是由于,这些改革实施以后,苏南地区乡镇企业的公司化与私有化已经取得很大进展。然而,问题在于,在20世纪90年代末,就高层管理者的社会特征和管理行为而言,这两个地区存在多大的差异?此外,能够看出任何相似的合流的趋势吗?第一个问题的研究采用农村工业化已经发展到相当程度的沿海农村地区的高层管理者作为主题。问题的研究采用农村工业化已经发展到相当程度的沿海农村地区的高层管理者作为主题。在20世纪80年代形成的苏南模式中,集体所有制的乡镇

---

① Hiroshi Sato, TVE reform and patron — client networks between peasant entrepreneurs and the local government: the Sunan model versus the Wenzhou model reconsidered[M]// The Growth of Market Relations in Post-reform Rural China, London: routledge Press, 2003:51—90.

企业通过与当地党政机关结成强大的恩庇侍从纽带来降低市场风险。然而，温州的家庭企业与私营企业不得不想办法在不稳定的市场环境中生存下去，他们没有得到地方党政机关的任何直接支持。那么，我们必须搞清楚的是，在20世纪90年代，市场化的深入和乡镇企业改革的推进如何影响企业与当地党政机关之间的关系，正如我们在苏南模式中所看到的情况一样。我们能简单地得出结论说，苏南模式中企业与当地党政机关之间的关系与温州模式中的企业与党政机关的关系趋同吗？围绕上述问题，该文分为以下几部分：

第一部分概括了乡镇企业的所有制和管理体制改革的背景以及20世纪90年代的改革进程，旨在表明吴江和温州两地的商业组织的形式存在着趋同的趋势。中国企业改革的主要目标是使企业能够成为独立的经济实体。从20世纪80年代到90年代初，通过在管理体制层面推动承包责任制来提高企业的独立性，没有触动企业的所有制结构。直到20世纪90年代后半期，企业改革才触及所有制层面。整个20世纪80年代和90年代初，在国有经济部门，企业与其管理部门之间的恩庇侍从纽带被看作是老大难问题。事实上，它们被视为妨碍企业效率提高的首要因素。与之相反，在乡镇企业部门，企业与当地党政机关之间的恩庇侍从纽带在企业和区域经济——取决于地区的不同——发展方面发挥着积极的作用。第二部分阐明了这两个地区在高层管理者的社会特征方面的异同。第三部分首先指出这两个地区的高层管理者在（有关决策权力以及管理目标和行为方面的局限方面的）管理行为和态度方面的趋同趋势，然后探讨在市场化过程中，它们对于企业家与当地党政机关之间的关系所造成的影响。

结论部分包括：第一，在吴江和温州，高层管理者的社会特征存在着巨大差异。在吴江，我们可以看到，在所有权与管理体制改革前后，高层管理者的延续性非常之高。此外，在乡镇一级，高层管理者在很大程度上与党政干部群体彼此重合。这支持了市场转型争论中的权力转换假设。与之相对应，温州的企业家群体主要是企业所有者以及一定数量的外地人。然而，这些差异的背后存在一些重要的相似之处。这些相似之处表明，当个人从农民转变为企业家时，广义上的人力资本和网络资本非常重要。第二，尽管这两个地区的高层管理者的特征存在差异，我们依然可以看出一个广泛的趋同趋势，那就是吴江与温州两地的高管都更多地向着市场导向的行为模式转变。第三，高管的行为模式趋同的趋势并不单纯意味着吴江当地的政治—经济体制与今天温州的政治经济体制趋同。也就是说，联系高管与当地政府官员的非正式网络仍然在起作用，即使对于私有化的企业而言，当地党政机关作为市场的软硬件环

049

境提供者的作用仍然至关重要。温州的高管参与地方政治往往更高一些,这一事实表明温州当地的政治—经济体制也正在发生改变,尽管在以前,企业与当地政府的关系比较薄弱。第四,上述所有问题都归结到市场与政府之间的本质关系。概括地说,只要市场环境仍然不够完善,下列情形就可能出现:地方政府要么与参与市场竞争的企业直接合作,要么为企业发挥着市场替代物的作用。然而,随着市场化的深入,地方政府与企业的关系发生了变化,成为更为间接的关系。换句话说,可以预见,地方政府将居于市场幕后采取支持性作用,而不是作为前台的积极参与者。

美国学者爱德华·迁、申明高、约翰·施特劳斯的《民营经济工业化的企业家精神与企业增长:来自温州的证据》一文指出,大多数最初的温州企业的创业者是典型的非技术创新者。温州的企业主基本不是熊彼特式的创新者,但是他们能够打破旧体制,自我引发制度创新。他们拥有丰富的商业经验;以家庭为基础的治理结构非常牢固,但是不是外人无法参与的完全封闭的结构。[1]

其他较重要的作品还有:华人学者褚外春·温斯顿(Chuk Wai-chun Winston)的《温州的企业家精神》(香港大学,1996 年)等。

四是温州模式研究。

加拿大学者叶新月(Xinyue Ye)、美国学者丹尼斯·魏(Yehua Dennis Wei)的《中国区域发展的地理分析:浙江省和温州模式的案例》[2],以广泛田野调查为基础,分析了地理信息系统(GIS)中,浙江省以及温州市的区域发展呈现出多等级模式和正在出现的集群。作者首先探讨了正在出现的沿海—内陆划分取代了传统的东北—西南划分的程度,还探讨了浙江省省内不平等——尤其是农村地区县与县之间的不平等——是否随着新的发展集群的出现而加剧。在大规模调查的基础上,分析了温州模式,通过探讨地方、国家以及全球化的作用来解释这一变迁的特点。

该文认为,县与县之间的农村地区的不平等已经急剧扩大,与之相伴的是

---

① Edward Y. Qian, Minggao Shen, John Strauss. Entrepreneurship and Enterprises Growth in the Industrialization of Private Sector: Evidence from Wenzhou[R]. 2007 Cornell Conference, USA.

② Xinyue Ye and Yehua Dennis Wei. Geospatial Analysis of Regional Development in China: The Case of Zhejiang Province and the Wenzhou Model[J]. Eurasian Geography and Economics, Vol.46, No.6, 2005.

县内部总的不平等的缓慢增长。温州模式以私营企业为中心的发展已经导致了在温州、台州和金华地区形成了一个快速发展的县域集群。由于独特的地理位置和强大的工业基础,杭州—绍兴—宁波集群也经历了重大的空间转型,其特点是国内投资与外资的大规模进入。但是,由于不利的地理位置以及国有企业和当地经济转型的迟缓,浙江省腹地以及其他许多农村地区的传统工业基地已经衰落。结果,浙江的沿海与南部腹地之间的差距已经急剧扩大,这直接造成了农村不平等的迅速扩大。此外,我们发现,浙江各个县存在空间上日益聚合的趋势,由此形成了三个集群:(1)正在形成的沿海的温州—台州集群;(2)浙江中部集群;(3)传统的杭州—绍兴—宁波集群。浙江空间变革的复杂性和快速性与中国其他地区和转型中的国家存在一些共同之处,经济改革和转型已经导致了国有企业的衰落和非国有企业尤其是私营和外资企业的崛起。温州已经从分权化、市场化和全球化的三重过程中获益,这三重过程造成中国其他地区的国有企业和乡镇企业衰落,私营和外资企业崛起。尽管有证据表明法规和所有制结构之间存在合流的趋势,但地区不平等的轨迹要复杂得多,与地理规模和地区构造有关。浙江传统的东北—西南划分已经被正在形成的沿海—内陆划分所取代,位于新兴增长中心和沿海—内陆分界线上的地区正在改变浙江的经济面貌,其背后是浙江私营企业的崛起。如此大规模的空间重组令任何其他国家或地区都望尘莫及。

美国学者蔡欣怡的《分权发展争论:温州和克拉拉模式再思考》[①]一文,对中国与印度的两个地区　　分别是温州和克拉拉　　的发展经验进行比较分析。温州以在改革初期发展充满活力的私营经济而享誉全国,当时私营企业还没有得到政府的正式承认;而克拉拉地区是以相对较低的人均 GDP 在民生指标方面表现卓越而享誉全球。

该文对这些模式的背后所隐含的假设进行批判性分析,提出三个观点。第一,尽管这两种模式听起来让人感兴趣,但它们的成功都依赖于一系列独特条件,即使是该国的其他地区也不可能拥有这些条件。第二,随着时间的推移,这两种“模式”都已被证明在财政上或政治上是无法持续的。第三,最初产生了生产绩效的区域发展战略最终可能有害。

该文的结论认为,在一个充斥着反面典型的领域,温州模式和克拉拉模式

①　KELLEE S.TSAI. Debating Decentralized Development:A Reconsideration of the Wenzhou and Kerala Models[J]. Indian Journal of Economics&Business,Special Issue China & India,2006.

因其成功而得到广泛的研究和推广,这并不令人奇怪。但这两种模式都存在缺陷,一些缺陷是模式本身的性质所造成的。在温州的案例中,最初从事低端的劳动密集型加工工业的家庭企业拥有比较优势,随着这些行业市场竞争的加剧以及市(县)政府更多地扮演干预者的角色去推进大企业的发展,这些比较优势开始变成包袱。推进大企业的发展这一战略造成了财政赤字和乡镇与村一级公共服务产品的供给不足。在克拉拉,随着经济形势的恶化,高额的社会支出以及其所带来的民生指标方面值得赞赏的成就越来越难以为继,具有讽刺意味的是,由于这个地方的知名度,它在获得国家的和国际的援助方面无法获得优先权。尽管最初的温州模式和克拉拉模式的关键要素为人们所熟知,也可以很容易地界定,实际上,在分权条件下,这两种模式都已经被证明非常具有活力。这些研究的分析意义在于,我们不应当指望所谓的模式的真实细节可以得到复制。按照同样的思路,脱离其环境起源及其随后的影响而孤立地分析任何特定的模式都是错误的。换句话说,尽管人们仍然可以探讨发展模式所隐含的假设和进行原因分析,但想取得更多的研究成果,就必定要探讨发展模式的生命周期,需要弄清楚模式的前因后果来扩大分析模式的狭窄范围。该文认为适合用埃斯科巴的研究来作为结论:发展不被看作是一个文化的过程(文化是一个残余的变量,它随着现代化的推进终将消失),而是被看作是一个旨在向"目标"人群提供某些"急需"商品的通用的技术干预系统。

华人学者 Wu,Q.指出,温州模式对于中国的发展和制度改革已经产生了广泛的示范效应,它已经通过"非官方的"渠道在中国其他地区引发了制度变迁。温州模式已经成为"有中国特色的社会主义初级阶段"的地区工业化和城市化的最有影响的范式之一。[1]

美国学者斯特拉斯(John Strauss)则认为,整个温州不是中国工业化过程的典型,因为中国其他地区的国有企业和乡镇企业很重要,温州经验对于中国未来的工业化可能只有有限的适用性,未来更为复杂的产业开始发挥更大的作用。的确,基于其他国家尤其是东亚国家的历史经验,我们能够预见温州未来的产业类型将转向更为高技术的产业。[2]

---

[1] Wu,Q. The rise of the Wenzhou Model and its influence on China's development strategy[D]. University of Cambridge (United Kingdom),2006.

[2] John Strauss. Private Sector Industrialization in China:Evidence from Wenzhou,Paper presented at the Workshop on State[Z]. Community and Market in Development in honor of Professor Yujiro Hayami,Tokyo,February 27—28,2009.

美国学者蒋斌（Bin Jiang）、帕特里克·墨菲（Patrick J.Murphy）的《如果鞋合脚：温州艾克鞋业有限公司》[①]一文，以案例研究的方式，阐述了温州艾克鞋业有限公司——一家中国跨国制鞋企业——所做战略决策的关键内容，具体关注艾克在西班牙埃尔切的经营情况。在数年的时间里，因大量中国商人涌入埃尔切制鞋业所造成的巨变达到了顶点。中国的初来乍到者在日常经营、生产、模仿、价格竞争、供应链运作等方面与埃尔切的当地商人之间存在巨大差异。所有这些都源于深刻的文化差异。

该文第一部分介绍了艾克鞋业的发展背景及其经营战略面临的挑战。

在中国，制鞋企业是众所周知的"鞋虫"，因为他们具有非凡的仿制能力。作为商业组织，他们的扩张极为迅速，能够破坏或者改造任何他们进入的市场系统，如果他们可以为所欲为的话。在 2004 年，中国的制鞋企业生产的鞋子不少于 60 亿双，相当于全球每人至少可以分到一双鞋。温州是这一生产活动的源头。尽管温州生产的鞋子在全球制鞋业中居于主导地位，实际上那里的数百万从业者并不具备或者掌握有关产品质量的专门知识，相反，他们只是关注有关生产率与产量的简单知识。大多数工人只有小学文化，再辅之以多年的在跳蚤市场中强调产量和快速周转的经商经验。因此，他们所掌握的唯一真正的商业原则是——薄利意味着多销。由于这个基本的倾向，他们就敢于开拓任何新兴的市场。如果存在赚钱的机会，他们就冲进去；如果根本没有赚钱的机会，他们就抽身离开。如果第一个人在该处赚到了钱，那么成群结队的人将快速跟进。有时，中国制鞋企业的流动性活动破坏了自然环境。在中国，过于强调产量也往往导致对劳动力的剥削。由于这些实践所形成的组织特征与规范造成了外国市场容不下中国制鞋企业。

20 世纪 80 年代的中国苦于商品匮乏。例如，在集中的经济体制中，人们很难买到鞋子。马之所以创办制鞋企业，是因为他抓住了机会来填补集中的经济体制的空隙。在 1992 年，在一名富有的香港商人的帮助下，马开始为一家比利时公司生产皮革。他投入了他的全部家当（大约 10 万元），之所以将企业取名"艾克"，是因为这与著名品牌"耐克"谐音。这家比利时公司用马的皮革所生产的鞋子出口到了俄罗斯，俄罗斯当时也是实行集中的经济体制，商品匮乏。在 1993 年，艾克的总产值约为 130 万元。一如往常，没过多久，温州就

---

① 　Bin Jiang，Patrick J.Murphy. If the Shoe Fits：Wenzhou Aike Shoes Company，Ltd〔J〕. Journal of International Business Education 3.，2007，Senate Hall Academic Publishing.

出现了众多的仿效者。竞争的白热化让马处境不佳,像比利时公司这样的中间商开始在中国投资设厂来直接参与竞争,这迫使艾克降低价格。结果,艾克公司在1997年与其经销商分道扬镳,独立开拓国际业务。

艾克公司进入的第一个国家是俄罗斯。最初的机构是莫斯科交易市场的一个大摊位。当艾克进军俄国时,俄国市场上已经有另外两家温州鞋企存在。很快又有更多的温州鞋企进入俄国市场。1999年,艾克公司以每年1万欧元的租金继续租下这个摊位。到2000年,市场上的温州鞋企超过100家,这将摊位的租金抬高到每年2.5万欧元。到2002年,市场上的温州鞋企超过300家。上涨的租金以及与其他中国鞋企之间激烈的价格战极大地压缩了艾克的利润空间,马决定离开俄国。艾克公司接下来去了匈牙利、波兰和捷克。马之所以选择这些国家是出于多方面的原因:第一,这些市场上的中国竞争者仍然不太多;第二,马在俄国做生意期间已经掌握了一些商业技能和文化知识,这使得他能够在这些曾经实行集中经济体制的国家做生意;第三,随着大多数东欧国家近期都成为欧盟成员国,艾克最终能够利用它们作为进入西欧更为广阔的市场的跳板。

艾克最终于2000年进入西欧市场,当时它收购了埃尔切的一家小型制鞋工厂。在艾克刚开始营业时,埃尔切的主要商业街布满了销售当地生产的鞋子的店铺,每一家店铺都是前店后厂的结构。当时埃尔切全城仅有两家中国店铺,所以最初它很欢迎中国人的到来,当地商人与中国商人保持了非常密切的交往,根本不存在涉及中国的商业或者移民的经济问题或政治问题。例如,尽管进口配额有限,一些当地店铺仍然同意通过为中国人的店铺储存货物来帮助他们解决多余的库存。马拜访了若干当地的店铺,注意到他们的规模都非常小,大多数只有极少的几个雇员。马意识到,在规模经济的基础上和这些店铺竞争将稳操胜券。这一战略眼光使得接下来若干年,艾克在埃尔切的制鞋业中快速发展;到2004年,埃尔切的主要商业街发生了巨大的变化,大多数店铺是中国商人在经营,他们生产和销售廉价的鞋子。一双中国生产的鞋子的平均售价是9欧元,而当地店铺生产的鞋子的平均售价是15~20欧元。中国人的策略是进行价格竞争,后来当中国商人彼此之间开始激烈竞争时,鞋子的价格被压得非常低,甚至2~3欧元就能买到一双鞋。与此同时,许多西班牙店铺倒闭。

中国人在埃尔切的鞋企具有独特的经商特点。当地店铺每天下午2点—4点会短暂停业,而中国店铺在这一时间段并不打烊;当地店铺每个周六和周日也会停业,而中国店铺在周末仍然开门营业;中国店铺几乎从不雇用当地人,而当地店铺则雇用中国人。中国人竞争的压力非常大。与西班牙的鞋企不同,中国的鞋企在原料、款式、生产技术以及任何值得注意的实践方面互相模仿,一旦一种流行款式得到认可,一两天内肯定能在大街上买到和这一款式每一个细节一模一样的产品。很快,鞋企内部的模仿及其对于价格的影响成为关键因素。例如,在 2000 年,一双流行款式的鞋子只有 1～2 家店铺有售,每双利润为 3 欧元;在 2004 年,一双流行款式的鞋子或者仿制品可以在 20 家店铺买到,每双的利润跌到 0.2 欧元。竞争的动力开始取决于价格和效益,而这是以牺牲品牌和质量为代价的。

在欧洲的中国鞋企的经商实践最终不仅遭到当地人的抵制,也遭到国际社会的抵制。在 2003 年,罗马销毁了价值 200 万欧元的中国生产的鞋子,因为这些鞋子是冒牌货或者走私货。在 2005 年 6 月,欧盟开始对中国的制鞋业开展倾销调查,开始向所有中国制造的鞋子征收反倾销税。当时欧盟计划在未来五年内逐步将这些税的税率从 4% 提高到 19%。在这一背景下,在 2006 年,艾克的经营战略面临着来自两方面的挑战。第一个挑战——直接的挑战——是来自中国同行的激烈价格竞争。第二个挑战更可怕,它与整个的政治环境和法律环境有关。它根源于欧盟,欧盟已经威胁征收关税和通过反倾销立法;它也和那些不欢迎中国鞋企进入其市场的地区有关。艾克将如何同时应对这两种挑战呢?

第二部分探讨了诸如艾克鞋业选择外国合作伙伴、品牌并购以及退出埃尔切这样的战略抉择。

对于马而言,应付第一个挑战的办法说起来容易做起来难。他知道,从长远来看,艾克以及其他中国鞋企的成本优势是无法持续的,例如,在马来西亚和越南,鞋子的成本现在比中国更为低廉。在尽可能地考虑各种因素之后,马为艾克的未来设想了集中可能的发展战略。

第一,他考虑在非洲进行生产,那里的劳动力非常低廉。的确,尼日利亚政府认为中国出口的商品损害了本国的产业,已经在 2004 年迫使中国零售商离开尼日利亚。尼日利亚也宣布,他们将停止从中国进口包括鞋子在内的 31 种产品。然而,一家中国鞋企抓住商机,在尼日利亚投资开办了一家鞋厂,雇用了许多当地雇员(超过 2000 人),培训当地销售人员,引进技术。这家鞋企最终获得了进入尼日利亚市场的机会,也向当地政府缴税,帮助解决失业问题,成为西非最大的鞋企。到 2005 年,这家鞋企的产量超过 100 万双,每双平均卖 10 欧元。非洲生产的质量最好的鞋子甚至可以出口到美国和欧洲;由于他们是在非洲生产的,根本就没有反倾销法规,他们也不会被征收过多的关税。艾克能够将业务拓展到非洲吗？

第二个选择是创立品牌。在中国的市场上，奢侈品品牌的鞋子售价超过120欧元，基本都是国外品牌。马知道原因不仅仅在于鞋子的质量，还在于外国鞋企利用品牌优势吸引中国消费者，而中国的鞋企不懂得如何培养品牌认同和忠诚度。因此，一些中国鞋企收购国外公司仅仅是为了获得它们的品牌。例如，在2002年，一家温州鞋企以150万欧元收购了威尔胜——一家有着50年悠久历史的意大利公司，最早为保罗和阿玛尼提供设备的厂商。这一并购提供了许多战略机遇，第一，仿制不再成问题，因为可以使用最早的设计师来生产；第二，由于意大利严格的知识产权法规，中国的竞争者无法抄袭设计；第三，不存在反倾销法规的问题，因为它是一家意大利公司。艾克正好有足够多的资源来进行这样的并购，但是这对于公司而言将是巨大的变化。收购一家外国公司可以成为选项之一吗？

第二个选择是仅仅与外国公司合作。马了解几个这种合作的事例。在2004年，一家温州公司与意大利最大的鞋企健乐士合作。健乐士的首席执行官圣地亚哥·波莱加托授予这家中国公司在亚洲唯一生产基地的资格。这一合作包括完全分享健乐士的销售网络。健乐士为这家温州企业提供技术和国际销售渠道。这一合作有助于这家温州企业扩大知名度，它此后能够生产极其精良的产品，能够与欧洲市场保持一致。如果这一选择可行，那么具体应该如何操作？

五是产业集群的研究。

海外学者关注较多的是温州鞋业产业集群的研究。华人学者张晓波《温州制鞋业集群的形成：准入障碍是如何得到克服的？》一文，研究了温州鞋业集群的形成过程，认为温州制鞋产业的形成和发展不仅本身很重要，而且也是理解和解释中国的经济发展和系统转型的途径。[①] 瑞典学者科迪（Deirdre Cody）指出，温州制鞋产业成功的最重要因素是与生俱来的商业精神，制鞋业的历史根源源于此。[②]

---

① Xiaobo Zhang. The Formation of Wenzhou Footwear Clusters: How were the Entry Barriers Overcome? [R]. International Association of Agricultural Economists Conference, Gold Coast, Australia, August 12—18, 2006.

② Deirdre Cody. The Adaptation and Advancement of the International Industrial District Model in Wenzhou: A Case Study of the Footwear Industry[D]. Lund University, 2006.

研究产业集群的著作还有：

日本学者友男丸川（MARUKAWA Tomoo）的《中国温州产业集群的出现》（载 Bernard Ganne，Yveline Lecler《亚洲产业集群、全球竞争力与新政策首创精神》，世界科学出版社，2009 年）一文，探讨了温州产业对于任何观察者来说显而易见，但又极少被学术著作所研究或分析的一个方面：它的产业集群的多样性。温州产业集群涵盖了皮鞋、电子配件、纽扣、制衣、汽车零件、阀门、打火机以及其他诸多产品在内的各种产业。研究的目的旨在探寻温州产业的多样性，弄清楚为什么这么多产业集群在这里出现。

第二部分描绘了温州产业集群的分布。本部分明确了温州产业集群的定义，标出它们在地图上的地理位置。根据政策研究室（2003）的定义，产业集群是"超过十家企业生产同样或者相似产品，行业年产值超过 1 亿元"。该研究没有提供空间定义，但是基本的空间单位似乎是县。根据政策研究室（2003）的这一调查，浙江省在 2001 年有 519 个产业集群。浙江省政府也在 2003 年和 2005 年开展了类似的调查，根据这两次调查，产业集群的数量在 2003 年和 2005 年分别下降为 430 个和 360 个（浙江省经贸委课题组 2006）。数量之所以下降是由于关于产业集群定义发生变化以及一些产业集群衰落了。该调查列举了六个温州最大的产业集群，即皮革和制鞋、服装、电子设备、塑料、汽摩配以及印刷。2005 年调查的空间定义似乎没有 2001 年调查的空间定义那么严格：尽管电子设备产业分布于乐清市——一个县级地区，皮革和制鞋产业分布在温州——一个地级市。正如定义产业集群的高门槛（产值超过 1 亿元）所表明的，上述浙江省政府所进行的调查的目的是弄清楚全省的主导产业。因此，这些调查对于那些年产值较小的产业集群似乎相对不感兴趣，尽管它们在乡镇一级很重要。但是，乡镇一级产业的多样性是温州一个非常显著的特征。考虑到温州的产业现实，只弄清楚地区或县一级的产业集群过于笼统。例如，2005 年调查弄清了汽摩配分布在温州——一个面积 1.1784 万平方公里的地级市，然而，该行业实际上主要位于塘下——一个面积仅为 15 平方公里的镇。上述所有温州其他的主要产业集群仅仅只集中于几个乡镇，因此，有必要将分析标准确定在乡镇一级。2005 年调查进行的行业分类也太笼统。皮革和制鞋业——温州最大的产业集群——实际是一个大类，它包括皮鞋业、皮革加工业、人造革业、塑胶鞋业，各自分布在温州的不同乡镇。把几个处于不同地区、具有不同历史的产业集群并称为"皮革和制鞋业"显然是不恰当的。因此，我们需要比 2005 年调查更清晰地定义地理位置，更明确地划分行业。

这里使用的识别温州产业集群的数据来自《温州市基本单位资料汇编》

（中国统计出版社,2003）。它是 2001 年进行的第二次全国企业与团体调查的部分成果,该书记载了温州市 40686 个企业的名称、地址、法人代表、电话、邮编、企业登记号以及主要产品或者主要活动。尽管该书提供的通过详细调查获得的数据非常有用,但它也存在一些局限:《汇编》只包含了具有法人地位的企业的信息,因此基本没有统计家庭企业。然而,绝不应该忽视家庭企业的重要性,对于那些仍处于发展初级阶段的产业集群而言尤其如此。[①]《汇编》收录的企业分为 621 个行业,其中 144 个行业属于服务业,我们将不予考虑,剩下的 477 个行业属于制造业和第一产业。《汇编》的详细分类使我们得以了解温州产业集群的现实情况,即集中于诸如皮鞋、阀门和水泵这样少数几个行业。然而,由于《汇编》将温州一些著名的行业归入"其他日用必需品生产"一类,我们将这一类别细分为四个子类,即"打火机与烟具"、"纽扣"、"拉链"以及"其余物品。"其次,我们将企业的分布区域划分为 283 个地区。温州市——拥有 1.1784 平方公里和 740 万人口——划分为 11 个县级地区和 299 个镇级地区。在镇级地区中,我们将市中心的 17 个街道合并为一个地区,因此总共有 282 个乡镇和一个市中心。因此,除了那些属于服务业的企业以外,温州的 40686 个企业被划分为 480 个行业和 283 个乡镇。如果一个乡镇有超过 15 家企业属于同一个行业,并且它们占全温州市同一行业所属企业的比例超过 5％的话,我们就称该乡镇的这一行业为"产业集群"。这一定义可能过于宽泛,但是 15 家企业位于一个平均 43 平方公里的乡镇,这可能意味着相当的集聚。例如,沙头——一个地处温州北部的山区乡镇——的 17 家从事胶鞋业的企业雇用了 5000 名工人,而该镇的户籍人口为 1.6514 万人。毫无疑问,胶鞋业是该镇最重要的产业。

按照上述定义,我们认为 2001 年温州有 153 个产业集群。这些产业集群分布于 65 个行业(其中 63 个行业是制造业、1 个行业是农业、1 个行业是养猪业)。在 283 个温州乡镇中,56 个乡镇拥有一个以上的产业集群。大多数产业集群位于沿海和沿湖的乡镇。人口密度小于 400 人/平方公里的山区乡镇没有产业集群分布,唯一例外的是上面提到的沙头的胶鞋产业集群和石羊(音)的石头加工产业集群。一些产业横跨数个乡镇,而另一些产业仅限于一

---

① 作者在温州碧山(音)发现一个织袜产业集群,包括 200 多家小工厂。每一家工厂雇用大约 10 名左右的工人,拥有 30 至 50 台针织机。然而,《汇编》中的记录显示,碧山仅有 14 家织袜厂,这是由于从事转包生产的小工厂不具有法人地位。由于不到 15 家企业,这一"织袜产业集群"并不符合我们有关产业集群的定义。

个乡镇。例如,服装业横跨市中心以及周边乡镇。某些产业零散分布在几个彼此相隔遥远的乡镇。单独一个乡镇拥有最多企业的产业集群是龙港的标牌印刷业,该乡镇共有 345 家企业从事标牌印刷。在其他国家,印刷业通常位于大城市,但是在温州,印刷业产业集群位于远离市中心的乡镇。在 20 世纪 80 年代,龙港常被称为"中国的'农民城'",这意味着,这座城市的居民以前都是农民,他们修建了这座城市并移居于此,又没有改变他们作为"农民"的户籍(金勇兴,2002)。龙港农民通过从事印刷业致富,将他们的乡村改造为一个拥有 27 万人的城市。温州的第二大产业集群是柳市的开关业,有 321 家企业从事电气开关的生产。柳市还有 241 家电子配件厂,这两个行业实际上构成了一个生产开关、断路器、继电器和连接器的大型电子配件产业集群。电子配件产业集群横跨柳市以及周边的几个乡镇。之前园部彻志等有关温州电子配件产业的研究表明,该产业位于乐清市,但其他县也存在电子配件产业集群。

第三部分探讨了某些产业的发展历程。产业集群的产生多源于当时市场经济不发达或者某一具体资源丰裕。在温州的各种产业集群中,只有石羊的石料加工业和翁垟的水产业似乎可以通过当地资源的充裕来加以解释,其他的产业集群似乎并不依赖当地的具体资源。这一部分将试图解释与皮革和制鞋业以及金属加工业有关的产业的出现。

结论部分认为,自改革开放以来,温州已经形成了 153 个产业集群。根据访谈和书面资料,提供了温州产业集群的详细目录,探讨了皮革、制鞋、阀门和水泵行业的发展。然而,温州乃至中国的大多数产业集群的历史仍然有待进一步研究。通过案例研究,证明了产业集群的出现和产业多样性的发展是通过不断的创新和模仿。我们推测,整个温州乃至中国的其他地区的许多其他产业集群的形成也是源于类似的机制。在温州,模仿的速度极其迅速,因此,在短期内能够观察到一个产业集群的出现。在中国其他地区,一个产业集群出现的速度也许要慢一些,但是过程也许是相似的。[①]

其他较重要的著作还有:

日本学者佐藤宏的《中国沿海乡镇企业改革:苏南模式与温州模式的再思考》(《一桥论丛》2001 年第 6 期),美国学者 Ben Dolven 的《中国的商业实验室:民营经济举足轻重的温州所展示的挑战》(《华尔街日报》2003 年 8 月 2

---

① Marukawa Tomoo. The Emergence of Industrial Clusters in Wenzhou, China[C]// Bernard Ganne, Yveline Lecler eds. Asian Industrial Clusters, Global Competitiveness and New Policy Initiatives. World Scientific, 2009.

日），日本学者川上园部、胡定环（音）、大冢二郎的《从劣质产品到优质产品：对中国工业发展的温州模式的研究》(《比较经济杂志》2004 年第 3 期)[1]，日本学者严善平的《温州模式与苏南模式》(《三田学会杂志》2004 年第 4 期)、《温州引领中国》(载《泰晤士报》2005 年 3 月 9 日)，威廉·麦克纳马拉的(William MacNamara)《温州如何领先》(载《远东经济评论》，2006 年第 3 期)[2]，吴庆(Wu, Q.)的《温州模式的崛起及其对于中国发展战略的影响》(英国剑桥大学，2006 年)，克里斯特·帕立斯《商会与浙江模式：对杭州、温州和台州的初步比较》("行业组织与地方治理国际研讨会"发言稿)

2.政治

关于温州政治方面的研究，海外学者着重探讨了温州商会、市民社会等问题。

傅士卓《温州商会——走向市民社会？》[3]一文，第一部分勾勒了温州商会的发展历史。该部分指出，第一个商会于 1906 年在温州诞生。商会在温州的经济发展中发挥着至关重要的作用，到 1931 年，温州有 106 个行业协会加入了商会。这一历史有益于培养地方自豪感以及为后世的人们提供经验。但是利用这一传统的时机未到。1949 年以后，尤其是 1957 年以后，与中国其他地区的商会一样，温州的商会实际上归于沉寂。仅仅到了 1978 年年底改革开放以后，温州商会的历史传统才再次发挥作用。到 20 世纪 80 年代中期，温州的商业领袖与温州的党政领导建立了良好的个人关系。这些群体迅速说服了当地的政府官员，使他们相信，温州经济的持续发展取决于不断提高产品质量、快速引进新的设计和技术、培养一批熟练工人。尤其是温州的工商联确信，必须采取步骤来改革地方产业。1987 年杭州烧毁了大约 5000 双温州制造的鞋子，这一事件是温州当时的发展模式的必然结果。温州商品当时不仅是物美价廉的代名词，同时还以假冒伪劣闻名于世。温州企业的分散性意味着，温州商人不可避免地拼命竞争，小企业往往抄袭大企业的产品设计，但是质量上又不过关。这种劣质商品的名声威胁到大企业的利润，同时也至少间接地威胁

---

① Tetsushi Sonobe，Dinghuan Hu，Keijiro Otsuka. From inferior to superior products：an inquiry into the Wenzhou model of industrial development in China[J]. Journal of Comparative Economics，Vol.32，Issue 3(September)，2004.

② MacNamara，William. How to Get Ahead In Wenzhou[J]. Far Eastern Economic Review，Vol.169，Issue 3(Apr.)，2006.

③ Joseph Fewsmith. Chambers of Commerce in Wenzhou Show Potential and Limits of"Civil Society"in China[J]. China Leadership Monitor，No.16，2005.

到温州经济的未来发展。因此,正是那些大企业率先给鞋业协会施加压力。在这一理解温州商会发展的重要事件中,还有一点显而易见,即生产的高度分散性意味着制定行业政策超出了政府的能力范围,要么由行业自己来制定政策,要么就压根没有任何政策。因此,对于希望推动温州经济发展但又没有办法确保产品质量的政府以及不容许劣质产品损害利益的行业(或者至少是行业领袖)而言,有必要将行业组织作为促进经济发展的手段。因此,在1987年事件的直接影响下,鞋业协会成为最初成立的几个行业协会之一。1988年,鹿城区鞋业协会成立。这一新成立的协会与当地政府密切配合,制定了两部规章——《鹿城区鞋业协会质量整顿的管理办法》和《鞋业协会售后服务的临时规定》——确立了该行业的质量标准。该协会的重要任务是贯彻实施这些规章,他们的努力很快得到回报。不久以后,温州制造的鞋子再次热销。从这以后,商会和行业协会迅速发展。到2002年8月,温州市一级的非政府商会多达104个。此外,县(县级市、区)一级的非政府商会有321个,这些商会拥有42624家会员,涵盖了温州的大多数企业。不仅商会的数量迅速增加,参加某一特定协会的企业数量也迅速增加。例如,成立于1994年的服装商会最初仅有10家会员,到1998年就拥有156家会员,到2000年拥有287家会员,到2003年年初拥有423家会员,2003年上半年会员数突然跃升到1025家。这一飞跃归功于女装和童装企业的发展;商会成员最初主要是更老、更大、更著名的男装企业。随着会员规模的扩大,商会管理层的规模也在扩大。在1994年刚成立时,商会有一名主席、两名副主席、七名委员;到2003年,商会拥有一名主席、22名副主席、45名常委、121名委员。显然,商会的发展使得商会管理层的声音更为多元化。

第二部分剖析了温州商会的组织与结构。温州的行业协会和商会最初是在工商联的帮助下成立的,温州工商联也被称为温州总商会,是温州统战部的下属机构。但是,至少有几个温州商会——包括灯具商会、鞋业商会、服装商会——是由企业自己发起成立的。在这个意义上说,它们是在"体制外"发展起来的,尽管它们与工商联拥有良好的关系。工商联维护商会利益,鼓励商会自治的恰当的制度安排在2002年遇到阻碍,当时民政部颁布《关于重新确认社会团体业务管理单位的通知》。这一规定把管理社会团体的权力划分到22个部门——但是不包括工商联。无论如何,这一规定在温州导致了相当大的混乱。为了扭转这种局面,当地政府决定,从今以后,新设立的行业协会将由温州市经贸委和其他部门管辖,但是已经在工商联管辖下的行业协会将维持现状。这造成了一种怪异的局面,工商联管辖22个"商会",经贸委管辖33个

"贸易协会",其他部门管辖其余的贸易协会。

第三部分阐述了商会与政府的关系。商会与政府关系密切,在重要政策上紧密合作。工商联往往与现有的商会中最大的企业密切合作。工商联的领导也支持商会采取措施加强质量控制。然而,随着时间的流逝,商会与政府之间的关系变得更加(而又不是完全)正规化。商会领导与党政干部之间的个人关系仍然很密切,但是存在着党政干部更少地参与商会内部事务的趋势。尽管政府仍然任命一些商会主席,77%的商会声称他们能够按照它们自己的运作规则来自由地选举主席。此外,商会的内部组织——拥有多少管理者、成立多少委员会、是否举办培训和咨询活动来为商会募集资金——似乎不会受到政府的干涉。的确,温州的商会没有接受任何政府资助使得它们的运作相当企业化。除了收取会费之外,商会举办培训课程来传授技术,提供咨询服务来募集资金。它们也组织出国考察,以便会员能够了解行业趋势,将最新信息和技术标准传达给国内的同行。服装商会很好地反映了行业协会与政府之间关系的变迁。服装商会 2003 年修订的章程专门指出,政府官员不应该担任顾问。重组的顾问委员会包括五位有威望的企业家,他们之前都担任过商会的副主席。这一变化并不意味着商会不受政府的监管,而是意味着政府对于这一非政府组织(NGO)的信任,政府相信它能够管理自身事务,不用政府操心。商会管理层的选举竞争更为激烈。服装商会是第一个引入差额选举的商会,其他商会也已经付诸实施。一些商会借用了村两委选举中的"海选"实践,允许商会成员自由提名商会主席的候选人。2000 年,作为新一代企业家领袖的陈民(音)击败服装商会的创立者刘宋福(音)当选为商会主席,陈民扩大了商会活动的范围以及会员规模。温州的商会在某种程度上甚至能够影响政府政策。例如,管理温州鞋业的规章制度就是政府与鞋业代表共同努力的结果。同样的,《温州服装业第十个五年发展计划》由温州服装商会与市经贸委共同起草。在地方人代会与政治协商会议中,温州商会推荐了 141 名企业家参加,提出了 54 项提案。总商会(工商联)也组织政协委员起草了一份建立工业园的提案。显然,商会给予了温州企业家话语权,而这种话语权是单个企业家所不具备的。尽管如此,众多研究表明,商会的影响仍然是有限的。尽管政府官员至少在某种程度上已经避免加入商会,企业家政治参与在不断增加,尤其是各级人大、政协中企业家代表日益增多。到 2003 年,64 个商会的 421 名会员是人大代表或者政协委员,其中包括 3 名全国人大代表和 13 名省人大代表。

第四部分讨论了温州商会的地理分布。温州商会发展中一个令人着迷的方面是它们在全中国(以及全世界)的快速扩张,形成一个个温州商业群体。

对于任何研究中国历史的学者而言,这一特征是晚清时期某种熟悉的会馆的重现。自从 1995 年温州商人在昆明建立了第一个类似的协会以来,中国的各个城市已经建立了超过 130 个商会。尽管其他城市已经成立了少数异地商会,但没有哪个地方的商会有温州地区的商会那样活跃和成功。温州政府成立小规模的办事处来作为商会的管理部门,这样这些商会就能够在民政部登记。温州市政府专门成立了一个部门来开展这类活动。当然,其他城市愿意甚至是迫切地让温州商人组织起来的原因在于,温州商人能够带来投资。有时,这些群体通过将温州市政府的不足之处与其他城市的政府进行比较,从而给温州市政府施加压力。温州商会不但已经对中国各地政府产生了影响,它还在外贸中还捍卫了其他分散的商人的利益。最著名的事例发生在 2002—2003 年期间,当时,温州烟具行业协会在欧盟成功地捍卫了打火机生产商的利益。这一事件始于 2001 年年底,当时该协会听说欧盟标准委员会正在起草法规,要求成本少于两欧元的打火机具备安全机制,以便保护儿童免于事故。由于绝大多数这类打火机都是温州制造(生产这些打火机的 500 家左右的温州企业每年生产大约 6 亿只打火机——占世界总产量的 90%),欧盟的这一举措给该行业造成了严重的威胁。温州打火机制造商根本无法独自对抗这种商业要求(或者制裁),几乎所有的温州打火机制造商都是小型的家庭生产作坊。但是温州烟具行业协会召开会议,决定收集相关材料、募集资金、聘请律师来抵制欧盟的这一行为。温州打火机制造商认为,他们可以反复使用的金属材料的打火机与那种受到欧盟法规限制的塑料制品的一次性打火机根本不同。此外,欧盟提供给温州打火机制造商的支持性材料表明,这一制裁的依据仅仅是一份有质量问题的温州打火机的案例——低估了温州打火机巨大的安全性。温州打火机制造商意识到,欧盟利用安全标准来树立贸易壁垒违背了 WTO 规则。在 2003 年 3 月,温州烟具行业协会的代表与对外贸易经济合作部的专家以及他们聘请的律师一起赶赴欧洲。在与各方进行了 17 天的谈判之后,欧盟暗示,它将修订相应的标准。该协会一夜成名。当欧洲打火机制造商协会指责中国向欧洲市场倾销打火机时,这一争端几乎很难得到解决。作为回应,2003 年 7 月,温州烟具行业协会向欧洲同行倡议在广州和宁波召开会议。该协会再次决定反驳这些指控,募集资金来聘请国外律师。面对中国人的反应,以及他们自身的分歧,欧洲人很快放弃采取行动。民营企业协会已经设法捍卫了一个由无数小企业组成的行业的利益,这些小企业仅凭单打独斗是根本不可能获胜的。

　　第五部分分析商会代表的是市民社会还是法团主义。尽管得出这些结论是吸引人的,但是即使是对温州而言,做出这类判断还为时过早,更不必说中国的其他地方了。在一个"发展是硬道理"的体制内,地方的(以及全国的)商业领袖在政治过程当中获得更多的认可和参与,这没有什么大不了的。这是江泽民的"三个代表"以及允许民营企业家入党的决定的应有之义。然而,商业领袖参政的不断增加与其说是建立在广泛基础上的政治参与,不如说是利益的联盟。中国研究者经常提到商会与地方政府之间存在的"准制度化"关系。通过使用"准制度化"一词,他们认为,这一关系与其说是建立在合法的游说体制或者立法听证体制之上,不如说是建立在不断演变的非正式的协议基础上。综上所述,仍然没有一部全国性的商会法,尽管为此已经讨论了若干年。即使颁布了一部商会法,要想公正地执行这部法律还遥遥无期。立法尽管有合理性,它不可避免地提出了有关商会的合法性的问题。这些商会组织获得某种合法性,部分原因在于它们承担了某些政府职能,例如在有关质量控制和"恶性"竞争方面监督企业。但是,如果商会的作用被法律限定,它们可能把自己看作"第二政府",即赋予它们某些政府自身不能履行的职能。这样做将终结有关商会的政治合法性的问题,但是可能会损害商会的生命力,正是这种生命力使得商会至关重要。商会的准制度化地位表明,我们所看到的与其说是市民社会的发展,不如说是社会资本的积聚。毫无疑问,温州的商会已经发展出了那种定义社会资本的个人关系的厚度,但是市民社会要求更为正式的制度,包括合法的制度,它们使商会成为制度而不只是"准制度"。正式的制度要求第三方的参与,中国,甚至是温州,离那个标准还差很远。的确,温州,也许还有其他地方,发展的这种准制度化的安排实际上将阻碍更为健全的市民社会的发展。企业主已经把自己组织起来,向政府表达他们的利益(他们没有提要求),他们拥有的个人关系是使非常不确定的环境变得稍微有点预见性的方式。但是,正是因为这些非正式关系是企业主确保更大的预见性(以及使官员更加信任商人的活动)的方式,它们往往限制了竞争,阻碍了更平等的舞台的发展。

温州商会组织也提出有关法团主义结构的问题,中国政府为了与NGO打交道已经发展了这种法团主义的结构。目前的规定把商会限定为单一的团体,只在一个地区负责一个行业,尽管显而易见的是,中国的实际情形要比它的规章制度要灵活得多。尽管在纸面上,温州商会保持着这一法团主义的结构,实际上已经有许多跨越政治边界的非正式的联系。此外,典型的法团主义的结构要求所有企业参加唯一的一个商会,但是温州的商会明显是相当自愿的(尽管有许多优点,包括加入后能够有渠道获得信息),许多温州企业家参加一个以上的商会,有时是在不同的地区。此外,在温州以外的地区已经成立了一些温州商会。这些商会不能被看作是分支商会,但是显然,它们彼此之间保持着紧密的联系,包括两年一度的交流经验分享信息的年会。这是一种更高水平的组织,而不是通常与一个社团或者列宁主义组织有联系的组织。如果温州不支持我们对法团主义组织的理解的话,那么似乎就不能采取多元主义的模型。NGO系统的某种开放可能将得到允许;例如,一些地区已经讨论允许商会不必在民政部登记。但是中国似乎有一种法团主义的天然倾向,在这方面比较典型的是20世纪30年代管理商会的规定。因此,如果我们能够将商会之间的关系看作半制度化的关系的话,也许我们也能够描绘出它们在中国社会中作为体现社会资本,以一种半法团主义方式组织的地位。

结论部分认为,温州商会以及其他贸易协会的出现表明,民营经济地位的日益重要产生了重新调整利益的诉求,中国的国家—社会关系产生了进一步的变革。中国政府已经学会利用商会来促进地方经济的发展,掌控民营经济这一难驾驭的部门;而温州商会也已经学会如何在增进自己的商业利益的同时又不威胁到党的最终权威。在中国,许多人把商会的出现看作迈向民主的漫长道路的其中一个步骤,它们反映了政治体制与日益多元的社会利益之间不断融洽的关系。国家与社会之间的关系至少建立在准制度化的基础之上,因此变得规范有序。商会事务的处理日渐民主,没有受到政府的干预。但是,如果这是走向民主的一个步骤的话,这仅仅是非常初步的一个步骤。的确,对于这一体制的运转而言,政治权威仍然是最重要的。商会的发展能够有助于规范国家—社会关系,但是,最终,商会存在必须以政府赋予的合法性为基础。

印度学者海孟德(Hemant Kumar Adlakha)的《中国市民社会与温州模式剖析》[①]一文,首先指出,尽管中国经济在过去四分之一世纪里取得了惊人的发展,但在中国知识界或公共知识分子内部发生了激烈的争论,即不仅是经济领域,还包括整个社会和国家建构的制度方面在内,统统都失去了前进的动力。

接下来讨论了"中国向何处去"的问题。以温州为例,讨论了中国的改革方案所引发的危机和矛盾的性质,主要回顾了中国知识分子中正在进行的争论。然而,今天中国内部的主流思想和政治话语并没有受到这两场争论的影

---

① 该文载于《亚洲学者》第4期,具体年份不详。据查,《亚洲学者》是位于泰国的非营利性公益组织亚洲学者基金会所出版的电子期刊,该基金会成立于2002年3月11日。由此可以大致推测,《亚洲学者》的出版年份应当在2002年3月11日之后——作者注。

响。一方面,农村的迫在眉睫的危机、农村和城市的巨大失业率、过去十年里农民收入下降、普通中国人所承受的高额教育成本和医疗费用等,都是中国公共知识分子关注的一些主要问题;另一方面,中国的党和政府认为当前的危机只是威胁到社会稳定,因此提出构建和谐社会的新口号。正是在这一背景下,我们必须对概念意义上和规范意义上的中国的市民社会做出恰当的理解。正如一些中国学者所说,温州经验——更多地被看作是一种中国其他地区可以模仿的经济模式——已经激起了强调"有效"治理的几种创新方式的新的政治争论。以无数的"商会"为例,这些"商会"不仅在整个温州地区而且在全国各地甚至是世界各地迅速发展。在中国,另一个被谈论得最多的温州"特征"是私营企业主、当地党组织以及省一级(地方)政府或国家机构之间的三足关系。

文章最后部分剖析了温州模式与"农村市民社会"。在中国的各种实际运作的区域性、地区性和省一级的善治"模式"中,温州模式以其一系列独具特色的功能特征,成为"市民社会"的典型。学者们将这个通过农村商业化或者农村城市化来治理农村社会的新模式称为"来自基层"或者"来自农村"的市民社会。

早在 1985 年,一篇官方媒体的报道就认可和称赞温州的成绩,认为它的经济增长模式可以为中国其他地区学习。在 1998 年,联合国宣布龙港——一个完全从零开始的新兴城市,也是温州地区的经济中心,位于鹿城区,是温州地区十强镇之一——是中国的"第一个农民城"。费孝通(中国在世界上有影响力的社会学家)断言,温州是中国的社会主义新城。这些只是温州成功故事中的几个事例;但是,这些也主要是温州经济方面和金融方面的成功。实际上,正是市场的扩大与当地私营资本的动员与运作,被看作是建构(市场推动的)国家—社会动态的理论基础,它与自由、独立与自治的"市民社会"的概念相去甚远。正如杨大利断言,"尽管中国国家政权在扩大市场方面发挥了重要作用,市场的扩张反过来为国家政权的合理化奠定了基础。"[1]

其他研究温州政治方面的著作还包括:日本学者菊池道树的《地方政府在民营部门发展中的左右:以中国温州为例》(《经济评论》2001 年第 3 期)、《为温州批准"包罗万象的"改革》(《经济学人报告》2003 年 2 月 27 日),美国学者傅士卓(Joseph Fewsmith)的《温州商会所展现的中国"市民社会"的潜力与局限》(《中国领导层观察》2005 年第 16 期),华人学者毛云(Yun Mao)的《温州

---

① Hemant Kumar Adlakha. Chinese civil society and the anatomy of the Wenzhou model[J]. The Asian Scholar,no. 4.

与义乌的地方政府的制度创新、功能转换与民营经济的发展》(瑞典兰德大学,2005年)[①],日本学者郑乐静的《温州经济发展初期的意识形态问题》(《人间·环境学》2009年第18卷),华人学者罗石池(Shih-Chieh Lo)的《地方事务的秩序:近代温州的大众政治与宗教》(布朗大学,2010)[②]等。

3.社会

海外学者对温州社会方面的研究主要以宗教问题、海外移民问题等为主。代表性研究成果如下:

一是宗教问题的研究。

华人学者曹南来(Nanlai Cao)探讨在20世纪80年代的市场化转型过程中一个富裕的城市基督徒群体的兴起,试图给改革时代的中国政教关系以有益启示。研究以在温州收集的人类学数据为基础,描绘了当地信徒——他们当中许多是私营企业主——如何参与国家政权。研究表明,在发展的大环境下,温州的基督徒企业家积极寻求国家的认可并且重新协商宗教与政治的边界。在宗教活动的开展、管理与消费过程中,他们已经采取了他们现代的资本主义文化逻辑。通过挑战那种关注国家政权控制与教会反抗的中国政教关系的单一观点,从而对中国的基督教研究做出了再概念化的贡献。

曹南来的《老板基督徒:基督教复兴的"温州模式"中的宗教商业》[③]一文,用"温州模式的教会"作为核心概念来探讨老板基督徒的企业理念与当地教会发展之间的关系。把温州模式的教会看作是这样一种概念,通过它,老板基督徒叮以表达他们作为企业家和基督徒、温州市民和暴发户这双重身份内在的冲突。将温州的老板基督徒看作是深深地植根于当地社会的一种文化真实。这些老板基督徒是私营企业主,他们在改革主义国家政权中是先富起来的一部分人。由于温州以前的农业地区迅速城市化,因此,他们中的绝大多数都是农民出身。像非基督徒的温州老板一样,在改革的最初时期,他们以农民企业家的身份开始从小生意做起,但是,作为基督徒,他们公开承认他们的商业成功得到上帝的庇护。许多老板基督徒既是成功的民营企业家,又是有影响力

---

① Yun Mao. Institutional Innovation and Functional Transition of Local Government and Develepment of Private Sector In Wenzhou and Yiwu[D]. Lund University,2005.

② Shih-Chieh Lo. The Order of Local Things:Popular Politics and Religion in Modern Wenzhou,1840-1940[D]. Brown University,2010.

③ Nanlai Cao. Boss Christians:the Business of Religion in the "Wenzhou Model" of Christian Revival[J]. The China Journal,No.59 (Jan.) 2008:63-87.

的基督教领袖。他们公开地以消费者和企业家的身份来促进教会的发展和运转。该文还探讨社会变迁的宏观历史力量怎样在老板基督徒的日常生活中得到具体化,关注老板基督徒们在进行宗教活动时做了些什么,以及这些宗教活动如何与当地的商业活动产生联系。温州人津津乐道于他们的实用主义,实用主义是一种强调实际行动——当地人称之为"做而不是想"——的生活方式。历时 19 个月的人类学田野调查所得到的数据,展示了新富裕起来的企业家如何为兴修教堂、福音传道组织和教会首创精神提供至关重要的资金支持。正是这些老板基督徒,而不是布道者或者牧师,领导着温州的基督教组织。该文还进一步讨论了老板基督徒如何将经营企业的方法用于投资建设基础设施、成为教堂的投资者、打造宗教品牌、构建宗教网络、外包宗教业务。老板基督徒的实践经验使当地教会的发展直接受益。

该文结论认为,温州老板基督徒的做法是将温州市场经济中的商业实践与当地教会发展融为一体。这种所谓的教会发展的"温州模式"由教会领袖中的企业家群体所主导,这些企业家积极参与到跨越地区、区域甚至国界的宗教场所的大规模的生产和消费过程中。那些令人印象深刻的西式教堂使这些崛起的企业家能够展示他们新获得的财富,确保他们的社会地位。也正是通过投资于教堂的具体过程,他们在当地社会获得了威望、权威和权力。温州教会的房地产实践的具体模式使企业家能够将他们的经济资本和企业家技能运用到教会的日常运作中来。因此,温州教会复制了当地企业的所有制模式,由投资者来掌控。此外,教会获取财产的大胆实践促进了教会的分化和多样性,这些分化和多样性使基督教以一种类似于当地商业的多样性的方式来发展。外包机制成为温州教会快速发展的先决条件,因为当地合格的神职人员非常紧缺。外包机制也给一些老板基督徒提供了充当牧师的机会,这进一步巩固了他们的文化基础。对海外教会的风格和理念的快速模仿和复制使教会发展的温州模式日益融入全球的基督教群体当中。通过深思熟虑的运作,温州的老板基督徒已经将中国的基督教——大众观念中的一个边缘化的农村社会团体——重塑为一个具有企业家的远见卓识的现代城市团体。与此同时,他们也重塑了自己的阶层身份,从只受过有限教育的农民企业家变为举止高雅的基督教领袖。他们借此将经济资源转化为文化资本。教会发展的"温州模式"是当地老板的文化战略的重要组成部分,他们通过这些文化战略让自己在一个独特的社会—象征世界中脱颖而出。经济发展的温州模式是中国农村工业化和现代化的缩影,基督教发展的温州模式则反映了温州企业家追求经济资本和文化资本的普遍现象。

其他研究还有日本学者关根谦的《温州基督教会调查旅行》(《应庆义塾大学日吉纪要·中国研究》2009年第2期)。

二是海外移民问题的研究。

英国学者 Bin Wu 和美国学者瓦尔特·扎明(Valter Zanin)的《探讨国际化移民与温州的发展之间的关系》[①]一文,通过分别收集和分析温州与威内托大区两地的数据,试图探讨温州的海外移民与意大利的华人经济之间的关系及其对温州当地发展的影响。

第一部分回顾有关海外移民与地方发展的争论。这一部分简要探讨了几种主要观点,弄清楚采用什么理论或者方法在意大利和中国进行实证调查。按照新古典主义经济学理论,海外移民仅仅被看作个体选择的结果,反映的是输出国与输入国之间的工资差异,或者是扣除海外移民的所有成本或风险之后所获得的净收益。结果,海外移民作为一种劳动力转移形式,对于输出地的发展几乎没有造成什么影响。与上述观点相反,新的移民经济学不是把海外移民看成孤立的个体因素作用的结果,而是将其视为一个更大的有关人群——一般是指家庭——为了谋生而做出的决定。此外,还要考虑到输出地的收入分配情况,这可能对相对贫困家庭的决策过程产生影响。尽管在对移民动机以及与输出地的关系方面多了一些了解,新的移民经济学看起来没有给予接受地足够的关注,这与发达国家的经济转型和"新的国际劳动分工"有关。双重劳动力市场理论注意到发达国家的劳动力市场的结构性变化,在发达国家,存在着对来自发展中国家的廉价劳动力的内在需求。在派尔(1979)看来,移民不是受到输出国各种因素(低工资或者高失业率)的推动,相反,它受到接受国各种因素的吸引,接受国形成了一种分散的劳动力市场。主要的、资本密集型行业的工资更高,工作更有保障,职业发展的空间大,与之相对应,次要的、劳动密集型的行业工资更低、工作不稳定、缺乏发展空间,这使得这些行业对于本国工人缺乏吸引力,日益依赖于外国劳动力。尽管我们可以用"需求要素"和"发展空间"——它们给来自发展中国家的潜在利益群体提供了"机会"——来解释发达国家存在次要行业的事实,为什么与其他民族相比,一些民族在劳动力市场份额方面占据优势。按照政府的规定,移民工人属于什么群体,应该将其融入宗主国社会的哪一部分?如果不采用"输出地视角"的话,

---

① Bin Wu, Valter Zanin. Exploring Links between International Migration and Wenzhou's Development[R]. Paper for Community Research Networking Conference, 5th —7ᵗʰ November 2007, Prato, Italy.

我们就没有办法解答这些问题。

让我们从经济学转到社会学领域,世界系统理论认为,海外移民遵循一个不断扩张的全球市场的政治和经济组织过程。尤其是根据马西等人(1993)的理论,它包括下列假设:海外移民是发展中国家的资本主义市场发展的自然结果;全球经济渗透到边缘地区成为移民运动的催化剂;劳动力的跨国流动沿着商品和资本的跨国流动路线进行流动,但是方向刚好相反;海外移民尤其可能发生于前殖民强国与其前殖民地之间,因为在以前它们之间结成了文化、语言、行政管理、投资、运输和通讯方面的联系。

世界系统理论非常契合本文的主旨,这不仅是因为在 20 世纪 80 年代和 90 年代,"温州模式"成为中国政治家和学者有关中国发展是姓资还是姓社的争论焦点,还因为温州的劳动力、商品、资本的流动为验证上述假设提供了经验性证据。然而,世界系统理论具有一种"欧洲中心主义",它将所有东方国家都看作是世界资本主义体系的外围。这样一种假设可能会怀疑中国作为世界主要强国的崛起势头,中国的崛起对于世界范围内的要素流动有着深远影响。作为对中国发展影响的理论思考,派克提出"中国人的全球化"一词来描述"中国本身不仅仅变得越来越全球化,而且同样重要的是,中国的人口、观念、资本、商品也在全球化"。具体而言,他将中国人的全球化看成是"一个不断发展的、远未完成的竞争过程:(1)它兴起和发展于一些中心和外围地区;(2)它造成新的不平等和竞争;(3)它包括各自不同但同时又互相联系的多样化的发展。"在派克(2004)看来,为了理解"中国的人口、社会和文化如何成为世界的一部分,以及各种强有力的因素——中国的中央政府和地方政府、接受国的政府、海外华人大亨、少数民族组织和利益集团——为了掌控这一过程如果展开竞争",中国的全球化的影响使我们重新思考中国的地方群体作为多中心的国家权力的区域的作用。

第二部分概述温州的背景情况和发展模式。当中国在 20 世纪 70 年代末开始启动经济改革,温州就立即建立和发展起一种非公有制经济。非公有制经济是那些家庭作坊、私营企业(通常是中小型企业)和股份制企业(资本雄厚、人员众多)的代名词。例如,到 2003 年,非公有制经济占温州企业总数、GDP 总量和税收总额的比例分别是 90%、85%、90%。温州的非公有制经济的主导地位为温州的企业家在温州本地和温州以外的地区发展构建了一个独特的环境。在经济改革时期,温州的以家庭为基础的私营经济最初专门生产衣服纽扣、塑料鞋、小饰品、编织袋、低压电器等"小商品"。在没有政府干预和引导的情况下,温州在 20 世纪 80 年代初建立了十个全国性的小商品市场。

温州在第一阶段的发展和创新被概括为"小商品、大市场"。如果不是温州地区劳动力能够自由流动的话,温州的企业家根本不可能建立全国性的小商品市场。由于地理、资源和交通的局限,温州人历史上就盛行迁徙。随着他们家乡在20世纪80年代初发展小商品生产,成千上万的温州人到全国各地推销温州的产品,从各地的零售商那里获取订单。这样大规模的劳动力流动以及他们与家乡的联系为建立和发展那些坐落于温州的全国性市场奠定了坚实的基础。

20世纪90年代以来,随着温州作为全国轻工业产品贸易中心地位的衰落,温州在许多方面调整了它的发展状况。第一,从"温州制造"到"温州人制造"的转变。出现这种情况是由于大量的温州资本和企业家为了寻求商业机会和比较优势而离开温州,在全国各地做生意。一个典型的事例是北京的"浙江村",它实际上主要由温州人组成。随着"浙江(温州)村"在全国各地的扩张,股份制企业开始发展起来,占了所有注册企业总数的23%。根据官方的统计数据,在2003年,742万温州人中,170万(占温州人口的23%)分布在全国各地,这反映了流动性与温州发展的关系。此外,大约有2万家温州人经营的企业位于温州以外地区;大约40%的温州制造的工业产品由温州人掌握的(批发和零售)销售网络在全国各地销售。第二,为了保持竞争力,温州企业家并不只是关注国内市场。相反,他们扩大视野,放眼全球市场,在服装、玩具、照明、皮革、鞋等充满竞争的生产领域发掘潜力。海外市场和出口导向型经济的发展被看作是重要的推动力量。经过十年的努力,温州已经成为一个鞋类和眼镜的国际中心。到2005年,温州的国际贸易额达到61.8亿美元,这是1995年国际贸易额的14倍。对国际贸易的依赖度从1995年的10%增加到2005年的40%。第三,随着移民和海外华人经济的快速发展,它们对于家乡地区和全国经济的影响变得日益重要。随着温州企业家进入全球市场,他们已经被看作是温州发展的重要资源。2003年在温州召开了第一次世界温州人大会,旨在加强全世界温州人的联系,政府开始越发关注海外温州人在国际合作中的作用。

简言之,温州人已经成功地开发和保持了中国国内市场,显然,温州人需要新的更大的舞台来发挥他们的才能和资本。自2000年以后,欧洲大陆成为他们新的战场。

第三部分描述新一轮的海外移民潮的背景和特征。温州拥有劳动力在全国和全世界范围自由流动的悠久历史。自20世纪以来,温州向欧洲的移民不断增加,当时隶属于温州地区的青田县的石头雕刻师找到途径将他们的石头产品销往欧洲。在 20 世纪 50 年代到 70 年代这段时期,一些温州人移居到海外。从 20 世纪 80 年代以来,与国内的迁徙一致,海外移民也增长迅速。到 2003 年,大约 210 万温州人生活在温州以外的地区,其中大约有 170 万的温州人生活在国内,42.5 万温州人生活在国外。通过关注温州的移民情况,国内迁徙与国外移民之间存在分界线。一般而言,海外移民约为 42.5 万,占了温州迁徙人口总数的 36%,温州市总人口的 5.7%。然而,海外移民的分布并不均衡,四分之三的海外温州人来自文成、瑞安、瓯海和鹿城。例如,来自文成的海外移民超过该县外迁人口总数的 90%,占该县户籍人口的 28%。此外,在乐清、永嘉、平阳、苍南、泰顺这些地区,国内迁徙更为普遍,超过 80% 的外迁人口是迁往国内其他地区。看起来,温州的劳动力在国内和国外流动之间存在明显的分界线。

通过关注海外温州企业家温州人群体的最新情况,温州市侨联于 2005 年在几个重要的侨乡委托当地华侨机构进行了一次调查。关于海外移民的趋势,根据出国时间的不同,在三个所选定乡镇的海外温州人的情况中,极少有人在 1978 年以前出国,在 1979 年到 1990 年间有 12% 的人出国,绝大多数(86%)是在 20 世纪 90 年代以后出国。尽管 1949 年和 1978 年以前先出国的人对于后来出国的连锁反应起了重要作用,但新的一波海外移民浪潮是在 1979 年以后,当时中国的改革"开放"政策成为温州海外移民的催化剂,1979 年以前年均出国 18.5 人,20 世纪 80 年代年均出国 392 人,90 年代以来年均出国 2237 人。温州海外移民的加速也可以从其他渠道得到证实。在 2004 年,海外温州人数量是 1979 年的 9 倍、1987 年的 4 倍。

就教育程度而言,绝大多数海外温州人的教育水平不高,大约 90% 的海外温州人的文化程度仅为初中(九年)及初中以下,只有 10% 的海外温州人上过高中和大学。接受过高等教育的少数海外温州人可能属于第二代温州人,他们获得了在定居国上大学的机会。到目前为止,加入侨居国国籍的温州人很少。来自三个所选择的乡镇的总数为 4.2531 万海外温州人中,只有 3.6% 加入了侨居国的国籍。根据在意大利进行的田野调查,许多温州人说他们更偏爱保留他们的中国国籍,之所以出现这种情况,部分原因在于他们回国或者探亲会更加便利(当时,中国不允许双重国籍),部分原因在于,在申根签证框架下在欧洲大陆旅行没有什么不便。关于温州人在国外的分布情况,根据温州市侨联的数据,到 2004 年,总数 42.5 万的温州人广泛分布于全世界 93 个国家,但绝大多数(98.7%)聚集在欧洲。此外,相比于其他欧盟国家,意大利更加受到温州人的青睐,超过一半的海外温州人旅居于意大利,其次人数最多的是法国和西班牙。

　　第四部分描绘温州企业在意大利威内托大区的发展趋势。温州移民最显著的特征是在国内和海外的移民群体中企业家比例高。根据意大利的官方数据，到 2004 年，意大利的中国长期居民总数超过 11 万，这一数字几乎是 2000 年的两倍。中国移民在威内托大区的增长速度(2.5 倍)要高于同一时期的全国平均增长速度(1.8 倍)[①]。结果，意大利威内托大区的华人比重从 2000 年的 9.1％上升到 2004 年的 12.6％，增长了 3.5％。当时，威内托大区是意大利吸纳中国移民第四多的地区，仅次于伦巴第、托斯卡纳、艾米里亚—罗马涅。

　　关于在威内托大区就业的普通中国侨民的规模，根据意大利劳动部提供的数据，到 2004 年，在威内托大区的就业中心登记的中国侨民数量达到 7120 人，比 2000 年的数字增加了 2.13 倍。中国移民工人的增长率要高于同时期非欧盟国家移民工人的增长率。结果，所有在威内托大区就业的非欧盟国家移民工人中，中国移民工人所占比重从 2000 年的第八位上升到 2004 年的第四位。纺织业和制衣业是威内托大区和意大利的主要产业，在 21 世纪初，这两大产业成为外国工人就业人数最多的第五大产业。例如，在 2002 年，威内托大区的这两大产业为外国工人提供了 8600 个工作岗位，这占了这些行业为非欧盟国家工人所提供就业岗位总数的 16％。在 2005 年，在威内托大区的外国人企业，非欧盟国家的企业家们经营着 16013 家企业(占全国企业总数的 5.5％)，其中华人所经营的企业为 1751 家，占当地企业总数的 11％，在非欧盟国家企业家群体中，华人企业家群体成为仅次于摩洛哥人的第二大群体。2003 年以来，非欧盟国家企业家不断增加的企业中，绝大多数集中于建筑业(31.8％强)和制衣业(14.5％强)。在威内托大区的华人企业中，制造业是支柱性产业，占了华人企业的 60％，在这些行业中，意大利与欧盟国家的企业以及其他非欧盟国家的企业分别只占 10.7％和 5.6％。在威内托大区，华人企业家已经在制造业——主要是纺织业、服装业和皮革业——建立并且巩固了他们的相对优势。

　　如果将数据范围扩大到企业的管理人员与合伙人和股东，可以更加清楚

---

　　① 威内托大区之所以成为调查的最佳选择，有两个原因。第一，威内托大区是意大利的主要产业带之一，它的支柱产业是从事纺织、服装、皮革、制鞋的中小型企业，这与温州的经济结构相似。第二，中国商人和温州商人发现威内托大区正在进行经济转型之后，他们迅速填补了产业转型所留下的空白。结果，威内托大区成为中国商人和出国打工者的主要目的地。

地看到,从 20 世纪 70 年代至今,威内托大区的华人企业取得了长足进步。具体而言,在威内托大区,制造业是华人企业的支柱性产业,这再清楚不过了。尽管华人移民和华人企业在威内托大区的出现比意大利其他地区要晚①,这一趋势看起来与其他地区的情形相似。在 20 世纪 80 年代,大多数华人企业家专门经营餐馆。在 20 世纪 90 年代,意大利经济的转型为华人移民在包括威内托大区在内的几个地区提供了更多的经营制造业的机会。

第五部分探讨海外移民对温州本地的经济发展的影响和贡献。新一轮的海外移民潮对于温州经济的发展与转型有着深远的影响。海外移民潮最直接的结果之一是侨汇的增长。根据温州市侨联的数据,在 2005 年,侨汇高达 26.48 亿美元(211.8 亿人民币),比 2004 年增加了 28.62%。此外,海外温州人还大力资助家乡的教育、基础设施建设以及其他公益事业,2005 年这一金额总计 2530 万元(相当于 316 万美元)。随着海外移民的增长,20 世纪 90 年代以来文成县的侨汇加速增长。2000 年,文成县侨汇达到 15 亿元(相当于 1.875 亿美元),这是 1999 年侨汇的 6.2 倍。然而,相对于侨汇的快速增长,海外温州人数量的增长相对较慢,从 1998 年的 5.6 万人增加到 2005 年的 10 万人。这似乎意味着,海外移民的增加只是侨汇快速增长的众多因素之一。

专门探讨侨汇可能会低估海外温州人对于家乡经济增长尤其是出口导向型经济发展的作用。根据官方统计数据,在 2005 年,国际贸易金额达到 78.6 亿美元,约占温州 GDP 的 39.6%。此外,当年的出口总额为 61.8 亿美元,温州制造的商品销往全世界 191 个国家和地区。在这一惊人成绩的背后,海外温州人起着关键的作用,因为"超过 80% 的出口产品要么是直接通过海外温州人的商业网络进行销售,要么是通过海外温州人的关系网络找到买家"。像鞋、服装和眼镜这样的劳动密集型产品仍然是温州出口业的主打产品,占了温州出口总额的一半。在温州产品的海外市场方面,欧洲是最为重要的客户,占温州出口总额的 40%,这并不奇怪。相应的,亚洲市场仅占温州出口总额的 30%,相对来说,亚洲的距离更近,人口也更多。

20 世纪 90 年代中期以来,温州工业出口高速增长,从 1996 年的区区 4.39

---

① 利用 2001 年的人口普查数据,我们有可能追溯那些在国外出生、目前生活在威内托大区(不是指取得了居留许可的人)的华人到达意大利的年份。例如,2001 年人口普查统计的总计 4280 名中国侨民中,840 人(占 19.6%)在 1992 年以前来到意大利,1394 人(占 32.6%)在 1992 年至 1996 年到意大利,其余的人(占 47.2%)在 1997 年之后来到意大利。(数据来源:2001 年人口普查—威内托大区—意大利每年的外来人口:中国)。

亿美元增加到 2005 年的 61.84 亿美元,10 年期间增长了 14 倍。高速增长的出口成为温州市经济发展的最大功臣。这可以从温州经济日益依赖于出口贸易中看到这一点,出口贸易占温州经济的比率从 2000 年的 15％增加到 2005 年的 31％。出口与温州经济增长之间是同步增长关系,与之相伴随的是海外移民的增加。国际贸易的增长不仅有利于温州经济的发展,也有益于欧盟经济的发展。以意大利为例,近年来,温州与意大利之间的双边贸易在增加。从 2003 年到 2005 年,温州出口到意大利的产品总金额从 1.3651 亿美元增加到 2.5491 亿美元,增长了 187％,而意大利出口到温州的产品总金额从 2700 万美元增加到 6467 万美元,增长了 238％。在这一时期,尽管意大利与温州之间的双边贸易的绝对值在增长,相对值却在下降,从 4.1 倍下降到 2.9 倍。不能将温州出口的增长与过去十年里出口市场放开的大背景割裂开来。例如,在 2000 年,只有 115 加企业获得政府的外贸许可证。到 2001 年,有 208 家企业获得外贸许可证,总计有 323 家企业获得政府颁发的外贸许可证。与此相对应,到 2005 年又有 912 家企业获得政府颁发的外贸许可证,总计有 3158 家温州企业获得外贸许可证。

伴随出口增长同时进行的是,为了扩大出口,温州政府采取了一系列措施吸引外资。例如,外资的增长率和成功率成为温州地方政府在地方经济发展中最优先考虑的事情,这有助于各级官员为外资创造有利的环境。政府的这些努力促进了外国直接投资的增长趋势。假定"外资"与海外华人资本无关是错误的。根据侨联的数据,在总共 1800 家"外企"(包括外商独资企业和合资企业)和总共 10 亿美元的外资中,其中超过 80％的外企和外资实际上是海外温州人的企业和资本。外贸出口中像服装、鞋、皮革这类主要产品都是由海外温州人的企业生产的。然而,来自海外的温州资本并不是一定限于在温州地区投资。受到投资环境和当地政府政策的影响,大量的海外温州资本投往温州和浙江以外的地区。以利岙镇的海外温州人为例,在中国投资的 39 名海外温州人中,有 28 人(占 72％)在浙江省内投资,有 11 人(占 28％)在浙江省外投资。值得注意的是,与利岙镇出国的 2.2 万多人相比,这 39 人只是极小的一部分。

最后部分是结论和意义。第一,温州的海外移民是"中国人的全球化"的一部分,在"中国人的全球化"中,伴随劳动力输出的是产品与资本的输出。与世界系统理论所预见的单向运动相反,温州人移民的案例似乎表明:①自从 20 世纪 80 年代以来的新一轮温州海外移民的浪潮可以进一步划分为几个阶段,自从 2000 年以来海外移民快速增加;②劳动力、资本和商品的输出顺序如下：温州人的海外移民、小商品出口的增长、进入温州的外国直接投资的增长。看起来，"温州人迁徙"现象挑战了世界系统理论的理论框架和理论假设。第二，如果不充分考虑移民在生产与管理方面的技能的供需关系的话，我们可能就无法充分理解资本、劳动力与商品各要素之间的跨国流动的相互关系和彼此互动。尽管许多因素导致温州人跨出国门，来自意大利的调查似乎暗示，意大利的产业转型已经导致了包括服装、皮革与制鞋业在内的制造业对移民工人的需求日益增长。此外，正是温州人而不是其他移民群体的原籍地区的生产经验和组织与意大利在服装、皮革与制鞋业的生产经验和组织相类似。结果，温州的企业家成功地抓住这一机会，满足了意大利新近出现的对移民群体的需求。这一过程似乎表明，意大利的经济转型（"需求拉动"）与温州企业家精神的适应能力和创新能力（"供给因素"）比诸如"连锁移民"的移民文化等其他因素更加重要。第三，对于促进温州人的海外移民及其在意大利的华人经济的发展而言，社会资本也很重要，这与温州人在巴黎的案例相似。可以从三个方面来阐明这一点：(1)社会资本使他们能够克服创业时在语言、当地知识和资本投资上的诸多不便；(2)社会资本使他们能够帮助他们的家人与老乡们出国；(3)社会资本有助于他们与那些能够促进中国长远发展的地方性、区域性和全国性的团体建立起经济上和政治上的联系。正是由于这些强有力的社会联系，华人以及华人企业才能够成功融入温州的地方性和区域性发展，这与温州企业在全国范围内的流动方式和经营方式相似。最后，不能把温州企业家的发展与温州的出口导向型经济的发展割裂开来，二者的联系日益紧密。尽管20世纪90年代以来，在海外的温州企业家与其家乡的社会网络的发展已经为温州外贸出口的"腾飞"做出了贡献，后者也刺激了海外华人经济所从事的国际贸易的繁荣。这反过来又吸引了越来越多的海外温州人以"外商"的身份回国投资。结果，在温州，海外移民、华人企业与出口导向型经济之间的互动已经形成了一个良性循环。

其他关于温州海外移民问题研究的著作还有：Cao，Nanlai 的《构建中国的耶路撒冷：当代温州的基督教、权力与地方》(斯坦福大学出版社，2010 年)，葡萄牙学者马普瑞尔(Mapril，J.)的《温州与里斯本 Martim Moniz 广场：流散做法与(重新)当地谈判》(《社会人类学》2002 年第 12－14 期)，新加坡学者尤陈厚(Yow，Cheun Hoe)的《温州犹太人》(新加坡国立大学东亚研究所，2003年)[1]，美国学者马约翰(John T. Ma)、辛·马克来(Him Mark Lai)的《纽约城的温州人社区》(载《中美：历史与视角》2004年1月1日)，英国学者 Bin Wu、意大利学者瓦尔特·詹宁(Valter Zanin)的《国际移民与温州发展》，韩国学者郑钟昊的《从"温州模式"到"新温州模式"：以北京浙江村为例》(《中国学研究》第44辑)，美国学者苏珊·华科特(Susan M. Walcott)的《温州与第三个意大利：企业家样板地区》(《亚太商业杂志》2007年第3期)[2]，刘雅灵的《中国都市化过程中新兴的"农民收租阶级"：温州与无锡"城中村"的转型路径、集体抗争与福利政策》(《台湾社会学》2009年第18期)，安吉拉·常的《"候鸟"与"侨居"：对意大利普拉托华侨的历史与民族志分析》(国际与比较研究会议，2010年4月21日)[3]

三是其他社会问题的研究。

相关研究著作有：美国学者亚伯拉罕·摩西·赞切克(Abraham Moses Zamcheck)的《抓住未来、告别死亡：温州农村的殡葬改革》(哈佛大学，2007年)[4]，戴维·刘易斯·佩吉特(David Lewis Paget)的《来自温州的箭》(蒙塔：巴里出版社，2006年)[5]，华人学者 Xiaoli Lu 的《中国温州的台风疏散：对进步与余下的挑战的初步分析》(《意外与危机管理》2009年第4期)[6]，日本学者丁毅、田中彰的《中国企业的社会网络——温州打火机产业》(《经济学》2009年第3·4合并号)，日本学者黄媚的《中国的利益团体"资本强、劳动力弱"：根据"2008年温州市民营企业家调查"》(《亚洲研究》2010年第1－2期)等。

---

① Yow，Cheun Hoe. The Wenzhou diaspora，Singapore：East Asian Institute [D]. National University of Singapore，2003.

② Susan M. Walcott. Wenzhou and the Third Italy：Entrepreneurial Model Regions [J]. Journal of Asia－Pacific Business，Vol. 8，Issue 3，2007.

③ Angela Chang. "Birds of Passage" and "Sojourners"：A Historical and Ethnographic Analysis of Chinese Migration to Prato，Italy[J]. International&Comparative Studies，April 21，2010.

④ Zamcheck，Abraham Moses. Seizing the future and shunning the dead：funeral reform in rural Wenzhou[D]. Harvard University，2007.

⑤ Paget，David Lewis. Arrows from Wenzhou[M]. Moonta，S. Aust.：Barr Books，2006.

⑥ Xiaoli Lu. Typhoon Evacuation in Wenzhou，China：A Preliminary Analysis of Progress and the Remaining Challenges [J]. Journal of Contingencies & Crisis Management，Vol.17，Issue 4(Dec.)2009.

4.历史文化

华人学者吴超恩(Chao-jen Wu)的博士学位论文《在传统与现代之间：赵之谦的〈异鱼图〉、〈瓯中物产卷〉及其与晚清铭文研究的关系》[①]认为,赵之谦(1829—1884 年)对于铭文运动的主要贡献可以概括为三点：第一,他是最早将考古发现的青铜器、钱币和墓碑等材料运用于绘画作品的篆刻家。他的印章的笔记、评论和绘画雕刻创造了一种全新的艺术形式。第二,他的《补寰宇访碑录》反映了一名碑文学者运用学识来考订古代铭文的经验积累。没有这些无数晚清学者的积累,根本就不可能破译商朝的甲骨文,对甲骨文的解读有助于我们更好地理解中国上古文明。第三,在寓居东南沿海期间,他创作的一系列画作是其考据研究的结晶。尽管这种"自然研究"在其后期画作中没有得到延续,但它标志着对绘画形式的考据研究又前进了一大步。在职业生涯上取得了如此重大的里程碑进步以后,赵之谦放弃了他对于自然的兴趣,在1863 年以后转而采取更加书法形式的绘画,这一点让人难以理解。与他在1861 年的《异鱼图》和《瓯中物产卷》那种明显的描绘性和精确性的风格不同,赵之谦后期的画作展示了一种强烈的金石学——尤其是北方风格书法——意识。在他早期画作对精确绘画风格的追求和后期创造二维的象形文字效果的追求之间,不可避免地会发生冲突。赵之谦画作风格的演变反映了中国画的独特风格,中国画对于绘画的本质拥有完全不同的理解。当 20 世纪初的激进的中国改革者声称传统的中国画需要"复兴",需要学习诸如透视画法和明暗对照法这样的西方绘画技巧时,他们忽略了这样一个事实,即他们的提议是赵之谦早在五十多年前就已经尝试过并且又放弃了的方案。

美国布朗大学博士研究生罗杰·石驰·罗(Roger Shih-Chieh Lo)《清末温州的地方政治与杨府君封圣(1840—1867)》[②]一文描述了 1855 年 2 月初,一群以为首的"当地土匪"占领了乐清城一周。根据清朝官员的报告,这一事件是由杨府君这一温州当地的神明显灵才得以平息下去的。本文不是关注清政府如何恢复对地方社会的控制,相反,利用温州的档案材料来探讨如下两个

---

① Chao-jen Wu. Between tradition and modernity："Strange Fish of Different Species"，"Products of Wenzhou" by Zhao Zhiqian (1829—1884) and their relationship to the epigraphic studies of late Qing[D]. University of Kansas，2002.

② Roger Shih-Chieh Lo. Local Politics and the Canonization of a God Lord Yang (Yang fujun) in Late Qing Wenzhou (1840—1867)[J]. Late Imperial China，Volume 33，Number 1，June 2012：89—121.

问题:地方神明在地方社会如何发挥政治功能?晚清时期的中国,大众宗教在地方政治甚至全国政治中扮演了何种角色?这一地方史的研究有助于我们更好地理解大众宗教在中国政治文化中的重要性。

六、研究特点

第一,注重经济方面的研究,成果也最多;政治、社会、历史文化等方面关注不够,作品较少。改革开放以来温州的独特发展经历已经吸引了国内与海外学者的广泛关注。其中尤以经济方面的研究成果最为丰富,这些海外学者的作品主要围绕温州模式、产业集群、企业家群体、温州与其他地区的比较研究等内容展开。温州经济方面的研究经历了从民营企业到产业集群的研究重心的演变。关于温州经济的早期研究,更多的是关注温州的民营企业的主导地位,这种民营企业占主导地位的情况在 20 世纪 80 年代的中国是不常见的。这些研究旨在展示"温州模式"对于农村地区发展的有效性。然而,随着私营经济在国家经济中变得越来越重要,展示私营经济带动经济发展就没有多少必要了。相反,随着对中国产业集群的关注,温州成为产业集群的典型案例。此外,海外学者还具有较为开阔的研究视野,不仅将温州与中国的其他地区加以比较,更是从世界范围内与其他国家的典型地区进行比较,以其探究这些不同发展模式背后的异同点。

第二,注重利用国内学者的成果。一是将国内学者的成果译为英文。最初,在企业主与温州官员之间就金融制度问题产生了地方争议,而后便升级为就整个中国经济改革的范围与进程的全国性大辩论。1986 年由中国社会科学院经济所成员参与的这场全国性讨论所写的文章后来被翻译为英文并编辑成以下这本书:彼得诺兰、董辅礽:《中国的市场力量:竞争与小商业——温州争论》(伦敦:泽德出版社,1989 年)。二是邀请中国大陆从事温州研究的知名学者参加海外的各类学术会议。例如,朱康对提交了会议论文《温州工业私有化记录》,会后收入由国际食物政策研究所高级研究员张晓波、国际食物政策研究所所长樊胜根、鹿特丹伊拉斯谟大学高级研究院阿见德汉主编的论文集《中国经济改革记录:中国如何过河?》一书中[1]。三是海外学者在论著中大量

---

① Kangdui Zhu. Narratives of Wenzhou's Industrial Privatization[M] // Xiaobo Zhang, Shenggen Fan, Arjan de Haan eds. Narratives of Chinese Economic Reforms: How Does China Cross the River. World Scientific Publishing Company, 2010.

引用大陆学者的研究成果。毫无疑问,单就研究队伍和研究规模而言,海外的温州研究是无法与国内的研究相提并论的。正是认识到国内的温州研究无论是在资料的丰富程度,还是研究的成熟程度都值得借鉴和参考,绝大多数的海外学人都比较重视阅读大陆学人的作品,这种情况仅从表 1-1"海外温州研究较常引用的中国大陆出版的论著一览表"中就可见一斑。

表 1-1　海外温州研究较常引用的中国大陆出版的论著一览表

学者姓名	成果名称	成果形式	来源	发表时间
现代汉语规范问题学术会议秘书处	现代汉语规范问题学术会议文件汇编	文献汇编	科学出版社	1956
新华社记者	温州的一场惊心动魄的反革命复辟	新闻报道	人民日报	1977 年 3 月 22 日
杨进	浙南红军游击队和上海党组织联系的经过	论文	党史资料丛刊	1981 年 第 3 期
叶大兵	浙南农民暴动和红十三军	专著	浙江人民出版社	1982
浙江省委党史研究室	浙江革命史料选集	资料汇编	浙江人民出版社	1982
浙江省军区	浙南三年	论文集	浙江人民出版社	1984
温州市农委	温州农村商品经济发展的新路子	研究报告	未刊稿	1984
柳梆	学习中央一号文件 政策解答一百题	专著	新华出版社	1985
中央文献研究室	十二大以来中共文献选编	文献汇编	人民出版社	1986
浙江省经济研究中心	浙江省情(1949—1984)	资料汇编	浙江人民出版社	1986
温州市委党校图书资料室	温州经济情况简介	资料汇编	教研资料	1986 年"有关温州经济问题的重要讲话"特刊
黄佳新	温州挂户企业管理问题	论文	浙江学刊	986 年第 2 期

学者姓名	成果名称	成果形式	来源	发表时间
费孝通	小商品 大市场	论文	浙江学刊	1986 年第 3 期
王芳	温州发展状况调查	论文	红旗	1986 年第 3 期
黄加劲	温州的挂户经营及其完善问题	论文	浙江学刊	1986 年第 5 期
杨建文、周一烽、真理	温州模式与中国农村经济的腾飞	论文	社会科学	1986 年第 5 期
中国社会科学院经济研究所温州农村调查组	温州农村商品经济考察与中国农村现代化道路探索	论文	经济研究	1986 年第 6 期
本报评论员	唯实的思路和创造性的实践:温州市发展家庭工商业的调查	新闻报道	人民日报	1986 年 7 月 8 日
董朝才	趋势与改革	论文	研究资料	1986 年 7 月 28 日
陈瑞明	对温州农村雇佣大户的初步分析	论文	经济研究资料	1986 年第 8 期
曾文原、江耀春	来自温州的故事	论文	民主与法制	1986 年第 8 期
孟晓云	妇女篇——温州风情画之六	新闻报道	人民日报	1986 年 11 月 6 日
温州市委党校图书资料室	万里和杜润生同志关于温州工作讲话摘要	资料汇编	教研资料	1986 年 12 月 2 日第 40 号
温州市委党校图书资料室	国务院国家计划委员会主任关于温州问题的讲话	资料汇编	教研资料	1986 年 12 月 2 日第 40 号
吴象	论发展中的温州农村商品经济	论文	人民日报	1986

学者姓名	成果名称	成果形式	来源	发表时间
新四军和华中根据地研究室浙江分会	浙东抗战春秋	论文集	浙江人民出版社	1986
温州市统计局	温州统计年鉴(1986)	资料汇编	中国统计出版社	1986
中国社会科学院经济研究所	中国乡镇企业的经济发展和经济体制	专著	中国经济出版社	1987
蒋凤波	忆南方三年游击战争	论文集	文艺出版社	1987
公木、水寿杰	温州对话录	论文集	广西人民出版社	1987
公木、端嘉、陈舒	温州的农民企业家	专著	广西人民出版社	1987
林白 等	温州模式的理论探索	论文集	广西人民出版社	1987
林白 等	温州的市场	论文集	广西人民出版社	1987
林白 等	温州的崛起	论文集	广西人民出版社	1987
林白 等	温州的干部	论文集	广西人民出版社	1987
何荣飞	温州经济格局:我们的做法和探索性意见	论文集	浙江人民出版社	1987
温州市乡镇工业管理局	温州市乡镇企业政策汇编	内部资料	未刊稿	1987
中共温州市委办公室	温州试验区有关条例汇编	内部资料	未刊稿	1987
农牧渔业部政策研究室	农村适用法规手册	资料汇编	法律出版社	1987
中国农业会计学会重庆分会、重庆市财政局政策研究室	乡镇财政手册	资料汇编	四川科学技术出版社	1987
袁恩桢	温州模式与富裕之路	论文集	上海社会科学出版社	1987

学者姓名	成果名称	成果形式	来源	发表时间
北京市统计局	北京市国民经济和社会发展概况:1981—1985	资料汇编	中国统计出版社	1987
林子力	温州商品经济的"成分"及雇工问题	论文	经济研究资料	1987年第1期
周小含	苏南模式及温州模式的比较及中国农村发展的选择	论文	浙江学刊	1987年第2期
赵人伟	温州农村商品经济发展中的个人收入差距问题	论文	经济研究资料	1987年第2期
夏晓军	温州模式与城镇化:对温州集镇发展的调查与思考	论文	农村经济文稿	1987年第2期
郭晓鸣、周如昌、张红宇	"苏南模式"的再认识	论文	经济体制改革	1987年第3期
王永昌	有关温州农村经济和社会发展某些问题的思考	论文	温州论坛	1987年第3期
佚名	吴象同志在对话理论和实践工作者时的讲话	资料汇编	温州论坛	1987年第4期
何荣飞	温州经济格局提供的基本经验	论文	温州论坛	1987年第5期
沙田	温州争论的开始	论文	九十年代	1987年第5期
金宪圭	关于温州商品经济"统计"的一个讨论	论文	温州论坛	1987年第5期
周星宏	从社会主义初级阶段理论观点看温州私营企业发展的某些问题	论文	温州论坛	1987年第6期
杜严	乡镇工业企业经营的市场环境	论文	发展研究通讯	1987年第49期
王嗣均,王瑞梓	中国人口:浙江分册	资料汇编	中国财政经济出版社	1988
陈吉元、夏德芳	乡镇企业模式研究	专著	中国社会科学出版社	1988

学者姓名	成果名称	成果形式	来源	发表时间
浙江省委政策研究室	浙江经济年鉴(1986)	资料汇编	浙江人民出版社	1988
许广跃、李涛	怪胎	专著	中国青年出版社	1988
余炳辉	政治、经济、社会:对温州模式的再考察	论文	农村经济与社会	1988 年第 2 期
张军	于无声处听惊雷——中国农村改革纪实	论文	自学	1988 年第 2 期
洪岩	温州 4 万工商业者进入云南注册	新闻报道	人民日报	1988 年 2 月 27 日
姚力文、陈健	温州人士话私营	新闻报道	人民日报	1988 年 6 月 19 日
欧阳元松	如何理解温州经济格局	论文	浙江学刊	1988 年第 5 期
李云河	关于公有企业生产领导地位的讨论	论文	温州论坛	1988 年第 6 期
佚名	中华人民共和国私营企业暂行条例	新闻报道	经济日报	1988－6－29
陈飞天和江华凯	泉州乡镇企业股份经济的考察	论文	中国农村经济	1988 第 8 期
易达	中国私营企业在合法轨道上发展	新闻报道	瞭望周刊	1988 年第 25 期
邱机成	乡镇企业——社区(政府)管理模式的基本线索	论文	发展研究通讯	1988 年第 104 期
商景才	当代中国的浙江	专著	中国社会科学出版社	1989
陆立军	中国农村区域经济模式比较研究	专著	山东人民出版社	1989
江私营经济发展和管理课题组	温州私营经济分析	研究报告	未刊稿	1989

学者姓名	成果名称	成果形式	来源	发表时间
中国私营经济研究课题组	中国的私营经济：现状、问题、前景	论文集	中国社会科学出版社	1989
乐清县统计局	乐清四十年	资料汇编	乐清印刷厂	1989
中国乡镇企业年鉴编辑委员会	中国乡镇企业年鉴(1978—1987)	资料汇编	农业出版社	1989
中国农业年鉴编辑委员会	中国农业年鉴	资料汇编	中国农业出版社	1989
余世章 等	温州改革模式新印象	论文集	未刊稿	1989
段柄仁	北京市改革十年	专著	北京出版社	1989
张志仁	温州潮	论文集	文化艺术出版社	1989
闵琦	中国政治文化：民主政治难产的社会心理因素	专著	云南人民出版社	1989
中共中央农村研究室	对百家农村私营企业的初步分析	论文	农业经济问题	1989 年第 2 期
陆左民	抗税现象大透视	新闻报道	中国青年报	1989 年 9 月 5 日
国务院研究室调查组	浙江温州实行股份合作企业的情况	研究报告	未刊稿	1989 年 9 月 8 日
佚名	关于大力加强城乡个体工商户和私营企业税收征管工作的决定	资料汇编	国务院公报	1989 年第 16 期
浙江私营经济课题组	关于私营经济内部联系的专门报告	研究报告	未刊稿	1990
浙江私营企业经济课题组	关于我省私人企业经济发展的十条建议	研究报告	未刊稿	1990
张留征	中国农村经济发展探索	专著	中国经济出版社	1990
中华人民共和国国家统计局	中国经济年鉴(1990)	资料汇编	经济管理出版社	1990

学者姓名	成果名称	成果形式	来源	发表时间
国家体改委办公厅	十一届三中全会以来经济体制改革重要文件汇编	资料汇编	改革出版社	1990
张仁寿、李红	温州模式研究	专著	中国社会科学出版社	1990
鲍炳中、徐东民	温州私营经济现状及发展方向的探讨	论文	上海师范大学学报	1990 年第 2 期
农业部	农民股份合作企业暂行规定	资料汇编	国务院公报	1990 年第 4 期
乐清县体制改革委员会	股份合作经济文件汇编	资料汇编	未刊稿	1990 年 3 月 23 日
佚名	龙湾的崛起	论文	温州通信	1990 年第 13—14 期
松江县地方志编纂委员会	松江县志	专著	上海人民出版社	1991
农业部经济政策研究中心	中国农村:政策研究备忘录	专著	农业出版社	1991
刘泽华、葛荃	关于中国政治文化的笔谈	论文	天津社会科学	1991 年第 3 期
徐红专、熊慧君	温州私营企业劳工制度调查分析	论文	沿海经济	1991 年第 4 期
中共川沙县委政策研究室	关于川沙印染机械厂实行股份合作制的调查和思考	论文	川沙调研	1991 年第 7 期
佚名	温州机场助推地方经济发展	新闻报道	中国日报	1991 年 7 月 22 日
杜海燕	中国农村工业化研究	专著	中国物价出版社	1992
黄苇町	中国的隐形经济	专著	中国商业出版社	1992
徐和平	重视担保审查确保债权落实	论文	上海农村金融	1992 年第 1 期
王立诚	近代中国现代化进程的探索	论文	复旦学报(社会科学版)	1992 年第 4 期

学者姓名	成果名称	成果形式	来源	发表时间
许宏业	小镇上的"东方第一":温州桥头纽扣市场透视	论文	中国经济体制改革	1992 年第 7 期
编辑部	1993 年中国乡镇企业年鉴	资料汇编	中国农业出版社	1993
张震宇、毛春华	温州金融现象透视	专著	浙江大学出版社	1993
辛京	典当史	专著	上海文艺出版社	1993
高枫 等	温州民间信用调研	论文	金融研究	1993 年第 2 期
俞可平	社会主义市民社会	论文	天津社会科学	1993 年第 4 期
上海郊区农村股份合作制研究课题组	上海郊区农村股份合作若干问题研究	论文	财经研究	1993 年第 6 期
匡旭中、夏宗禹	加强农村合作基金会的管理势在必行		农村金融研究	1993 年第 9 期
陈国兴	温州农村合作基金会调查报告	论文	农村金融研究	1993 年第 11 期
松江县 1994 年 31 号政府文件	关于工业生产经济责任制补充意见	资料汇编	未刊稿	1994 年 3 月 16 日
张旭、郑达穹	温州市场	专著	中共党史出版社	1995
曹锦清	当代浙北乡村的社会文化变迁	专著	上海远东出版社	1995
俞雄、俞光	温州工业简史	专著	上海社会科学出版社	1995
佚名	第一家城市合作银行在深圳成立	新闻报道	新华社	1995 年 6 月 28 日

学者姓名	成果名称	成果形式	来源	发表时间
杨春贵	努力掌握社会主义现代化建设的辩证法——学习江泽民同志《正确处理社会主义现代化建设中的若干重大关系》	论文	人民日报	1995-11-6
欧仁 等	南商与北商	论文集	海南国际信息出版社	1996
孙晓村	近代中国当铺业	专著	中国文史出版社	1996
张慧如	农村合作金融的发展障碍及对策	论文	当地经济科学	1996 年第 1 期
浙江省社会科学院农村股份合作制研究课题组	浙江省农村股份合作制的崛起背景与运作方式	论文	浙江学刊	1996 年第 1 期
张明浩	温州第二次创业考察	论文	社会学研究	1996 年第 4 期
韩雷	关于农村信用社改革与建立农村合作银行问题	论文	农村经济与金融	1996 年第 6 期
松江县长	在我县企业改制工作会议上的讲话	资料汇编	未刊稿	1996 年 8 月 15 日
佚名	温州接纳城市合作银行	新闻报道	新华社	1997 年 3 月 15 日
石成辉（音）	温州教会是如何开展义工培训工作的	研究报告	天风	1997 年第 10 卷
佚名	温州市不怕失业	新闻报道	新华社	1997 年 10 月 30 日
李丁富	温州之谜：中国脱贫致富的成功模式	专著	改革出版社	1997
李士辉	来自浙南"鞋都"的调查报告	论文	中国改革	1998 年第 2 期

学者姓名	成果名称	成果形式	来源	发表时间
马金龙	温州模式的形成条件与发展过程	论文	温州人	1998 年第 7 期
佚名	浙江个体经济会议	新闻报道	浙江日报	1998 年 10 月 24 日
章志诚	温州市志	专著	中华书局	1998
蔡克骄	温州人文精神初探	论文	浙江师范大学学报(社会科学版)	1999 年第 2 期
王春光、白夏	温州人在巴黎:一种独特的社会融入模式	论文	中国社会科学	1999 年第 6 期
费孝通	筑码头 闯天下——三访温州	论文	瞭望新闻周刊	1999 年第 7—8 期
章志诚	温州华侨史	专著	今日中国出版社	1999
张连杰	温州老板	专著	中国文献出版社	1999
佚名	中国重新界定当铺	新闻报道	经济日报	2000 年 8 月 7 日
张乐天	面临新世纪挑战的温州	论文	未刊稿	2000
浙江统计局	新浙江五十年统计资料汇编	资料汇编	中国统计出版社	2000
谢健、任柏强	温州民营经济研究:透过民营经济看温州模式	专著	中华工商联出版社	2000
任兴芳	浙南侨乡的形成与发展	论文集	华侨华人研究论丛	2000
章志诚	试论温州海外华侨与温州经济发展的关系	论文集	中国侨乡研究	2000
王春光	巴黎的温州人——一个移民群体的跨社会建构行动	专著	江西人民出版社	2000
项飚	北京浙江村的生活史	专著	三联书店	2000
邵智臻	温州企业家创业风云录	专著	中央文献出版社	2000

海外温州研究评析

学者姓名	成果名称	成果形式	来源	发表时间
温州市统计局	第五次全国人口普查主要数据公报(第一号)	研究报告	www. wzstats. gov.cn	2001
王缉慈	创新的空间:企业集群与区域发展	专著	北京大学出版社	2001
维容	"新"克拉拉模式:可持续发展的教训	论文	世界发展	2001 年第 29 卷第 4 期
任强、毛丹	关于村民自治的三项制度调适设想	论文	浙江社会科学	2002 年第 1 期
金勇兴	聚集与扩散:温州建制镇城市化研究	专著	社会科学文献出版社	2002
史晋川	制度变迁与经济发展:温州模式研究	论文集	浙江大学出版社	2002
朱康对	温州产业群落及其演进	论文集	浙江大学出版社	浙江大学出版社
温州市统计局	温州统计年鉴(2003)	资料汇编	中国统计出版社	2003
张厚义、明立志	中国私营企业发展报告(第 5 卷)	专著	社会科学文献出版社	2003
中共浙江省委政策研究室	快速增长的浙江区域块状经济	论文	南方网	2003
朱华晟	浙江产业群	专著	浙江大学出版社	2003
马占峰、廖正品	蓬勃发展的中国合成革工业	论文	科技情报开发与经济	2003 年第 3 期
王晓毅、蔡欣怡、李人庆	农村工业化与民间金融:温州的经验	专著	山西经济出版社	2004
盛世豪、郑燕伟	浙江现象:产业集群与区域经济发展	专著	清华大学出版社	2004
温州市地方志编纂委员会	温州年鉴	资料汇编	方志出版社	2004

学者姓名	成果名称	成果形式	来源	发表时间
郁建兴	在政府与企业之间：以温州商会为研究对象	专著	浙江人民出版社	2004
陈剩勇、汪锦军、马斌	组织化、自主治理与民主	专著	中国社会科学出版社	2004
何增科	中国政治体制改革研究	专著	中央编译局出版社	2004
熊慧君	温州人精神文化与温州经济社会发展互动分析	论文	温州论坛	2004 年第 3 期
王新	解读温州"城中村"现象	论文	温州大学学报	2005 年第 18 卷第 1 期
金学哲（音）	关于"城中村"集体资产产权改革的调查与建议	论文	温州农村探索	2005 年第 3 期
屈平	我国人造革市场现状，存在的问题及促进措施	论文	中国皮革	2005 年第 6 期
冯庶君	人造革合成革行业发展现状	论文	国外塑料	2005 年第 10 期
余南平	改革，我们究竟在哪个层面？	新闻报道	经济观察报	2005 年 11 月 7 日
白晖华	其实你不懂温州人	专著	团结出版社	2005
刘迎秋、徐志祥	中国民营企业竞争力报告	研究报告	社会科学文献出版社	2005
温州市统计局	温州市第一次经济普查主要数据公报（第一号）	研究报告	www. wzstats. gov. cn/ infoshow. asp? id ＝5545	2006
浙江省经贸委课题组	富浙江特色区域经济：浙江块状经济发展报告	研究报告	浙江省政府经贸委网站	2006
温州市鞋革行业协会	2007 年温州鞋革行业概况	资料汇编	www. china — leather. com/ zhuanti/08df/ df56.htm	2007

学者姓名	成果名称	成果形式	来源	发表时间
吴秀玲、陈钱孙、陈丽婷	中国电子行业的外贸情况	论文	欧亚地理学与经济学	2007 年第 48 卷第 7 期
温州统计局	温州统计年鉴	资料汇编	中国统计出版社	2008

第三,大多是将温州作为一个具体的研究个案,以此来论证其预设的理论框架。比如,友男丸川之所以对温州产业集群进行案例研究,更多的是为了验证其有关产业集群的理论假设。具体而言,友男丸川指出,众多学者围绕集群经济问题争论不休。阿尔弗莱德·马歇尔和保罗·克鲁格曼指出,一旦某一产业在当地落户,就有助于促进技术扩散,通过积聚大量的需求,可以降低中间投入的成本,能够创造有关专门技能劳动力的市场需求。伊丹茂松等学者认为,城市产业——例如东京大田区的金属加工业——集聚了采用各种各样技术的企业,通过将企业中的劳动分工巧妙地组织起来,能够满足各类需求。然而,只有在产业集聚已经存在的情况下,才有可能出现集群经济。这不能解释为什么产业集聚先出现。如果产业集聚营造了一个有助于增强企业竞争力的外部经济环境的话,那么最初集聚的少数几家企业在没有外部经济环境帮助的情况下,靠什么立足?

友男丸川认为可以参考两种解释。第一种解释方法是将产业集聚的出现追溯到那样一个时期,当时没有完善的市场经济,也没有统一的国内市场。在这样一个时期,企业不会面临来自其他地区的激烈竞争,因此打造一项产业相对容易。一旦一项产业形成,它将在这一区域内通过技术外溢得到扩散,通过改变产品种类来满足需求的变化。通过技术转让和技术革新,当地产业将形成一个产业集群,这使得它能够在和其他地区的竞争中存活下来。例如,在解释燕市刀具产业——日本最著名的产业集群之一——的诞生时,吉川圭一将它的历史追溯到 17 世纪早期,当时当地手艺人开始生产传统的铁钉。在明治时代,国内对于老式铁钉的需求减少,当地企业利用铁钉的生产技术转而生产锉刀、铜线和水管。然而到 20 世纪初,当地企业开始生产刀具,此后,燕市发展出一个大型的刀具产业集群。第二种解释方法是把某一产业的出现归因于某一具体资源的充裕。例如,为了解释大田区的金属加工业,伊丹茂松等学者指出,这一地区靠近许多大型汽车和电子企业。在这种情况下,毗邻大企业是关键性资源。硅谷的诞生也可以解释为拥有毗邻大学与研究机构的"区位资源"。

友男丸川认为,在温州——它缺乏自然资源、土地或"区位资源"——的情况中,多半必须采用第一种解释方法。实际上,大多数温州的产业集群可以追溯到第二次世界大战以前或者 20 世纪 80 年代以前,当时中国的国内市场还没有得到很好的整合。在温州,许多产业集群出现于 20 世纪 80 年代以后一个非常短暂的时期。在温州农村社会中似乎存在一种有利于产业集群出现的趋势。朱康对将这一趋势解释如下:在温州,某种商业联系是在亲戚、邻居和朋友间扩展。这是因为,在农村社会,有关商业机会的信息资源常常局限于亲朋好友。如果某人在一个新行业取得成功,他的亲朋好友可能仿效他,最终全村都可能从事同样的行业。[①] 然而,农村有一些创新者。这里,"创新者"是指某个在农村首先开始从事一个新行业的人。"新"行业常常仅仅是模仿位于温州以外地区的国有企业或者外资企业,但是必定是村里其他人都没有尝试过的行业。创新者在农村开拓新行业,他们的亲朋好友仿效他们,因此,在短期内就造就了一个产业集群。由于存在这些创新者,温州的产业多样性增加,由于存在大量模仿者,创新者开拓的行业很快发展成为一个产业集群。许多温州的产业集群看起来源自这样的创新与模仿的交替。[②]

---

① 朱康对. 温州产业群落及其演进[M]. 史晋川等主编. 制度变迁与经济发展:温州模式研究. 杭州:浙江大学出版社,2002.

② Marukawa Tomoo. The Emergence of Industrial Clusters in Wenzhou China[M]// Bernard Ganne,Yveline Lecler eds. Asian Industrial Clusters,Global Competitiveness and New Policy Initiatives. World Scientific,2009.

对海外温州研究的研究方法的方法论归纳

海外学者在温州研究中运用了大量较为新颖的研究方法,其中比较常见的研究方法包括定量分析法、模型研究法、田野调查法和比较研究法四种。

一、定量分析法

定量分析法是指依据所调查的现实资料数据,运用科学的数学推导、演算等方法,对事物之间或事物的各个组成部分进行数量研究的思维方法。定量分析法相对应的是定性分析法。定性分析法是为了确定认识对象的性质和类型而进行的分析,主要解决"是什么"、"是不是"等问题。定量分析是为了确定认识对象的规模、速度、范围、程度等数量方面关系而进行的分析,主要解决"是多大"、"有多少"等问题。认识事物,首要的是认识事物的质,亦即要进行定性分析。但是,只有把握事物的量,才能更深刻地认识事物的质。具有强大的实证主义传统的美国学者在经济改革研究中往往更倾向于采用定性研究,运用现代数学方法来揭示有关变量之间的相互关系。因篇幅所限,这里试举几例。

佐藤浩在温州进行了广泛的抽样调查,调查反馈来自温州市区以及苍南、乐清、永嘉县的 107 家企业的 178 名管理者。由于无法获得企业家的详细名单(例如工商管理局的执照),温州样本的选择采用的是滚雪球抽样法。滚雪球抽样法以少数受访者为切入点,再通过这些受访者的介绍扩大到其他受访者。具体而言:首先设计调查问卷,然后由温州籍的华东理工大学的学生调查几位愿意配合的企业主(这些人往往是这些学生的家庭成员、亲朋好友),然后再扩大到这些企业主的商业伙伴。[①]

蔡欣怡运用精确的定量分析方法,详细展示了程会、抬会、排会等复杂的民间金融形式的运作机制。以一个由 11 个人参加的 10000 元的程会为例,在程会中,会头收取第一个月的钱,而且办会之处就定下了其他十个月用钱的顺序。在第一次聚会上,10 名会员要根据其在会中用钱的次序各自缴纳 600 元至 1500 元,即第二个月用钱者要交 1500 元,第三个月用钱者要交 1400 元,第四个月用钱者要交 1300 元,最后一个月用钱者要交 600 元。这就意味着会头在第一个月会收到的总钱数是 10500。如果再以期限半年、月息三分的利率把钱借出去,就会收到 1890 元的利息,扣除第二个月要交的 1500 元的会费,净利润为 390 元。如果会头把 10500 元本金加上每六个月赚取的利息继续借出去,在五年半内,就会赚到 27185 元(23547 元+3638 元)。在这个事例中,如果第二位用钱者同样也将钱再借出去,就会收到 17936 元(16472+1464),扣除最初的 1500 元的会钱,净得 16436 元。这实际上是每月 1.8 分的利率(或 21.6% 的年息),这比市场上的利率要低,但是比国有银行(约为 0.5%～1% 的月息)的利率要高。

在抬会中,会头从每位入会者处筹 11600 元,到第六个月,会冒出来 22 个会头,到第 12 个月,将有 691 个会头,到 18 个月,将有 20883 个会头。蔡欣怡还专门分析了"十八股加七股"的重要抬会的运作机制:"每一个时期的会钱总额是 20400 元(每股 1200 元)。当会头在第一个月收钱时,吃"第二、第三份"的成员(会肚)以 4.5% 的月息(378 元)写卜字据交给会头 8400 元的信贷。在第二次会上,第二位和第三位在纸上收会钱,会头返还 8400 元的信贷外加 378 元的利息,这就把每位会员的会钱减少到 6600 元。到最后,第二位和第三位会员只收到纯收入 5022 元,因为他们还得交 6600 元。在第二个月,第二位和第三位会员的纯收入计算如下:会钱总数(20400 元)－向会交的(6600 元)－[重新交给会头的贷款(8400 元)+利息(378 元)]=5022 元。"

排会开始时,会头与每个入会的投资者之间是一种双边关系。但当它在结构上变得日益复杂时,大多数复杂的排会由会头、会肚和会尾组成。每一部分的会员到最后都有非常不同的金融结果:会头是第一个用钱的人。随资金

---

① Hiroshi Sato. TVE reform and patron — client networks between peasant entrepreneurs and the local government: the Sunan model versus the Wenzhou model reconsidered[J]. The Growth of Market Relations in Post—Reform Rural China,Volume 1,Part 2,January,2003:51—90.

数额的不同,排会的时间长短不一。此外,排会与其他的"会"不一样,它并不总是以现金结算的,有时利率在债务上是计算复利的。例如,在一个有 21 名成员的"双万会"的排会中,每人投入 15297 元,会头将获得 20283 元,第二、三位总共将得到 32555 元;会肚(第四至第十三位)将得 25904 元;会尾(第十四至十八位)则亏 63445 元。当然,会尾并不知道他们正在上当受骗;为了维持其较早缴纳的会钱,会尾则去组织另外的会,当了会头将使他们处于金钱上的有利地位。结果,债主与欠债人之间的关系日益复杂。[①]

叶新月、丹尼斯·魏采用 Moran's I 空间相关性指数以及利用 GeoDa 软件——由安塞林及其同事于 2005 年开发出来的一个分析空间集群及其对于区域不平等影响的软件包——来绘制 Moran 散点图[②]以描绘浙江的地理集群与区域不平等。

第一步是建立一个空间权重文件,它包括每一个地区的"相邻"结构的信息。这里考虑一阶权重。我们检查空间权重来观察"岛"——孤立地观察——以及其他不想要的特点,绘制一个空间权重文件的相邻地区的数据分布柱状图。以连接性指数为基础,我们发现了三个互不相连的县:嵊泗县、岱山县、洞头县。六个市(县)只与一个地区接壤,其中普陀区与定海区位于同一个岛上,象山县和玉环县是半岛县,绍兴市与衢州市为其周边的郊县所环绕。在本研究中,我们采用空间连续性作为空间相邻矩阵的检索标准。由于嵊泗县、岱山县和洞头县与大陆之间没有任何直接的空间联系,我们将其算作岛屿,因而对其忽略不计。此外,普陀区和定海区位于同一个岛屿之上,在计算时也对其忽略不计。

与 1978 年至 1998 年的地理信息系统图相对应的是 Moran 散点图。[③],如

---

① Tsai,Kellee S. Back—alley banking private entrepreneurs in China[J]. Ithaca,N.Y.;London;Cornell University Press,2002.

② Moran's I 空间相关性指数可以通过散点的斜坡以及纵轴的空间滞后变量和横轴的最初变量来表示——即,将全局 Moran's I 空间相关性指数看作是空间之后的衰变系数。统一变量以便有助于解释和规范空间相关性指数的类型(集群或分层)。空间滞后变量(空间权重之和乘以邻近地区观察到的数值)是任何分析空间相关性的必不可少的部分。

③ Moran 散点是一种探讨空间数据分析的工具,用于评估区域在空间关系方面的不稳定性。散点中的四个象限对应于四种空间相关性。空间集群在第一象限(高—高集群)和第三象限(低—低集聚),空间分层位于第四象限(高—低集聚)和第二象限(低—高集聚)。高—高集聚表明高值被高值所围绕,低—高集聚表明低值为高值所围绕等。

图 2-1 所示,在 1978 年,两个"富裕的"空间集群位于浙东北,它们都是历史上的富庶之地。但是,大多数县份位于贫困集群。杭州市、绍兴市、金华市和衢州市周边的四个郊县属于低—高空间分层。换句话说,它们的周边地区比较富裕。四个中部城市——温州、金华、衢州和绍兴——的周边是贫困的农村地区。这些地图清楚地展示了该时期浙东北与浙中城市的主要地位。

A. 1978

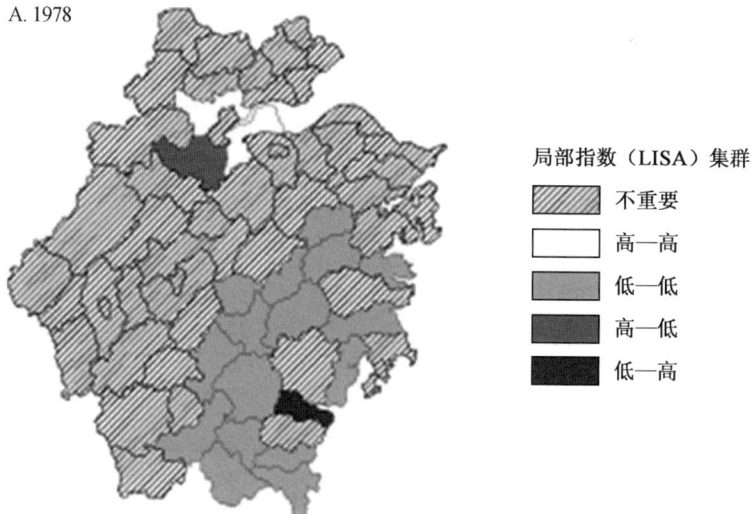

局部指数(LISA)集群

- 不重要
- 高—高
- 低—低
- 高—低
- 低—高

B. 1998

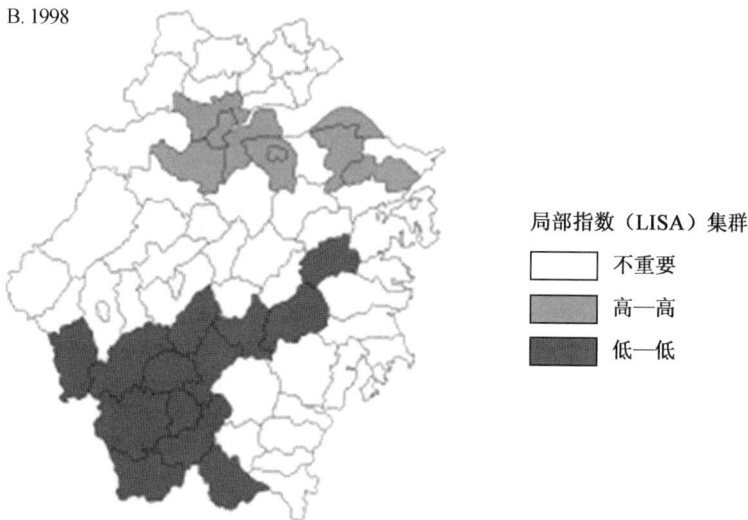

局部指数(LISA)集群

- 不重要
- 高—高
- 低—低

图 2-1 　Moran 散点图中的空间集群(1978 年和 1998 年)

在 1998 年的 Moran 散点图中,散点比 1978 年分布得更为分散,如图 2-2 所示。这表明各个县的发展轨迹具有更大的复杂性以及地方差异性。在 1998 年,可以发现两个富裕的空间集群:浙中北的"十字形"集群以及正在形成的温州—台州集群(乐清、温岭和玉环)。正在形成的中部和沿海县城尤其值得注意:它们全部是得益于温州模式的农村地区。与 1978 年相比,属于贫困集群的县城的数量在下降。我们也注意到,随着沿海的温州—台州成功脱贫,最贫困的集群现在位于浙西南腹地。三个低—高空间分层是浙中北富裕集群的周边县城。跨越城市界限的更广泛空间集群完全不同于 1978 年的空间集群,1978 年浙中城市及其周边农村地区之间存在着一种富裕—贫困关系。现如今,越来越多的县城——而不是浙中城市——周边是贫困地区,这表明农村地区内部的不平等在扩大。诸如温州的瑞安市这样的一些沿海地区周边都是贫困地区。这进一步表明,沿海地区及其邻近的内陆地区之间的不平等在扩大。正如散点图所示,从 1978 年至 1998 年,浙江的 Moran's I 全局空间指数从 0.17 增加到 0.51,这意味着县与县之间存在大规模的集群(趋异)趋势。

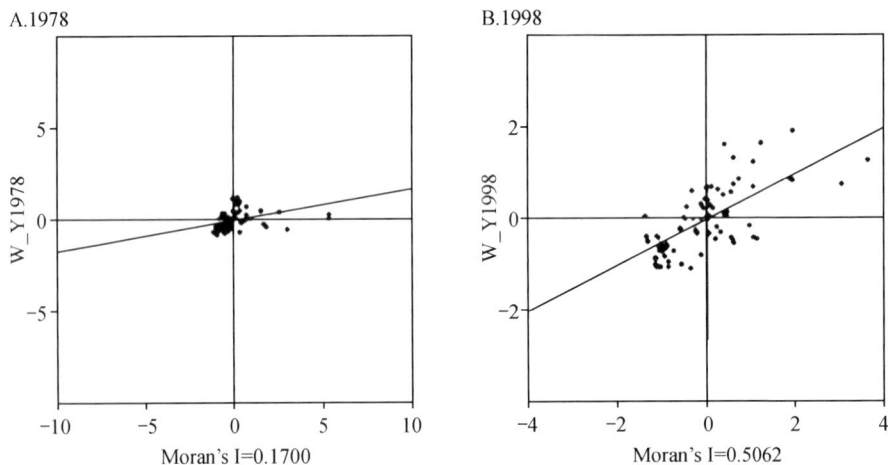

图 2-2　Moran 散点指数(1978 年和 1998 年)

在改革时期建立在温州模式基础上的农村县城的快速发展不仅极大地改变了它们在 Moran 散点图中的位置,而且极大地重构了浙江的空间结构。浙中与沿海的温州—台州的崛起是浙江地区不平等扩大的重要原因。尽管一些县仍然不太发达,那些适应温州模式的县看起来成为改革最大的赢家。

为了测量各个县对于全局指数的影响,我们采用 Moran's I 局部空间指数。当我们把 1978 年和 1998 年的指数进行比较时,我们有了几个有意思的发现。在 1978 年,70 个县中有 62 个县的 Moran's I 局部空间指数都下降了,下降的范围位于-0.8 到 0.5 之间,而 1998 年,61 个县的下降范围位于-0.8 到 2.2 之间。这意味着,造成不平等扩大的县的数量增加了。在 1978 年,衢州市(-1.9)和绍兴市(-0.8)是最大的负指数,而三个浙中北城市(嘉兴、杭州和宁波)以及温州的三个农村县(苍南、泰顺和文成)是最大的正指数,范围在 0.5 至 0.9 之间。这意味着,在改革初期,温州属于贫困的空间集群。的确,在经济改革以前,衢州——全局指数中最大的负指数——极大地平衡了区域不平等。在 1998 年,七个地区是影响空间平等的最大因素。

我们测试空间关联的局部指数(LISA)集群图中 1978 年 0.05 的重要性。玉环县与萧山县是高—高,这意味着杭州湾周边地区加剧了地区不平等。但是,温州市是一个低—高中心,这有助于减少总的不平等。在 1998 年,存在明确的空间特征,这很好地解释了改革时期县与县之间的农村不平等的急剧扩大。杭州—绍兴—宁波地区是富裕集群,而浙南腹地明显是贫困集群,这加剧了省内的不平等。

川上园部、大冢二郎在研究台中机床业与温州低压电器业的产业集群创新时,提出了三个研究假设,并运用了计量分析的方法来加以检验。

假设 1:在质量提高阶段,对于企业发展来说,更重要的是大量雇佣工程师以及采用新的销售方法和生产方式。

假设 2:尽管对于一个企业家来说,较高的教育程度不是他开创一个新行业必不可少的前提条件,但是却是他在之后的产业发展阶段成功进行多方面创新的关键条件。

假设 3:与追随型企业相比,开拓型企业拥有的教育水平高和能力强的管理层使得该企业在质量提高阶段成为能干的模仿者。

为了理解台湾机床业的创新和模仿对于生产率提高的影响,使用了一个两阶段模型,在这个模型中,新企业在第二阶段进入该行业,它的平均全要素生产率用 A_N 表示,市场占领率用 θ 表示。第二阶段的既有平均全要素生产率用 A_I 表示,第一阶段的既有平均全要素生产率用 A_{I0} 表示。由于该行业总体的平均全要素生产率在第二阶段(A)可以表示为:

$$A=(1-\theta)A_I+\theta A_N \tag{2-1}$$

它的变形就是:

$$A-A_{I0}=(1-\theta)A_I+\theta A_N-A_{I0}$$
$$=(1-\theta)(A_I-A_{I0})+\theta(A_N-A_{I0}) \tag{2-2}$$

因此,该行业的平均生产率的增长就是该行业既有各类企业的生产率增加额以及新来者的生产率与先来者的生产率之间差额这二者的一个加权平均值。这个简单的分解公式暗示,如果新来者效率相对较低(例如,$A_N < A_{I0}$)、企业规模大(例如,θ 值很大)、先来者的生产率提高较少(例如 $A_N - A_{I0}$ 的值很小)的话,整个生产率都会下降。我们推测,这些条件中的大多数都存在于 20 世纪 70 年代的机床业中,当时先来者是开拓型企业,后来者是追随型企业。正如阿姆斯登所说,20 世纪 70 年代末的这些新来的追随型企业规模较大。如果不完美的模仿使得追随型企业的生产率比开拓型企业的生产率低的话,追随型企业的进入就会使整个行业的生产率停滞不前。因为我们没有70 年代末的企业数据,因而无法直接验证台湾机床业的追随型企业的效率是否低于先来者。相反,我们建议利用 90 年代的企业数据来证明机床业的开拓型企业在管理上和技术上的效率都高于追随型企业,从而假定其他时期也存在同样的效率差别。在整个 80 年代,早期的开拓型企业增加了数控机床的产量,在 80 年代后半期,那些最早的追随型企业开始仿制数控机床。因此,这两个先来者通过提高生产率而获益,因而在等式(2-2)中的第一个值将是正值。80 年代的新来者还包括那些有能力生产并且也想生产数控机床的新的开拓型企业。我们从访谈中了解到,它们一开始生产机床的效率就相当高。因此,根据先前的经验,我们无法确定新来者的平均生产率是否高于先来者的生产率。[①] 但是,考虑到 80 年代末全要素生产率的平均增长率相对较高,新来者——或者是等式(2-2)中的第二个值——的相对生产率率也不会太低。在20 世纪 90 年代,早期的开拓型企业成为大规模生产便宜和标准化的数控机床的模仿者。此外,70 年代和 80 年代进入该行业的那些较早的追随型企业也紧跟它们的步伐。在 1991 年至 1996 年间,这些先来者的积极模仿有助于生产率的快速提高,与之相反,附加值的增长放缓。再来看看先来者——包括那些开拓型企业、较早的追随型企业以及新的开拓型企业——与新来者之间不同生产率的影响,因为那些新的追随型企业——它们是从新的开拓型企业中分离出来的——的生产率可能高于之前那些较早的追随型企业的生产率,因此等式(2-2)中的第二个值到底是正值还是负值,就不确定了。因为我们假

---

① 注意,由于缺少 20 世纪 70 年代和 80 年代初的生产数据,在估算当前的全要素生产率时,将追随型企业也算作先来者。

定,较早的以及后来的追随型企业在管理方面和技术方面的效率都低于最初的开拓型企业,所以我们认为,最初的开拓型企业模仿的效率更高。

川上园部、大冢二郎还专门进行了回归分析来验证其研究假设。假定企业经营的相对规模反映了生产成本与生产率水平方面的差异,我们使用两个相互影响的变量来代表经营规模:产品的实际价值和出口的实际价值。用数控机床出口与出口总产值之间的比率来表示发展和吸收新技术的能力。用传统机床和多工序自动数学控制机床的单位价格来表示这些产品的质量和生产成本。[①] 这些回归等式都有一套类似的相互影响的变量。在这些变量中,有3个是分辨我们的样本企业所属企业类型的虚拟变量,有2个是表示企业特征的与时间无关的变量(例如,机床生产的第一年以及开始机床生产以前的若干年),还有若干与时间有关的表示企业高管特征的变量(例如,教育、企业目前的高管与企业创办者之间的关系、担任高管以前的职业以及担任高管的年限)。此外,我们的标准能够表示那些不能直接观察到的企业的具体影响和时间影响。

表 2-1 展现了对经营规模的评估结果。

在前两列中相互影响的变量是产品实际价值的对数,而后面两列则是实际出口价值的对数。在第(Ⅰ)列中——包括了随机影响评估,较早的追随型企业的模仿和新的追随型企业的模仿都是负数,并且数值很大,这表明这两者的规模都大大小于最早的开拓型企业。如果其他因素不变的话,新的开拓型企业的规模和最早的开拓型企业一样大。新的开拓型企业的最重要特征之一就是它们的创办者受过较多教育。另一个特征是,新的开拓型企业以大规模利用转包商为基础,设计了一种大规模生产数控机床的新机制。尽管回归分析并没有包括与后来者有关的任何变量,但是即使将管理层的教育程度纳入考虑范围,新的开拓型企业的产量也和最早的开拓型企业一样大,这一估算结果与假设1有关创新促进生产组织发展的猜测相一致。尽管测试数据并没有在表中显示出来,但新的开拓型企业比较早的追随型企业和新的追随型企业的规模都要大得多。这些结果证实了假设3关于最早的开拓型企业的模仿能力要强于最早的追随型企业的猜测。

---

① 尽管数控机床的单位价格的确受到控制者的质量的影响,高质量的控制者也往往与自动化程度更高的机床有关。

表 2-1　台湾机床业产品的实际价值与出口的实际价值的决定因素[a]

	（Ⅰ） ln(生产)[b] 随机影响	（Ⅱ） ln(生产)[b] 固定影响	（Ⅲ） ln(生产)[c] 随机影响	（Ⅳ） ln(生产)[c] 固定影响
较早的追随型企业	−2.301＊＊ (−2.70)	n.a.[e]	−1.916＊ (−1.88)	n.a.
新的开拓性企业	−0.046 (−0.04)	n.a.	1.514 (1.10)	n.a.
新的追随型企业	−2.844＊＊ (−2.41)	n.a.	−2.221 (−1.54)	n.a.
机床生产的第一年	0.043 (1.43)	n.a.	−0.003 (−0.08)	n.a.
开始机床生产以前的 若干年	0.019 (0.40)	n.a.	0.035 (0.61)	n.a.
高中	0.392 (1.08)	1.491＊ (2.36)	0.576＊ (1.79)	1.220＊ (2.73)
大学	1.347＊ (3.07)	1.745＊＊ (3.05)	0.670＊ (2.04)	0.565 (1.61)
之前的职业[d]	−0.365 (−1.08)	0.846 (1.35)	−0.518 (−1.41)	0.498 (0.67)
外人	0.089 (0.20)	0.076 (0.13)	0.661＊ (2.04)	0.440 (1.11)
担任高管的年限	0.396＊ (3.44)	0.544＊＊ (3.70)	0.332＊＊ (4.00)	0.331＊＊ (3.89)
模仿年限	1995 年和 1998 年共两年	1995 年和 1998 年共两年	1991 年至 1999 年共 9 年	1991 年至 1999 年共 9 年
连续性	−74.03 (−1.24)	8.717＊＊ (9.57)	16.80 (0.23)	8.802＊＊ (12.19)
决定系数:内部 　　　　之间 　　　　总量	0.501 0.603 0.594	0.548 0.001 0.014	0.404 0.427 0.450	0.411 0.058 0.002

续表

	（Ⅰ） ln（生产）[b] 随机影响	（Ⅱ） ln（生产）[b] 固定影响	（Ⅲ） ln（生产）[c] 随机影响	（Ⅳ） ln（生产）[c] 固定影响
Hausman 检验：prob＞chi²	0.546	n.a.	0.677	n.a.
观察数量	94	94	347	347
每个企业的研究次数	2.3	2.3	8.3	8.3

a. 上标的数量是 t—统计数据。＊＊表示重要性是 1％，＊表示重要性是 5％。

b. 数据来自作者自己的调查。

c. 数据来自出口的官方数据。

d. 如果高管之前的职业是与机床业有关的话，就算工作年限，反之则不算。

e. "n.a."是指"不适用"。

尽管在机床生产的第一年以及在开始进行机床生产之前的若干年中，最早的开拓型企业和最早的追随型企业内部都有众多变量，但是这些变量对于生产的实际价值没有重大影响。因为这两个变量以及集团模仿变量与时间变化无关，在固定影响的回归分析中——第（Ⅱ）列中的数据——并没有估算它们的影响。根据表格底部列出的 Hausman 专门测试的结果，随机效果估计是不变的。

尽管在第（Ⅰ）列中大学学历的模仿者的影响很大，在第（Ⅱ）列中，高中学历的模仿者和大学学历的模仿者的数值是正数，并且数值很大。因此，高管的学历从小学学历向高中学历或大学学历的转变有助于企业扩大生产，那些高管拥有大学学历的企业的规模往往比其他企业的规模都要大。这些结果证实了假设 2 关于在质量提升阶段，企业管理者受教育程度高的重要性的猜测。无论高管以前是否在机床企业工作过，影响都不大。外人——表明领导层内部血缘关系的中断——对于经营规模的影响不大。最后，在这两列中，高管的任职年限的数值是正数，并且数值很大，这表明目前的高管所积累的公司具体管理经验有助于经营规模的扩大。正如第（Ⅲ）和第（Ⅳ）列的数据所表明的，出口的实际价值的估算结果与生产的实际价值大体相当。

表 2-2 显示了数控机床比率的影响因素。

第二章 对海外温州研究的研究方法的方法论归纳

表2-2　台湾机床业中数控机床比率的决定因素[a]

	（Ⅰ） 随机影响 Tobit 1990—1999	（Ⅱ） Tobit 1993	（Ⅲ） Tobit 1996	（Ⅳ） OLS 差异 1990—1999
较早的追随型企业	−0.498＊＊ （−7.43）	−0.112 （−0.13）	−0.458 （−0.78）	n.a.[b]
新的开拓性企业	0.057 （0.713）	0.920 （1.03）	0.091 （0.13）	n.a.
新的追随型企业	0.118 （0.95）	—[c]	0.831 （0.94）	n.a.
机床生产的第一年	0.007＊ （2.33）	−0.008 （−0.28）	0.007 （0.33）	n.a.
开始机床生产以前 的若干年	0.011＊ （3.67）	0.027 （0.71）	0.004 （0.133）	n.a.
高中	0.207＊＊ （5.31）	−0.160 （−0.55）	−0.255 （−0.89）	0.866＊＊ （4.27）
大学	0.117＊＊ （2.39）	0.236 （0.64）	0.174 （0.47）	0.171 （1.04）
之前的职业[d]	0.408＊＊ （9.07）	−0.885＊＊ （−3.18）	−0.190 （−0.70）	2.348＊＊ （6.80）
外人	−0.164＊＊ （−3.04）	0.202 （0.32）	0.775 （1.53）	−0.915＊＊ （−5.55）
担任高管的年限	−0.010 （−0.48）	−0.416 （−1.50）	0.246 （1.32）	0.021 （0.40）
模仿年限	1991 年至 1999 年共 9 年	n.a.	n.a.	n.a.
连续性	−13.03＊ （−2.18）	−13.75 （−0.24）	−15.19 （−0.37）	0.804 （−16.08）

	（Ⅰ） 随机影响 Tobit 1990—1999	（Ⅱ） Tobit 1993	（Ⅲ） Tobit 1996	（Ⅳ） OLS 差异 1990—1999
研究数量	347	31	38	31
未截尾数据	160	14	20	
左截尾数据	135	15	12	
右截尾数据	52	2	6	
离差平方和	n.a.	n.a.	n.a.	0.663

a. 上标的数量是 t-统计数据。＊＊表示重要性是 1%，＊表示重要性是 5%。数据来自作者的调查。

b. "n.a."是指"不适用"。

c. "—"是指"不适用"。

d. 如果高管之前的职业是与机床业有关的话，就算工作年限，反之则不算。

　　由于相互影响的变量已经从 0 以下和 1 以上进行检测了，我们使用一个双重限制的 Tobit 模型。但是，众所周知，固定影响 Tobit 模型的估算在技术上存在困难。尽管何诺瑞为这个模型发展了一个半参数的估值器，但这对于我们的小样本来说并不适用。因此，我们决定在随机影响 Tobit 模型中单独使用所有的样本，在双重限制 Tobit 模型中单独使用 1993 年和 1996 年的数据，在 OLS 模型中运用从 1990 年到 1999 年间互不影响的以及相互影响的变量。尽管这个 OLS 模型去掉了不能观察到的企业的具体影响，但是它仅仅表明了企业内部变化的影响。相反，标准的 Tobit 模型运用一年的时段来仅仅表明跨部门的变量。在第（Ⅰ）列中，最早的追随型模仿者的系数通常是负数，数值很大，而新的开拓型企业的模仿者以及新的追随型企业的系数则是正数。这些结果和我们的假设——我们假设最早的开拓型企业和新的开拓型企业在采用新技术方面要快于最早的追随型企业——相一致。根据第（Ⅰ）列的数据，在机床生产的第一年以及在机床生产之前的若干年里，这类生产对于数控机床比率的影响是正值，并且数值很大。因此，较早的企业的数控机床比例往往较低，但是那些生产其他机器和零部件时间较长的企业的数控机床比例则较高。在一些案例中，教育程度的影响大体上发挥着积极而重大的作用。外人的影响在第（Ⅰ）、（Ⅳ）列中是负数，但在第（Ⅱ）、（Ⅲ）列中则是正数。这些结果表明，在特定年份里，那些由外人经营的企业的数控机床比率时高时低，但是外人往往降低数控机床的比率,或者不像其他企业那样大幅提高数控机床的比重。同样,之前的职业影响也千差万别,这取决于具体情况。尽管在第(Ⅱ)列中,之前的职业是负数,数值很大,而在第(Ⅲ)列中,之前的职业是负数,但数值不大,然后在第(Ⅰ)、(Ⅳ)列中,之前的职业又是正数,并且数值很大。这些结果表明,在 90 年代初,那些由在数控机床企业工作过的人所创办和经营的企业的数控机床比例往往较低,但是后来通过有效的模仿,其数控机床的比重的增长速度比其他企业更快。

表 2-3 展示了单位价格功能的估算结果。

表 2-3　台湾机床业的单位价格决定因素:随机影响估计[a]

	(Ⅰ) 传统机床 1990—1999	(Ⅱ) 多工序自动 数学控制机床 1990—1999	(Ⅲ) 多工序自动 数学控制机床 1990—1994	(Ⅳ) 多工序自动 数学控制机床 1995—1999
较早的追随型企业	−0.408 (−1.20)	−0.656 * * (−7.81)	−1.230 * * (−6.83)	−0.668 * * (−4.39)
新的开拓性企业	−0.223 (−0.47)	−0.550 * * (−6.32)	−0.954 * * (−5.82)	−0.479 * * (−3.42)
新的追随型企业	−0.654 (−1.20)	−0.905 * * (−7.67)	−0.582 * * (−3.38)	−0.981 * * (−4.46)
机床生产的第一年	0.017 (1.42)	0.026 * * (6.50)	0.032 * * (6.40)	0.025 * * (3.57)
开始机床生产以前 的若干年	−0.014 (−0.74)	−0.011 * * (−3.67)	−0.027 * * (−5.40)	−0.014 * * (−2.80)
高中	0.046 (0.38)	−0.105 (−1.91)	−0.595 * * (−4.72)	0.004 (0.04)
大学	0.037 (0.28)	0.086 (1.48)	0.248 * (2.16)	0.114 (1.19)
之前的职业[b]	−0.332 * * (−2.48)	−0.130 * * (−3.10)	−0.373 * * (−4.44)	−0.167 * (−2.14)
外人	−0.006 (−0.04)	−0.206 (−3.43)	−0.466 * * (−3.01)	−0.193 * * (−2.54)
担任高管的年限	−0.037 (−1.19)	0.009 (0.43)	0.032 (1.07)	−0.011 (−0.32)

续表

	（Ⅰ） 传统机床 1990—1999	（Ⅱ） 多工序自动 数学控制机床 1990—1999	（Ⅲ） 多工序自动 数学控制机床 1990—1994	（Ⅳ） 多工序自动 数学控制机床 1995—1999
模仿年限	1991年至1999 年共9年	1991年至1999 年共9年	1991年至1994 年共4年	1996年至1999 年共4年
连续性	−17.51 （−0.71）	−46.01＊＊ （−5.87）	−56.07＊＊ （−5.20）	−44.54＊＊ （−3.17）
决定系数:内部 　　　　之间 　　　　总量 Hausman 检验: prob＞chi²	0.134 0.122 0.128 0.999	0.227 0.657 0.650 0.925	0.157 0.889 0.814 0.541	0.156 0.833 0.629 0.859
研究数量	288	109	46	63
每个企业研究的 次数	8.2	6.1	3.8	3.9

a. 上标的数量是 t—统计数据。＊＊表示重要性是 1％，＊表示重要性是 5％。相互影响的变量是单位价格的对数。数据来自作者的调查。

b. 如果高管之前的职业是与机床业有关的话，就算工作年限，反之则不算。

根据 Hansman 测试结果，估算的随机影响与固定影响之间并没有根本差别，因此，这里并不探讨后者。前两列使用全部样本比较了传统机床和多工序自动数学控制机床单位价格的决定因素。由于对于不同类型企业而言，价格变化的速度是不同的，因此，后两列比较了 90 年代早期和后期的多工序自动数学控制机床的单位价格。在第（Ⅰ）列中，除了之前的职业以外，没有相互影响的变量对传统机床的单位价格有重要影响。如第（Ⅱ）、（Ⅳ）列所示，之前的职业不仅对传统机床的单位价格有负面影响，而且对多工序自动数学控制机床的单位价格也有负面影响。这些结果表明，那些由在机床企业工作过的人所管理的企业或者从其他的机床企业中分离出来的企业往往专门生产质量相对较低的机床。外人对于多工序自动数学控制机床的单位价格的影响值是负数，并且数值很大。因此，领导层的断层导致了便宜的、标准化产品的生产。换句话说，由外人担任的高管看起来改变了先前的高管所实行的追求高质量但不赚钱的战略。尽管在经营规模和数控机床比例方面，教育背景的影响是正值，但是它对单位价格的影响则不太明显。高管任职年限的长短对于单位价格以及数控机床比重没有多大影响,尽管它对经营规模有积极影响。更重要的是,在所有情况下,这三组企业的影响都是负值,对多工序自动数学控制机床的影响值很大,这暗示,最早的开拓型企业的产品质量比其他企业的质量更好。如第(Ⅲ)、(Ⅳ)列所示,除了新的追随型企业外,这些影响的绝对值在后期开始变得更小,这表明,最早的开拓型企业为了赶上新的开拓型企业,它的单位价格要比较早的追随型企业以及新的开拓型企业的单位价格减少得更多。这与假设3的猜测相一致,假设3猜测最早的开拓型企业在20世纪90年代是最有效的模仿者。最后,在第(Ⅳ)列中,新的追随型企业模仿系数比第(Ⅲ)列的系数更大,这一结果也与我们之前所认为的新的追随型企业专门生产低端多工序自动数学控制机床的观点相一致。

川上园部、大冢二郎对估算结果进行了总结。他们发现,即使将企业高管的教育背景和职业背景因素考虑在内,最早的开拓型企业和新的开拓型企业在生产规模方面、出口价值、数控比例方面的表现都一样好。因此,正是新的开拓型企业引入的新生产机制才使他们能够在短期内赶上最早的开拓型企业,这与假设1的猜测相一致。最早的开拓型企业往往生产质量更高、售价也更高的产品,但是那些开始大规模生产便宜数控机床的新的开拓型企业很快就迎头赶上。相比之下,由于最早的开拓型企业只擅长模仿传统机床的生产,因而它们在大规模生产便宜数控机床方面表现不佳。这些结果证明了假设3的猜测。此外,我们发现,管理者的教育程度在提高产值和扩大出口方面起着关键作用,这证明了假设2所提出的管理者的教育水平对于实现多方面创新极其重要的猜测。

川上园部、大冢二郎在探讨温州低压电器业的产业集群创新时也进行了回归分析。在我们对于质量提高的分析中,一个企业提升产品质量以后,利润率立即下降,这是因为增加了成本,而销售收入一开始却并未增加。的确,这些企业可能通过降价来增加市场份额,并为他们的产品质量提高知名度。随着企业由于高质量的产品而日渐积累起较大的名气,其销售利润不断增长,感觉到的质量和实际上的质量之间的差距也不断缩小。我们以企业集团的子公司的附加值来衡量企业的业绩。我们也考虑新的销售渠道比重增加的原因和影响。尽管这个变量反映了企业拓展销售网络的努力,它也可能与它的业绩有关,因为潜在的销售代理选择供货商是基于它们的知名度。

我们具体阐述下面的简化形式的回归分析。

$$V_i = a_0 + a_v V'_i + a_c C'_i + a_M M'_i + a_E E'_i + X_i a_x + u_i \tag{2-3}$$

$$C_i = \beta_0 + \beta_v V'_i + \beta_c C'_i + \beta_M M'_i + \beta_E E'_i + X_i \beta_X + v_i \tag{2-4}$$

$$M_i = \gamma_0 + \gamma_v V'i + \gamma_c C'i + \gamma_M M'i + \gamma_E E'_i + X_i\gamma_x + w_i \tag{2-5}$$

V 是附加值的对数，C 是新的销售渠道所占比重的百分比，M 是利润率。在等式右边的主要变量滞后了 5 年。E 是员工中工程师的比例，X 是表示管理者特征的矢量（例如职业背景、受教育程度），u、v 和 w 是干扰项。这些等式分别估算两个阶段，因为系数会随着时间的变化而发生变化。[①]

表 2-4 展示了滞后的互相影响变量以及雇佣工程师在两个时代分别对于领导型企业企业以及其他类型企业的预期影响。

表 2-4　附加值、销售渠道和利润率的系数的预期正负[a]

等式	互相影响的变量	系数	1990—1995		1995—2000	
			领导型企业（Ⅰ）	其他型企业（Ⅱ）	领导型企业（Ⅲ）	其他型企业（Ⅳ）
（3）	附加值	a_V	＋	＋	＋	＋
		a_C	＋		＋	＋
		a_M				－
		a_E	＋			（＋）
（4）	新销售渠道的比重	β_V			＋	
		β_C	＋	＋	＋	＋
		β_M	－			
		β_E	＋			（＋）
（5）	利润率	γ_V			＋	
		γ_C			＋	
		γ_M	－	＋		－
		γ_E	＋			（＋）

a 正号（负号）意味着预期的影响是正数（负数），数值很大。正号外面的括号意思是预期的影响是正数，但是数值不大。

从表 2-4 中可以看到，到 1990 年为止，领导型企业雇用了更多的工程师

---

① 我们也估计了将这两个时期放在一起，将企业之间的隐形的差异性计算在内的回归分析的结果。

来提高产品质量和改进生产过程,这能促进第一个阶段的销售并有助于获得更高的利润。因此 α_E、β_E 和 γ_E 的预期值是正值。最初较低的利润率应该有助于附加值、新销售渠道的比重以及利润率的增加,因此 α_M、β_M、γ_M 的预期值是负值。正如 α_C 的正号所表明的,新的销售渠道比重的增长将导致附加值的增加。因为从 1990 年到 1995 年,领导型企业及其销售渠道的相对规模变化不大,α_V 和 β_C 的预期值是正值。与领导型企业不同,其他类型的企业在第一个阶段并没有提高产品的质量。它们的相对规模没有变化,没有开发新的销售渠道,利润率仍和以前一样。因此,α_V、β_C 和 γ_M 的预期值都是正值,但是对于非领导型企业而言,其他系数的值都不大。到 1995 年为止,对于领导型企业而言,感觉到的质量和实际的质量之间的差距已经缩小。在第二个阶段,领导型企业能够从它们的质量信誉中获利。因此,附加值以及新销售渠道比重增加的滞后影响对所有 3 个相互影响变量的影响是积极的。但是,对于领导型企业而言,利润率与工程师比重的滞后影响是不确定的,因为降价以及雇佣工程师并不是重要的策略了。追随型企业以及一些落后型企业也仿效领导型企业,提高它们产品的质量、升级它们的生产过程和改进销售策略。因此,在第二个阶段,其他类型企业的系数的正负应该和第一个阶段的领导型企业的一样,只有一个例外。其他类型的企业能够通过模仿来提高产品质量和升级生产过程,而不需要像那些领导型企业在 20 世纪 90 年代初那样通过增加 E 来提高产品质量和升级生产过程。因此,尽管 α_E、β_E、和 γ_E 都是正值,但是它们预期的值却变小。尽管由于我们的样本企业只包括 6 家领导型企业,使得我们无法检测领导型企业和非领导型企业之间预期的差异,但是我们可以比较这两个阶段之间的共同影响。因为对于领导型企业和非领导型企业而言,它们的 γ_M 的预期值的正负是相反的,因此我们假定利润率的影响是模棱两可的。对于其他系数而言,预期的正负在表 2-4 中是很清楚的。总之,我们有 3 个检测性假设。第一,在 20 世纪 90 年代初,附加值与新的销售渠道的比重随着开始雇佣工程师而增长,但是在 90 年代末,由于模仿降低了工程师在提高质量和升级生产过程方面的重要性,这些影响开始降低。第二,这两个阶段一开始较低的利润率有助于附加值的增加与新销售渠道比重的提高,但是在后一阶段,它对利润率的影响更大。第三,由于品牌效应日益凸显,附加值的积极影响开始增加。在简化形式的等式中,所有的解释性变量都是预先确定的或是外部生成的,所以并没有涉及内生型变量。尽管普通最小二乘法适用于估算等式(2-3)和等式(2-5),但是它并不适用于等式(2-4),因为相互影响的系数被删减了。因此,我们在第一阶段使用一重限制的 Tobit 模型,在第二阶段使用双重限制的 Tobit 模型。在 Tobit 估算中,我们必须考虑由于异差方性而导致的可能偏差。企业规模越小,混乱时期的变量对其的可能影响就越大,因为甚至销售代理以及自己的零售商的数量的微小变化也可以很轻易地影响到互相影响的相关系数。为了解决这个问题,我们采用倍增 Tobit 方法,假定变量的形式是 $\sigma_i^2 = \exp(\delta_0 + \delta_1 V_i')$,在这里,系数 δ_1 的预期值是负数。[①]

川上园部、大冢二郎得出的预算结论如下:表 2-5 和表 2-6 分别展示了每个阶段的系数。[②] 在第一阶段,雇佣工程师在每一个等式中的影响都是正值,并且数值很大,这证实了假设 1 有关它们导致质量提高的猜测。如果在回归分析中将工程师的比重也包括在内的话,利润率对于附加值和新的销售渠道比重并没有预期的那种负面影响。但是,如果没有工程师的变量的话,利润率就是负值,并且数值很大,这可能是由于这两个变量之间存在相关性。在1990 年,领导型企业的较低利润率可能和大量雇用工程师有关。

表 2-5　温州电器业第一阶段企业业绩回归分析[a]

互相影响的变量	ln(附加值)_{1995}		新销售渠道_{1995}(%)		利润率_{1995}(%)	
	OLS		倍乘 Tobit		OLS	
	(Ⅰ)	(Ⅱ)	(Ⅲ)	(Ⅳ)	(Ⅴ)	(Ⅵ)
ln(附加值)_{1990}	0.555 * (3.98)	0.639 * * (4.52)	−2.800 (−0.64)	0.033 (0.00)	−0.826 (−1.16)	−0.469 (−0.66)
新销售渠道_{1990}(%)	0.019 (1.46)	0.027 * (1.95)	1.103 * * (4.55)	1.172 * * (3.14)	0.053 (1.11)	0.091 (1.47)
利润率_{1990}(%)	−0.013 (−1.02)	−0.036 * * (−3.18)	−0.130 (−0.54)	−0.627 * (−1.74)	0.149 * (1.76)	0.031 (0.32)
工程师比率_{1990}(%)	0.183 * * (3.30)		3.797 * * (4.01)		0.935 * * (3.01)	

① 格林(2000)提供了这一方法的具体细节。

② 在回归分析中的每一阶段以及所采用每一套解释变量而言,矩阵 X′X 的数量——X 是解释性变量的矩阵——少于 20。因此,数据中不存在重大的多重线性。

互相影响的变量	ln(附加值)$_{1995}$		新销售渠道$_{1995}$(%)		利润率$_{1995}$(%)	
	OLS		倍乘 Tobit		OLS	
	（Ⅰ）	（Ⅱ）	（Ⅲ）	（Ⅳ）	（Ⅴ）	（Ⅵ）
农民模仿者	0.359 (0.76)	0.624 (1.22)	6.414 (0.57)	18.05 (1.11)	−2.227 (−0.59)	−0.889 (−0.25)
工人模仿者	−0.112 (−0.26)	−0.259 (−0.58)	6.391 (0.59)	−6.916 (−0.39)	−2.656 (−0.92)	−3.349 (−1.09)
工程师模仿者	−0.307 (−0.52)	0.044 (0.07)	−27.01 (−0.71)	13.81 (0.35)	−3.526 (−1.01)	−1.821 (−0.51)
管理层模仿者	−0.034 (−0.06)	0.123 (0.21)	31.60＊＊ (2.85)	36.17＊ (2.09)	−5.455 (−1.12)	−4.702 (−1.12)
其他职业模仿者	0.036 (0.09)	0.147 (0.34)	11.04 (1.39)	30.97＊ (2.11)	−1.790 (−0.68)	−0.709 (−0.29)
受教育年限	0.153＊＊ (3.09)	0.120＊ (2.24)	1.820 (1.63)	1.826 (1.06)	0.272 (0.71)	0.125 (0.30)
担任高管年限	−0.048 (−1.20)	0.016 (0.40)	−0.382 (−0.44)	1.193 (0.86)	−0.331 (−0.94)	−0.005 (−0.02)
连续性	1.777＊ (2.11)	1.532＊ (1.68)	−11.22 (−0.40)	−36.63 (−0.83)	16.18＊＊ (2.66)	15.04＊＊ (2.43)
ln(附加值)$_{1990}$ 异方差修正	n.a.	n.a.	−1.044＊＊ (−3.32)	−0.381 (0.88)	n.a.	n.a.
离差平方和	0.66	0.57	n.a.	n.a.	0.20	0.11

a.上标的数量是 t−统计数据。＊＊表示重要性是 1%，＊表示重要性是 5%。样本数量是 55。在 Tobit 回归分析中，在 1995 年，新销售渠道比重的 0 的左截尾数据是 27。

表 2-6 温州电器业第二阶段企业业绩回归分析[a]

互相影响的变量	ln(附加值)$_{2000}$		新销售渠道$_{2000}$（%）		利润率$_{2000}$（%）	
	OLS		倍乘 Tobit		OLS	
	（Ⅰ）	（Ⅱ）[b]	（Ⅲ）[c]	（Ⅳ）[a,d]	（Ⅴ）	（Ⅵ）[b]
ln(附加值)$_{1995}$	1.062＊＊ (13.38)	1.105＊＊ (8.82)	21.73＊＊ (3.86)	10.49＊ (1.96)	1.079＊＊ (3.37)	1.362＊＊ (3.10)
新销售渠道$_{1995}$（%）	0.014＊＊ (2.38)	0.014＊ (1.73)	0.665＊ (1.91)	0.725＊＊ (2.40)	0.009 (0.37)	0.006 (0.21)
利润率$_{1995}$（%）	－0.059＊＊ (－4.11)	－0.059＊＊ (－3.00)	－2.062＊＊ (－2.41)	－1.520＊ (－2.00)	－0.066 (－1.13)	－0.118＊ (－1.69)
工程师比率$_{1995}$（%）	0.019 (0.77)	0.016 (0.45)	－0.120 (0.08)	－0.269 (－0.18)	0.036 (0.37)	0.081 (0.66)
农民模仿者	0.364 (1.08)	0.563 (1.27)	10.97 (0.61)	5.200 (0.35)	0.553 (0.41)	1.374 (0.88)
工人模仿者	－0.075 (－0.29)	－0.267 (－0.74)	－10.64 (－0.73)	－8.071 (－0.65)	0.122 (0.12)	－0.954 (－0.75)
工程师模仿者	0.698＊ (1.76)	0.951 (1.51)	9.636 (0.39)	20.47 (0.89)	2.631 (1.65)	1.278 (0.58)
管理层模仿者	0.352 (0.97)	0.616 (1.29)	24.32 (1.44)	13.33 (0.98)	－0.247 (－0.17)	0.996 (0.59)
其他职业模仿者	0.575＊ (1.91)	0.757＊ (1.75)	2.279 (0.14)	－2.823 (－0.19)	1.276 (1.05)	0.920 (0.61)
受教育年限	0.021 (0.57)	0.063 (1.21)	－1.844 (－1.04)	0.035 (0.02)	－0.069 (－0.47)	0.022 (0.12)

互相影响的变量	ln(附加值)$_{2000}$		新销售渠道$_{2000}$（％）		利润率$_{2000}$（％）	
	OLS		倍乘 Tobit		OLS	
	（Ⅰ）	（Ⅱ）[b]	（Ⅲ）[c]	（Ⅳ）[a,d]	（Ⅴ）	（Ⅵ）[b]
担任高管年限	−0.043＊ （−2.01）	−0.045 （−1.51）	−1.781 （−1.50）	−1.094 （−1.07）	0.016 （0.18）	−0.043 （−0.41）
连续性	1.869＊＊ （3.32）	1.155 （1.40）	−49.41＊ （−1.79）	−3.462 （−0.14）	9.563＊＊ （4.21）	8.200＊＊ （2.82）
ln（附加值）$_{1995}$ 异方差修正	n.a.	n.a.	−0.252＊ （−1.73）	−0.409＊ （−2.08）	n.a.	n.a.
离差平方和	0.82	0.81	n.a.	n.a.	0.24	0.35

a.上标的数量是 t－统计数据。＊＊表示重要性是 1％，＊表示重要性是 5％。

b.在第（Ⅱ）、（Ⅳ）、（Ⅵ）列中的回归分析中，只包括 62 家在 2000 年时独立的企业。

c.在第（Ⅲ）列的 Tobit 回归分析中，在 2000 年，新销售渠道比重的 0 的左截尾数据是 51％，右截尾数据是 5％。

d.在（Ⅳ）列的 Tobit 回归分析中，左截尾数据是 18，右截尾数据是 5。

如果将工程师变量包括在内的话，利润率的滞后影响是正值，并且数值很大。由于非领导型企业行为的影响，利润率的影响是正值。正如所预期的，新的销售渠道的比重对于附加值的影响是正值，并且数值很大。表示管理者之前职业的大多数变量数值都不大，这意味着，尽管在 20 世纪 90 年代初，大多数新入行者在入行以前都是商人，之前的从商经历——默认的职业类型——并不特别具有优势。唯一的例外是在开发新的销售渠道时，做过管理者的经历发挥了积极的作用。最后，在附加值中，受教育年限对于附加值的影响是正值，并且数值很大，这意味着教育程度在有效组织生产方面的重要性，这与假设 2 的猜测相一致。在 1990 年，附加值和新的销售渠道的比重对于 1995 年的相应变量的影响与预期一样，都是正值，而且数值很大。这些结果与假设 1 关于市场创新的影响不断增加以及品牌规模效应的猜测相一致。如果所有的企业都以同样的速度发展而不考虑它们最初的规模的话，附加值与新销售渠道比重的系数将是单数。因为小企业比整体要小得多，因而，与大企业相比，企业越小，发展得就越快。到目前为止，在 1990 年，创新型企业是最大的企业，但是其他的领导型企业的规模将变得更大，追随型企业的规模在 1995 年也开始增加。在表 2-6 第（Ⅰ）、（Ⅲ）、（Ⅴ）列的回归分析中，企业的所有样本都被包括在内。但是，在通过企业的主要销售渠道来销售产品方面，转变型企业与其他类型企业之间存在差别。因此，表 2-6 在第（Ⅱ）、（Ⅳ）和（Ⅵ）列中的回归分析没有将转变型企业计算在内。如果没有转变型企业，样本规模减小通常也会导致 t－统计数据的减小，但定性结果大体相同。表 2-6 中的系数与表 2-5 的系数之间存在极大差异。在附加值等式中，附加值系数是单数。最初的附加值对于新的销售渠道和利润率的影响都是正数，数值很大，而新的销售渠道对于附加值的影响也是正数，数值也很大。这些结果证实了附加值积极影响的增加来自于后一阶段的品牌效应的假设。最开始的利润率对三个相互依存变量的影响是负值，数值很大，这与我们假设的在后一阶段，利润率降低的影响将会增加的猜测相一致。雇佣工程师的影响不再重要。尽管从长远来看，雇佣工程师有助于产品质量的提升，但是随着对高质量产品的模仿变得愈发容易，这种贡献的作用不断降低。这两个阶段之间的其他差别还包括在第二阶段，工程师模仿的积极影响以及高管任职年限对于附加值的消极影响，这意味着，随着这一行业的发展，工程方面的专业技能以及新的管理知识的重要性日益凸显。

川上园部、大冢二郎对估算结果进行了总结。发现，最初，领导型企业雇佣工程师对其业绩的影响很大。但是，由于其他企业对产品质量提高和生产过程改进的仿效，雇佣工程师的重要性日渐缩小。另一方面，当越来越多的企业都逐渐采取提高产品知名度和考虑未来收益的相同战略后，在随后的阶段中，微薄的利润率对于提高企业业绩的影响增大了。的确，随着领导型企业的品牌打响以后，品牌效应看起来得到强化。这些结果不仅强有力地证明了假设 1 关于质量提高对于企业业绩影响的猜测，还强有力地证明了我们关于技术、销售和组织创新之间相互关系的假设。当领导型企业蓬勃发展时，那些没能模仿高质量产品或销售战略的企业不得不放弃它们自己的品牌，成为大企业的子公司。结果，企业集团快速增加，它们过去对品牌的投资现在得到了回报。总之，我们的经验结论证实了有关 20 世纪 90 年代末温州低压电器业爆炸性增长的解释。①

二、模型研究法

在很长的一段时期中,海外尤其是西方的区域研究一般被社会科学领域中的主流看作边缘性研究。以西方社会为背景、拥有系统的概念、理论以及模型的社会科学,引导着处于边缘地位的区域研究。而区域研究专家所承担的任务,只不过是在社会科学家们已经创设好的理论架构之下为其提供经验支持。在中国的案例研究中,所得材料和研究结果可以纠正或驳斥当前社会科学的理论方法,至少表明以前为人们所广为接受的理论方法应作修正。② 同属区域研究范畴的中国研究曾经也存在这种"套模型"的尴尬状况。不过随着海外中国研究的日渐成熟,其已经不再仅仅是社会科学新理论、新方法的试验场,而是能够总结出适合自身需求的理论研究模型。简言之,模型研究法的运用已经愈发纯熟。

所谓"模型"是对现实进行的一种抽象,为在我们对现实的观点进行排序和简化的同时仍能表现出现实的实质性特点这一目的而服务。"模型"描绘了现实世界与所研究问题相关的特定方面,它明显地显现出这些方面之间的关系,而且它为实证地检验关于这些关系本质的命题提供了方法(法兰克福—纳奇米尔斯、戴维·纳奇米尔斯《社会科学研究方法》,伦敦:爱德华阿诺德出版社,1992年,第44页)。简单地说,模型就是对真实世界的某些方面的某种简化和摹画③。在学术研究领域中,模型是指一种关于对象结构、过程或行为的模拟结果,是人们基于想象和抽象而对某种现实的客体系统的一种简化了的映像④。模型建构着、聚合着,而且展示着有关事物的各种关系,以简化的、抽象的、凸显的方式体现着真实的客观事实。

① Tetsushi Sonobe, Keijiro Otsuka. Innovation in industrial clusters: the machine tool industry in Taichung and the low－voltage electric appliance industry in Wenzhou [M]// Tetsushi Sonobe and Keijiro Otsuka, eds. Cluster－based industrial development: an East Asian model. New York: Palgrave Macmillan, 2006.

② Amy A.Wilson and Richard W.Wilson. Methodological Issues in Chinese Studies [M].New York: Praeger Publishers,1983.

③ G.King, R.O.Keohane & S.Verba. Designing Social Inquiry: Scientific Inference in Quqlitative Research[M]. Princeton: Princeton University Press,1994:49.

④ 陈波. 社会科学方法论[M]. 北京:中国人民大学出版社,1989:252.

研究模型的重要作用在于它所具有的学理功能即检测功能和发现功能。社会科学研究中的研究模型,其实就是一种特殊的科学解释系统。是对已知事实或客观原型的摹画和简化。它对于已知事实或客观原型进行解释的基本方式就是通过建构某种关于事物内在的深层的结构或机制的理论论证,并将这些事实作为其必然的逻辑结论从中演绎出来。如果这一逻辑结论是已知的,则整个推演过程的合理性和逻辑性就使得我们认定这一结论是一种"科学解释";如果这一逻辑结论是过去所未知的,那么我们就认定这一结论是一种"科学预测"。当然,我们也应看到,模型研究法也存在着一些不足。模型是一个静态的(static)概念,模型在适应变化方面不可避免地存在缺陷。没有一个模型能够完全展现全部的历史真实。依靠模型方法绝不可能穷尽对客体的认识,因为再完美的研究模型都只是一种阶段性的认识成果。其次,模型的采用会导致过于简化的危险,"为了使它在概念上可以控制,把现实简化成了概念骨架……现象越多样化与复杂,过分简化的危险越大"。[①] 近年来,国内学界在自然科学和社会科学的研究中,大力倡导建立研究模型,并取得了不小的成绩。在经济改革研究中,经济学界利用经济学研究工具的成熟和发达,大量运用各种研究模型,但是在海外中国学的研究领域,从学术史的专业视野出发,来探讨温州经济改革史的研究作品,采用研究模型的著作还是不多的。由于改革开放时期的温州经济史本身特有的复杂性,因此,引入模型研究法具有较大的参考价值和现实意义。

蔡欣怡在研究红帽子伪装的挂户企业时,设计了"红帽子"模型。蔡欣怡指出,典型的"假集体"企业的老板要么本身就是干部(这使得红帽子更红了),要么是在社会关系上或通过家族关系与地方干部有着良好的关系。第一种情况下的私营企业主与那些在政治和经济上有关系的人的差别在于,后者赞成旧的游戏规则(集体/合作/公有制),减少与其合作的干部由于承认参与此事而危及自己那份收益的动机,可能会绕过私营企业主—干部之间的互动。与第一种情况不同,私营企业主与干部(或国企管理者)都无法核实彼此通报的净成本或利润,在这种情况下,彼此依赖可能会加强彼此的利害关系。这两种互动模式——理性选择的互动模式或乡土的互动模式——的游戏清晰可见。第一种实质上是红帽子和谐的游戏,其中互相合作是双方行为者的主要策略,它不像强制敲诈的和谐,企业主为合作所付出的代价是协商而不是被强制性

① 〔奥〕贝塔兰菲. 一般系统论:基础·发展·应用[M]. 秋同,袁嘉新,译. 北京:社会科学文献出版社,1987:168.

地敲诈。红帽子的和谐并不一定意味着静态的运作。例如,干部与挂户企业的企业主之间的合作关系,可以演变为国有企业与私人承包者签订合同,在双方都同意的情况下,即使挂户协议的公有部分也会日渐私有化。在这种安排下,国有企业会同意将其生产的管理责任交给私营企业主,以收取固定的月费,而私营企业主会把其余的利润收入囊中。在第二种游戏中,国企管理者或地方干部允许出售红帽子,这可能是企图增加红帽子的价格(即保护的价格)或者坚持私营经济一定要戴一顶红帽子。同理,企业主则会威胁终止与公有制企业的关系,另寻一家红色保护人。这种情况可能不会出现在干部本身就是企业主的时候。因此,如果干部与企业主之间不存在彼此依存的实际功效的话,红帽子关系是否能够在价格上和策略上不相匹配地升级,取决于红帽子企业的流动性,还取决于基层政府或公有制企业(红帽子保护人)对于特定私营企业的相对依赖性,而这要靠私营企业的市场效力来衡量。如果其他条件都相同的话,会出现两种情况。第一,红帽子企业流动性越强,它在与红帽子提供者的谈判中的主动权就越大,反之亦然;第二,红帽子提供者对于红帽子企业的依赖性越大,其在与红帽子企业的关系中的主动权就越小,反之亦然。图 2-3 的矩阵就显示了二者之间的几种可能关系。

		红帽子的流动性	
		低	高
对红帽子保护人的依赖性	低	敲诈的和谐[a]	红帽子和谐
	高	红帽子和谐	企业家有主动权

图 2-3　"红帽子"模型图

　　a:由于红帽子保护人在这种情况下比企业主的主动权更大,这导致的就是敲诈的和谐。

　　流动性和依赖性这两种面向提供了一个基本的预测手段,它预测了红帽子交易最基本层次上相对低讨价还价的能力及其潜在结果:即,合作可能产生相互关系,以及在均衡状态下贿赂的不对称程度。但是,如果私营企业主拥有主动权的话(右下角方框的情况),他们并没有指向该企业主将要选择的制度化形式。除了挂户和合同交易以外,在温州打着集体招牌的其他半合法的法人形式还有合伙企业、股份合作企业和股份有限公司。合伙企业是由具有社会的或家族纽带的两人或两人以上共同拥有的企业。股份企业有时涉及在企业的几个股东之间股权的实际分配,而股东不一定参与经营;与在现代法人企业中的情况一样,董事会选出一名经理,经理负责业务经营和最终的股票市场价格。其他的股份合作企业实际上与合伙企业一样,即它们由一个或两个负责人所拥有和经营。简言之,温州与中国各地的"集体"经济包括(并且继续包括)范围广泛的制度化表现形式,代表着其资本化的不同含义。考察一家企业的特定称号并不是评估其实际所有权结构的可靠方式。因为红帽子策略属于最少"可见"的融资策略,人们可以预期在红帽子企业中极少遭到官方干预。但是,官方干预也是寻租机会的一个变量,使得这一预期更加复杂。依赖性和流动性两个面向,意味着红帽子交易中干部与企业主产生的利益可能不同。换句话说,维持低调姿态的成本并不是一个常数。如果一个企业主与干部之间没有密切的政治纽带关系的话,那么为了理解造成红帽子伪装的本质,有必要看一看干部与企业主所面临的机会结构。在企业主与干部之间的互动超过了敲诈的和谐、干部追求名利、红帽子的和谐的层次的情况下,有必要从不同的官僚层级上审视干部之间更广阔的一套关系。[①]

三、田野调查法

"田野调查法"(grounded theory)或译为扎根法,田野调查为人类学者走下基层群众、文化学者深入民族样本,研究员与所调查对象实地生活一段时间、近身亲自访谈和观察,翔实记载亲见亲闻并比较归纳、分析研究。社会学、民族学者为什么要花这么长时间做田野工作呢?这是因为他们相信要了解别人的文化并不是一件容易的事,若花一个礼拜的时间在一个村落里参观,也许会了解了不少他们的生活状况,但是真正要深入地了解当地人是怎么思考与判断的,那就不是一个星期或一个月所能办到的。台湾省的学位论文则每年大约有40篇使用田野理论作为研究方法(或方法之一),而且还有越来越多的趋势。人类学中称之为"田野法",但在社会学方面也有人改称比较狭义的"田野访谈法"。

在中国对外开放以前,西方乃至整个世界的中国研究由于资料缺乏可靠

---

① Tsai, Kellee S. Back—alley banking private entrepreneurs in China[M]. Ithaca, N.Y.; London; Cornell University Press, 2002.

性或真实性,大大影响了其研究结论的客观性。中国实行改革开放以后,大量材料的公布,给国外学者提供了研究的有利条件。更为重要的是,随着中国与国际文化交流的扩大,通过互派留学生和访问学者的方式,国外学者在中国长期滞留已成为可能。这促进了国外中国学研究方法的变革,国外学者不再局限于阅读和研究中国的报刊资料和文件,也不再拘泥于理论的思辨,而是更多采取了实地调查、实际考察的实证性研究。到中国进行实地调查和采访已成为研究的理所当然的前提。在海外的中国学研究中"现在这已成为研究生写博士论文的必需条件"。这种实地调查的方法也很快用于海外学者关于温州的评价和研究之中。

例如,1989 年 3 月和 1990 年 4 月,福斯特先后两次专程来到温州开展田野调查,这为其提供了近距离观察温州企业和市场状况的机会,可以直接感受当时温州地区的社会氛围。大量的个案采访给了作者第一手的资料,为其学术文献的撰写提供了生动翔实的事例。比如,作者绘声绘色地描述了其访问的唯一一个国有企业——温州茶厂:"该厂建立于 1950 年,到 1989 年茶叶年产量达 4500 吨。该厂有 514 名正式工人,在生产旺季另有 300 名临时工。70% 的产品是通过省茶叶出口公司出口到东欧、俄罗斯以及巴基斯坦。从 1982 年开始,该厂的茶叶产量开始下滑,主要原因是县级冶炼厂的增长。1988 年,由于缺乏能源导致能源中断,该厂的茶叶产量仅仅有 1500 吨。在省、县和企业之间发生茶叶战争,以获得原料。1988 年的产出量比 1979 年的三分之一还要少。在我们到访的那一天,一个车间正在生产茶叶袋,而主要的车间正在维修以准备即将到来的茶叶旺季。这些机器老化、不卫生,萧条、不景气的气息充斥着整个车间。这和周围的私营企业的繁荣景象形成了鲜明的对比。为了弥补茶叶生产的下滑,这家企业决定采取经营多样化,进军新的商业领域,修建了一座五层楼的宾馆。另外,还建立了一个橡胶手套厂,但是由于政府不允许进口原材料而一直未投入生产。很多工人都有第二职业。"正是在这些第一手数据的基础上,作者才能够大胆地判断,温州茶厂"最近的情况反映了温州这类企业的大体情况"①。

蔡欣怡为了研究温州的民间金融,多次来到温州开展田野调查,收集了大量的第一手资料,这使得其研究拥有了丰富的案例支撑。

比如,在论述改革开放以来温州第一阶段的民间金融的情况时,引用了其

---

① Keith Forster. The Wenzhou Model for Economic Development: Impressions [J]. China Information, Vol. 53, No.5, 1990: 53—64.

记录的第 185 号受访者的采访:"在这方面,李先生的经历很典型。像瓯海的大多数中年人一样,他在贫困中长大。和五个兄弟一起住在半间房子中,直到 11 岁才有机会读小学。17 岁小学毕业后,从 1967 年到 1970 年当了三年兵,然后在一个公社工作,直到 1982 年 他决定从事非农活动。由于李先生在公社每个月工资只有 42 元,他以 4% 的利息,以一年为限,借款 1000 元办了一家小型电子零件厂。他奶奶为他充当中介人,从各处张罗借款;显然,她从 1949 年以来一直是一个非正规的放贷者,在社区中信誉颇佳。尽管第一年他的产值就达到十万元,但是直到 1984 年他才为自己的工厂注册登记。"

再比如,蔡欣怡在考证温州私人钱庄的起源时,详细描绘了方佩林的个案。"30 岁的方佩林辞去医院的行政工作,于 1984 年 9 月 29 日在温州一个农村小县创办了中华人民共和国第一家私人钱庄的经历,已经成为关于温州经济创造性的当地传说的核心。作为第一家登记在册的私营钱庄的创办人,方佩林力图以 1984 年一份深化改革的中央文件来作为自己行为的依据。他发现文件中的一句话可以做出多重的解释:'鼓励农民集资来创办各种实业,尤其是在开放的行业。'他推论说,'集资'涉及发行'股份',而且按照定义来说,股份就可以发放股息;因此,获得股息是一种合法的活动。按照他的思路,如果股息是合法的话,那么实际上与股息相似的利息也应该是合法的。当地方干部最开始听到方佩林的想法时,他们说政府不大可能允许创办钱庄,因为钱庄一贯被视为'旧中国的封建残余'。由于县政府拒绝下发文件,他向工商行政管理局申请正式的营业执照,并且获得批准。这意味着升达钱庄注册登记为一家私营企业,而不是一家金融机构——负责商业的行政机构同意了按照严格的法律意义来说是属于金融行政机构的营运。换句话说,工商局忽视了治理金融活动的政策和程序。方佩林的钱庄开业时,只有 5000 元(2155 美元)流动资金,注册资金 10 万元(43103 美元)。但是,他的经营规模迅速扩大。钱庄吸引了那些国家银行无法满足其金融需求的客户。根据'时间就是金钱'的(资本主义)观念,他以小时作为计算利息的基准,创造了'时间就是利益'的名言。银行和信用社一天只营业 8 个小时,而钱庄一周营业 7 天,一天营业 24 小时。他注意到,借款主要集中于上午,而人们存钱最常见的时间是傍晚;因此,他以方便当地商人借、存周期的方式进行运作。他在手里有余钱的人与需要借钱的人中间充当中介,因此把'死钱'变成了'活钱'(有利息的钱)。而且钱庄的利率利用当地资金供需需求中的市场差价,其存款利率略高于银行利率,而贷款利率低于其他非政府金融形式。这样,他的资金因为有利的利息差而快速周转,在高峰时,钱庄一天的交易额就达到 70 万元,月储蓄额达到 100 多万元,月收入超过 6000 元。①

　　再比如,蔡欣怡还以永中一位 35 岁的皮件厂老板皮先生的案例表明,丰富的经商经验和良好的政治关系的结合使得企业主甚至能够开发官方的信贷来源。在创办目前这家皮件厂以前,皮先生曾经从事过许多非农业活动。1983 年,他和三个兄弟集资了 6000 元开始做小生意。多年来,他们卖过木材、钢铁零件、自行车以及其他东西。1998 年,皮先生和六个合伙人创办了一家皮件厂,注册为股份制企业,注册资金 358 万元。一开始,他出 400 万元,亲朋好友出 250 万元。工厂后来从农业银行贷款 500 万元(半年期,年息5.5%),又从农村信用社贷款 100 万元(四个月期,年息 5.8%)。到 2001 年,工厂拥有 136 名员工,其中包括皮先生的配偶和五名亲属,总产值在 2000 年超过 6000 万元。几名合伙人每人每月从工厂以工资的形式支取 1500 元,其他的利润自动转为再投资。皮先生在当地人缘好、威信高,他是当地皮件商会的会长。商会处理诸如销售和价格等与行业有关的事务。与此同时,他父亲是当地个体劳动者协会的会长,他的许多亲属是在政府部门工作的党员——皮先生本人不是党员,但是他的三个兄弟正忙着申请入党。帮助工厂最多的政府机关是银行、村委会和镇政府。举例来说,镇政府干部每年到他工厂两次。尽管皮件厂从农业银行获得贷款没有什么困难,皮先生和他的合伙人仍然继续使用非正规金融来源——包括私营钱庄——来满足短期的资金需求。他解释道:"它们仍然比申请一笔正规的银行贷款要快,也更方便。"

　　丹尼斯·魏为了研究温州的制鞋业,在 2003—2005 年期间,开展了数次针对当地企业和政府官员的调研和访谈。在得到更多的资金以后,在 2008 年8 月与温州经济建设与计划研究所研究人员以及华东师范大学城市与区域经济系的部分师生一道,在温州开始了新一轮的全面田野研究。其研究团队包括 40 多位研究人员和学生,他们来自温州和其他城市。我们采访了几乎所有的温州商会(数量大于等于 20)以及这些商会所推荐的 100 多家企业,这些企业来自不同行业,规模大小不一;许多企业都是温州最有影响力的企业。关于制鞋业,采访了两个相关商会和 15 家代表性企业,这构成了整个制鞋业集群和生产过程的样本。访谈——平均每次 1.5 小时——针对制鞋企业的企业

---

　　① Tsai,Kellee S. Back－alley banking private entrepreneurs in China[M]. Ithaca,N.Y.;London:Cornell University Press,2002.

主、总经理以及负责生产、投资、公共关系的其他高层管理人员。[1]

蒋斌(音)、帕特里克·墨菲通过对海外温州商人的田野调查,翔实描绘了海外温州人的经商环境。例如,以温州艾克鞋业有限公司在西班牙埃尔切的经营遭遇抵制的情况,生动地展示了温州商人与埃尔切的当地商人之间存在深刻的文化差异。

友男丸川通过大量的实地考察,生动地展示了温州与皮革和制鞋业以及金属加工业有关的产业集群的发展历程。

(1)皮革。在清嘉庆(1796—1820)年间,水头就有了皮革(牛皮)加工。在晚清,牛皮加工也在霍溪(音)、郭溪(音)和雄溪(音)(现在隶属于霍溪)出现,成为农民的副业。在民国年间,采用郊区农民制造的牛皮的皮革加工作坊在温州市中心出现。在抗战爆发后,军队需求的增加刺激了市中心的皮革加工业,使其发展为一个相当大的产业集群,在 1943 年,市中心拥有 41 家企业。在民国时期,皮革加工也出现在雁山(现在隶属于南雁)、鳌江和宜山(音)的南部乡镇。目前的皮革加工产业集群可以追溯到民国时期。然而,这些集群并不是一直不间断地从民国延续到今天。例如,在新中国成立以后,市中心的皮革加工作坊被合并和国有化,最后只有一家国有皮革厂。这一行业被保留下来,但是它不再是一个"集群"。在经济改革开始以后,许多在国有皮革厂的工人退休或者辞职,开始经营他们自己的皮革厂。在 1981 年,市中心皮革厂的数量达到 210 家。因此,曾经消亡的皮革产业集群突然复兴。然而,之后为了消除这些企业造成的污染,市政府决定将这些企业从市中心搬到仰义(音)。因此,市中心的皮革加工消失了,西边的邻近乡镇——仰义和双屿——出现了新的皮革产业集群。水头的皮革产业集群——在 2001 年拥有 145 家皮革作坊——也经历了消亡和戏剧般的恢复。新中国成立前就存在的私营加工厂后来被合并到温州市中心和其他城市的国有企业,这些私营加工厂从乡镇消失了。在改革开始后,国有皮革企业的工人——他们在国有化以前曾经在水头经营私营皮革厂——从国有企业退休或者辞职,回到水头,再次开办私营工厂。因此,水头曾经消失的皮革产业集群重新出现。温州的皮革加工集群不仅得到复兴,而且远远超过了民国时期的规模。例如,水头的猪皮加工的规模据说是全国最大的。来自温州皮鞋行业的需求的增长刺激了皮革加工的

① Wei, V. H. Dennis. China's Shoe Manufacturing and the Wenzhou Model: Perspectives on the World's Leading Producer and Exporter of Footwear[J]. Eurasian Geography & Economics, Vol. 50 Issue 6(Nov/Dec), 2009.

发展。

（2）皮鞋。皮鞋生产最早于 20 世纪初出现于市中心。在郊区乡镇，来自皮革产业集群的皮革供给必定已经影响了皮鞋生产的发展，但是没有证据能够证明二者之间存在关联。在 1931 年，市中心的皮鞋作坊增加到 70 家，来自军队的需求刺激了这一行业的发展。但是，这一行业在抗战胜利后陷入停滞，1950 年只剩下 43 家皮鞋制造商，总共有 130 名雇员。在 20 世纪 50 年代期间，由于私营商业的集体化和国有化，这一产业"集群"消失了。在改革开始后，私营皮鞋制造商开始在市中心以双屿、郭溪和瓯北等毗邻乡镇扩张，产业集群恢复的规模远超过抗战以前的规模，这些乡镇中的任意一个都有超过 120 家企业从事皮鞋生产。此外，必定有数以百计的家庭工厂从事皮鞋生产。就企业数量和总产值而言，皮鞋生产已经成为温州最重要的产业。如今温州的皮鞋行业继承了新中国成立前就存在的制鞋技术。

（3）人造革。人造革产业集群位于永中和龙湾，这两个地方分别有 55 家和 22 家企业。与皮革加工业相比，人造革生产是非常年轻的产业，第一个人造革厂成立于 1991 年[①]。和皮革加工业不同，公有制企业根本不曾涉足人造革产业，这意味着从一开始这一产业就由私营企业主导。最早的人造革企业的创办者认为，由于当地皮鞋产业对人造革有着大量的需求，从事这一产业有利可图。在这个意义上说，温州的人造革是皮鞋业后关联效应的产物。然而，与此同时，这些开拓者注意到，日本和韩国由于排污成本的原因，它们的人造革产品价格居高不下。他们认为，温州的排污法规不如那些国家和地区那样严格，人造革的成本较低。这一预测被证明是正确的，第一家人造革企业取得巨大的成功。然而，这一成功引发了该厂投资者之间的冲突，企业被一分为五。这五位投资人分别将各自的亲朋好友引入这一行业。在 2001 年，在第一家人造革企业创办 10 年后，在永中、龙湾以及邻近的乡镇共有 198 家人造革企业。这些人造革产业集群的产量约占全国总产量的 40%。尽管温州的人造革产业与传统的皮革加工业分享着同一个市场，但这两个行业之间并没有什么关联，人造革产业的投资者并不是来自皮革加工业的老板。创办一家人造革企业的启动资金至少需要 3000 万元，大多数人造革产业的最初投资资金来自经商所得。

（4）塑胶鞋。温州的塑料鞋业从皮鞋业发展而来，胶鞋业又从塑料鞋业发

---

① 温州人造革产业的历史的主要依据是作者在温州天牛人造革厂进行的采访（2007 年 11 月 27 日）。

展而来。塑料鞋的鞋底材料是聚氯乙烯(PVC)或聚亚安酯(PU),而胶鞋鞋底的材料是橡胶。制鞋业分为四类,即皮鞋业、塑料鞋业、胶鞋业和制鞋业。然而,有许多企业要么既生产塑料鞋又生产胶鞋,要么从过去生产塑料鞋转而生产胶鞋。因此,我们将塑料鞋业、胶鞋业与制鞋业看作一类,统称为"塑胶鞋业"。若干塑胶鞋产业集群散布于温州地区。温州的塑胶鞋业由一位名叫徐兆麟(音)的退休工人于 1979 年在仙降开创。到 1984 年,全镇有 1500 家鞋厂,从业者超过 8000 人。然而,由于品质低劣,仙降的塑料鞋业很快销路不畅,于是塑料鞋从业者共同投资购买浇铸设备来改进质量,在生产塑料鞋的同时开始生产橡胶鞋,因此,仙降的制鞋业的名声日显。在仙降制鞋业兴起后,塑料鞋生产在 20 世纪 80 年代扩展到其他乡镇。在娄桥,一些在仙降学会生产塑料鞋地农民和商人,在 1982 年开始用聚氯乙烯作为制鞋的原料①。沙头于 1984 年从仙降引入塑料鞋生产。沙头的制鞋者后来面临销售下滑,因此他们转而生产橡胶鞋,现在全镇形成了一个橡胶鞋产业集群,拥有 17 家企业,从业人员 5000 人②。当 20 世纪 80 年代塑胶鞋产业集群在温州出现时,这些产业集群生产的鞋子大多数在国内销售。早期的厂家努力将鞋子销售给国有批发商,在计划经济下,这些国有批发商掌握着主要的销售渠道。后来,温州的厂家将销售范围扩大到中国内地的农村地区,甚至将产品销往东欧和非洲。来自内地的大量廉价农民工使温州的塑胶鞋即使在内地和非洲也具有竞争力。然而,近几年来,温州的制鞋业面临着工资成本增加以及内地竞争者的压力。

(5)阀门和水泵。温州大多数产业集群要么可以追溯到民国时期,要么是在改革开放以后兴起。但是位于瓯北和永强的阀门产业集群起源于"文革"时期。最早的几家创办于 20 世纪 70 年代生产阀门的企业是"社队企业"——乡镇企业的前身。社队企业常常是人民公社和生产队创办的公有制企业的代名词,但是那些位于瓯北和永强的企业是私营企业。社队企业生产阀门没有得到来自计划部门的任何指令,并且在计划体制以外进行销售。由于在计划经济体制以外存在大量的市场需求,瓯北和永强的阀门生产在 20 世纪 70 年代发展迅速。在 1976 年,这两个乡镇共有 1069 家阀门企业,生产的阀门数量相当于当时中国最大的阀门生产地——上海的产量。中央政府与浙江省政府对

---

① 主要依据是以(2007 年 11 月 27 日)在温州伊斯利(音)鞋业公司和(2007 年 11 月 27 日)在温州海邦(音)制造与贸易公司进行的访谈。

② 主要依据是(2001 年 8 月 29 日)在沙头镇政府分管工业的部门进行的一次访谈。

扰乱计划体制秩序的瓯北和永强的阀门产业集群态度严厉。政府派遣检查团,以生产低劣阀门为借口关闭了许多企业,阀门企业的数量很快减少为400家。然而,在改革开放后,通过质量的提高,温州的阀门产业得到复兴,目前已经成为中国最大的阀门生产地区,占全国生产量的三分之一。在2001年,阀门生产集聚于瓯北、永中和沙城,总共有601家企业。瓯北的水泵生产产业集群——拥有91家企业——是从阀门业发展而来的。在20世纪80年代中期,当阀门业苦于声名不佳以及缺乏流通渠道时,瓯北的一位企业家开始生产水泵,这是大连的一家企业所开发的用于为高层建筑的较高楼层增加水压的设备。这种产品可以较容易地使用机床生产,瓯北的许多阀门企业转而生产水泵,形成了瓯北水泵产业集群。[①]

美国学者实地考察方法的研究意义,在于把握理论与客观事实之间的关系,在于评估理论的影响力。从更广泛的意义上讲,也在于研究影响中国发展的复杂因素之间的关系。他们在调查研究的基础上,对制约中国社会发展的矛盾、障碍也进行了分析。有的美国学者还给中国政府提出了建议。一些美国学者认为,看待和评价中国的经济改革理论应该把它看作是一个发展完善的过程,而不应看作是尽善尽美的。因为"成功的改革在于将经济结构推向便利改进经济成果的方向,而并非必须消除一切障碍"。因此,"改革意味着改善而并非完善"。

当然,田野调查也并非尽善尽美,也有其自身的局限之处。许多海外学者都意识到,田野访谈方法的成败在于访谈者很难区别受访者答案的正确性与可靠性,鉴于此,访谈数据的质量受制于受访者的合作意愿与合作能力。正如友男丸川所说,为了研究温州的产业集群问题,其在1998—2007年间,先后在温州进行了五次田野调查,参观了31家企业、16个当地政府部门和社会组织。访谈平均时长两小时,这些访谈揭示了温州产业集群发展过程中许多迄今为止没被注意的方面。然而,这些访谈也有局限。因为许多受访的企业家经商的时间要远远晚于产业集群形成的时间,他们极少知道他们从商之前的产业集群是如何形成和发展的。甚至那些经历了产业集群发展过程的人可能也不能准确地回忆起产业集群早期的事情。在一些情况下,很难用历史文献

---

① Marukawa Tomoo. The Emergence of Industrial Clusters in Wenzhou,China [M]// in Bernard Ganne. Yveline Lecler eds. Asian Industrial Clusters,Global Competitiveness and New Policy Initiatives. World Scientific,2009.

和访谈进行互证。[①]

那么为什么海外学者明知田野调查得到的材料存在诸多的不足之处，仍然如此高度重视这一研究手段呢？也许友男丸川的回答道出了海外学者的"心声"："缺乏可靠的有关温州……书面材料，访谈常常是……唯一信息来源。"[②]"巧妇难为无米之炊"，受困于资料的不足，海外学者只能是尽量引用那些看起来可信的访谈。

四、比较研究法

比较研究法就是对照各个对象，以便揭示它们的共同点和相异点的一种思维方法。人们从事比较研究，不外乎异中求同及同中求异，前者是在大量资料中发现其间的共同性，而后者则是发现其间的异质性。海外学者主要是将温州与印度、意大利、苏南、上海、台中等国家和地区的异同进行比较研究。

（一）关于温州与印度的比较研究

蔡欣怡通过比较温州模式与克拉拉模式，认为，尽管温州模式和克拉拉模式各自在私营经济和社会发展方面的成就引起了广泛关注，但对它们的经验的进一步考察发现，它们在许多方面都容易遭到批评。第一，在发展"成功"的经验指标方面存在着分歧；第二，这两种模式的可持续性受到质疑；第三，作为前两种反对意见的产物，研究者们现在在仿效这两个模式的可取性方面持保留意见；第四，复制这两种模式证明可能并不现实。蔡欣怡具体从以下几个方面进行了对比分析：

一是这两种模式的受束缚的或有争议的"成功"。

温州方面：随着时间的流逝，到 20 世纪 90 年代，温州地方政府逐渐关心如何保持温州的比较优势。具体而言，温州地方官员担心，小商品生产的温州模式也许在生产大量廉价的、低端消费品方面曾经有效率，但是随着其他地区

---

① MARUKAWA Tomoo. The Emergence of Industrial Clusters in Wenzhou, China [M]// Bernard Ganne, Yveline Lecler eds. Asian Industrial Clusters, Global Competitiveness and New Policy Initiatives. World Scientific, 2009.

② MARUKAWA Tomoo. The Emergence of Industrial Clusters in Wenzhou, China [M]// Bernard Ganne, Yveline Lecler eds. Asian Industrial Clusters, Global Competitiveness and New Policy Initiatives. World Scientific, 2009.

的企业也开始争夺同样的市场,温州的家庭工厂面临着质量更好的产品的挑战。换句话说,那些在 20 世纪 80 年代让温州成为全国焦点的特性,在 90 年代看起来不再是温州所独有的或者温州占据经济优势的。为了缓解这一担忧,温州市政府在 1993 年开展了第二次创业,以便帮助家庭企业扩大规模,提高产品质量,转向技术密集型产品。这标志着最初的温州模式中的政企关系发生了重大变化。80 年代,温州在没有温州市(县)政府重大指导或干预的情况下,完成了农村工业化的第一个阶段;总之,当私营企业主参与仍然没有得到中央政府承认的贸易和金融活动时,地方政府的作用主要表现在其他方面。但是,第二次创业标志着增强地方政府监督和制定经济战略阶段的开始。市政府发誓要投资基础设施、创建贸易市场、推进城市化。同时,温州的县政府也制定了支持大型私营企业的倾斜政策。这些 90 年代后半期所发生的变化表明,温州正变成一个更为积极的"地方发展政权",而不是消极地保护当地企业主免于高层的干预。但是,值得注意的是,无论从意识形态层面,还是从实践层面来看,发展主义必然导致在特定行业"选择胜者"的战略抉择,结果其他行业可能就不能直接受益。

克拉拉方面:第一,克拉拉的再分配改革在满足所有社会阶层基本需求方面的有效性遭到人们的质疑。最低种姓的人——之前的贱民——看起来"注定是贫穷卑贱的劳动力"。尽管他们的识字率只比克拉拉的平均水平低 10%,他们没有受过太多的教育——这些教育本来能够使他们摆脱贫困。在诸如旁遮普邦、哈里亚纳邦这样的农业更发达的北部地区,这些之前的贱民从农业中获得的收益比克拉拉邦从事农业的收益要多。此外,这些之前的贱民的儿童死亡率也是克拉拉印度教徒的两倍。总之,这些研究者指出,克拉拉邦的基础需求战略的有效性是有限的。第二,最低收入群体中存在着高失业率和劳动力短缺的悖论。一方面,到 20 世纪 90 年代初,克拉拉 14.6% 的失业率是印度所有各州中最高的,尽管其人口只占印度的 3.4%,但是其失业人数却几乎占印度失业人数的 16%。到 2003 年其失业率上升到 20.8%。另一方面,像摘椰子(爬树)、建筑、种田这些工作还存在农村劳动力短缺的情况。造成这一情况的原因包括劳动力市场按照村庄、宗教、技术和种姓分割;土地所有权分配得很均匀,甚至劳动者也拥有一些土地;相对高的高工资水平。尽管如此,高失业和劳动力短缺并存有损它的社会发展模式的形象。第三,尽管承认克拉拉的高识字率和小学教育几乎普及的成就,但一些学者质疑它的教育质量。例如,瓦基斯研究了 113 个小学(拥有 5319 名学生、507 名教师和 113 名校长),发现克拉拉邦的学生的考试成绩并不比那些教育设施更少和更差的邦的学生的考试成绩好。学校因素对于"学生学习成绩"的影响比家庭因素要大,这意味着,克拉拉邦的小学需要得到更好的计划和管理。对教育制度的相关批评是,公立高等学校的发展落后于小学和初等学校的发展。近年来,没有得到政府资助的私立大学比得到政府资助的私立大学发展得更快,这使得人们担心公立大学可能被边缘化,而大众获得高等教育的机会将会减少。第四,人们对于克拉拉邦性别平等的范围方面的忧虑有所增加。诚然,克拉拉邦的妇女地位要高于全国其他地方的妇女,尤其是在教育和医疗方面的地位。在联合国计划开发署的性别发展指数中,克拉拉邦一直排在印度其他所有邦的前面。但是,一些研究者对于给克拉拉邦的妇女社会地位贴上"模式"的标签的准确性提出疑问。比如,在 1996 年,联合国计划开发署报告说,在克拉拉邦,妇女在"收入比重"中仅占 12%,而喜马偕尔邦为 38%,马哈拉施特拉邦为30%,安得拉邦、中央邦、古吉拉特和卡纳塔克邦都超过 25%。除了持续的收入不平等以外,约瑟夫还注意到,由于社会正统妇女行为习俗以及普遍的针对妇女的性骚扰和暴力,女孩和妇女只有有限的自由和流动性。另外,嫁妆的继续存在成为许多妇女倍感压力和缺乏自尊的主要原因。最后,克拉拉邦的犯罪率位居印度第二。造成这一情况的部分原因在于高失业率。与此同时,按相对价格计算,其他邦已经增加了社会支出,结果克拉拉邦在医疗和教育方面的人均支出不再是最高的。简言之,就像温州模式一样,有一种感觉,克拉拉邦并不必定符合克拉拉模式的要求,即使它真的这样做了,它的某些要素也已经随着时间而改变。

二是这两种模式的可持续性问题。

温州方面:温州模式首先在国内不再是独一无二的了,其次随着时间的推移,它的新的特征使最初的温州模式的性质日趋复杂化,它的可持续性也备受质疑。第一,政治经济环境已经改变,过去在这一环境中,温州由于作为私营经济活动的堡垒而声名狼藉。在 20 世纪 90 年代,在全国经济中,非国有经济进一步发展,1997 年年底召开的中共十五大宣布致力于国有企业大规模私有化,通过深化改革来提高私营经济发展的合法性。1999 年全国人大通过修订的《宪法》第 11 条规定,私营经济是中国社会主义市场经济的重要组成部分;2001 年,允许私营企业家入党;2004 年,全国人大修订第 11 条,新增的表述暗示国家将保护私人产权。简言之,在改革初期令温州脱颖而出的那些做法不再有争议,也不再不同寻常了。到 2002 年,即使是以更多的靠集体企业发展而不是私营经济发展的省份——江苏省,私营经济也超过了温州所在的浙江省。第二,除了中国的指导思想和经济结构发生了重大变化外,温州自身也发生了重大变化,这些变化重新定义并且也许——损害了——温州模式的活力。尽管温州在改革的第一个十年中的比较优势来自它的私营家庭工厂和专业市场,温州地方政府对于大型企业的政策倾斜使得农村个体家庭企业要保持竞争力越发困难。与大企业相比,小企业在土地审批和银行贷款方面受到的歧视更多。正如金融协会的会长所说的,"现在是找市长,而不是找市场了"。政府更多地干预私营经济发展的其中一个后果是,温州各个地区经济发展成绩被重新洗牌。例如,在20世纪80年代,苍南县曾经是改革年代中国最富裕的县之一,也是第一家私人钱庄的诞生地。私人企业主过去经常去苍南,仅仅是为了进入苍南非正式的金融市场。但是在2001年,浙江省把苍南列为"欠发达"县,因为它的工业相对不发达,尽管龙港的经济由于县政府的投资以及他优越的地理位置而兴盛起来。与此同时,由于温州的市(县)政府开始掌握当地发展资金,乡镇政府——隶属于县/市一级政府——的财政压力极大,结果到2001年,大约三分之二的乡镇政府破产。尽管在计划经济时期,当地政府(或公社)的经费都由上级政府编制预算和下拨经费,财政分权改革让乡镇和村一级政府得以保留更多的地方税收,但是他们的开支需求也急剧增加。没有资金的政府职能的增多给地方造成了沉重的负担,即使是像温州这样相对富裕地区的乡镇政府也会拖欠教师和乡镇干部的工资,缺乏诸如修路、教育和医院这些基本服务的基金。到21世纪初,温州农村地区的干部从农村信用合作社、私营企业主和各种非正式金融渠道借钱办公成为非常普遍的现象。但是,考虑到乡镇干部、学校和其他行政单位没有现成的预算支出或者其他收入来源,"借钱"给他们并不指望他们归还。因此,农村信用社紧张的资金中出现了更多的呆账,私营企业主实际上——的确是直接地——为农村地区提供公共服务。简言之,由于市(县)一级政府的发展偏好,地方政府不得不从基层提取资金——这些资金本来是可以用于私营企业发展的。

克拉拉方面:克拉拉模式必定造成政府在社会服务方面花费不菲,尽管当地的经济发展水平不高,但这是意料之中的事情。一般来说,对克拉拉模式的可持续性方面的批评可以分为两类:克拉拉有限的财政能力无法维持它的福利国家政策,依靠汇款才能维持当地的基本开支。第一,在1985年至1986年以及1991年至1992年间,克拉拉邦是印度唯一一个社会开支减少的邦。旁遮普邦的人均教育开支高于克拉拉邦,拉贾斯坦邦和旁遮普邦的人均医疗支出也比克拉拉邦高,马哈拉施特拉邦、哈里亚纳邦、中央邦、那加兰邦、拉贾斯坦邦和北方邦针对穷人的福利指出也比克拉拉邦高。到20世纪90年代,许多研究者都提出了"克拉拉模式的危机"。除了比其他邦的社会支出增长更慢以外,"危机"还包括下列因素:日益依赖进口大米;其他地区廉价劳动力的竞争造成腰果和手摇纺织机这样的传统产业衰落;工业发展停滞;失业率三倍于全国平均水平;一系列财政危机造成了全印度所有邦中最高的财政赤字;滥砍滥伐、水土流失、水和空气污染、过度捕捞等环境问题凸显。人们感到,如果没有相应的物质发展作为支撑的话,克拉拉邦高水平的民生难以维持,20世纪80年代中期以来,在发展理论与发展实践方面盛行的新自由主义的华盛顿共识进一步强化了这种看法。即,世界上主要的金融机构——世界银行和国际货币基金组织——鼓吹通过财政紧缩和减小政府规模来进行结构调整以及印度在1991年接受结构调整贷款,这两个因素都让克拉拉模式经济上的缺陷暴露无遗,如果不是让人反感的话。与质疑克拉拉模式可持续性的财政基础有关的是当地经济还依赖于海湾国家劳工的汇款。据估计,全邦收入中多达13%来自于海外汇款,这不由得让人担心,一旦没有了这些汇款,克拉拉模式就难以为继。此外,一方面,海外劳务输出可以看作是缓解克拉拉劳动力过剩经济中的失业问题的一个有效途径,也是另一种脱贫致富的手段。但是,另一方面,劳务输出也带来负面的分配外部化问题。许多来自克拉拉邦的劳工从事最卑贱的以及——这一点还存在争议——最屈辱的工作。同时,受过良好教育的高收入专业人员源源不断地离开克拉拉邦,移居到班加罗尔、马德拉斯以及英国、美国和澳大利亚的许多地区,这造成了当地人才的枯竭。同时,来自海湾国家的汇款也由于在克拉拉造成了消费品和服务的通货膨胀而受到指责。在1987年,由于大量汇款的涌入,当地的消费实际上超过了当地的GDP。最后,无论是财政上的批评,还是劳务输出方面的批评,都可以追溯到当地经济的根本缺陷。克拉拉邦没有建立起一个以当地资源为基础的可持续发展的产业体系,农业生产力也受到从多种作物转向橡胶单一作物的不利影响。结果就是失业率居高不下。此外,尤其让人担心的是克拉拉邦糟糕的经济表现已经被归结为是克拉拉模式的核心要素造成的。克拉拉作为一个"再分配政权",与东亚发展主义政权形成鲜明对照。这就是说,克拉拉邦主要和被动员的集团发生关系并对其负责,而东亚发展主义政权却发展与工业资本之间"嵌入式自治"的生产关系。克拉拉邦政府没有为经济发展做出什么贡献,因此可以将它看作是一个'不发展'的政权,如果不是'反发展'的政权的话。

三是这两种模式的不够格问题。温州方面:在20世纪80年代,关于温州对私营企业和金融的依赖,在政治层面存在着争议,当时中国经济改革的方向还不明确;即使在温州被确定为官方的改革试验区以后,温州模式在干部、记者和某些学者心目中仍然名声不佳。但是近年来,涉及温州的新闻报道才没有之前的那种质疑语气。在诸如民间金融这样的领域,在城市商业银行私人产权投资实验方面以及作为全国第一个私营企业主创办风险投资财团的地方,温州仍然领先其他地区一步。这些发展是和全国经济改革的总体轨迹一致的,因此遭到的反对比改革初期温州的创新实践所遭到的反对要少。简言之,再也听不到之前政治上对温州模式的批评了。克拉拉方面:与温州模式截然相反,克拉拉模式继续得到关注它的经济缺陷的政策分析家和公共知识分子的负面评价。具有讽刺意味的是,尽管从意识形态层面来批评经济政策在中国已经不多见了,在印度却仍然相当盛行。但是,随着时间的流逝,克拉拉模式已经发生了变化。"新"克拉拉模式是和建立在基层参与基础上的分散参与计划联系在一起的,强调提高农业生产率,保护生态资源,更加关心女性、渔民和之前的贱民。尽管新模式的这些因素至少从纯经济的角度看来是雄心勃勃的——它们可能代表的是规范的目标而不是实际的结果,新克拉拉模式确实获得了更高的增长速度:在 1980—1990 年这十年,年平均增长率只有0.3%,而 90 年代的年均增长率在 6%~7% 之间。就新模式的其他组成部分而言,看起来,人民计划运动在通过村务委员会和选区委员会动员群众参与认同他们的发展需要方面取得了成功。但是这些参与实践显示,大多数人不像政策制定者那样高度关注环境的可持续性,很明显,环境保护的政策和标准不会在邦这个层面上实施。尽管如此,在发展争论中,新克拉拉模式仍然使旧克拉拉模式相形见绌。目前,人们最多可以说,原来的模式证明在社会发展与经济发展之间可能存在着取舍关系。

四是这两种模式作为模式不能复制。这两个地区都占有大量独一无二的历史和文化特质。简言之,温州拥有悠久的商业传统,这一点在毛泽东时代被有意地忽视了,还拥有一批特别保护这些商业传统的企业家并为之感到自豪的地方干部队伍。同时,克拉拉邦的人民拥有共有的语言和共同的历史认同,都受到纳亚尔母系社会的影响,不存在城乡二元分隔,它的特别活跃的农村无产阶级一向支持左翼政府。这些当地特有的因素部分解释了为什么在中国的其他地区和印度的其他地区没有取得类似的发展。

但是,即使人们可能基于"文化"应当被看作一个动态的而不是静止的因素,而贬低这两个地区的独特性,仍然可以找到不具有可复制性的典型案例,因为每一个模式产生与发展的政治经济环境的性质各不相同。温州模式在一个仍然开展全国性运动来批判资本主义的消极影响的政治气候下,由于其私营经济既败坏了名声,又赢得了先发优势。相反,克拉拉模式在很大程度上是集体行动的产物,从克拉拉邦成立之处,这些由当地各种群众运动所进行的集体行动就已经存在了。但是自那以后,这两个国家的政治潮流都发生了变化。在中国,私营企业主不再被体制所排斥;在印度,对于不可持续的财政政策的宽容度下降。尽管某些地方政府可能试图采用各自的发展模式的某些要素——例如,鼓励专业批发市场、允许金融实践创新(温州),或者优先考虑社会服务开支(克拉拉)——处于根本不同的政治和社会条件下的地区可以复制其中任何一种模式,这完全不可能。这并不是说,模式不能提供实践指导与理论启示,而是说,它们的条件在于国家与地方变量组合得如此独特,以至于指望它们以完全相同的方式重现不太现实。[①]

(二)关于温州与意大利的比较研究

意大利学者伦巴第(Silvia Lombardi)比较了意大利工业区模式与温州模式的异同。指出,这两个发展模式之间存在的一些相似之处可能已经影响了从温州到意大利的移民路径。然而,对温州的社会经济体制的深入研究表明,在温州的地方环境的历史和社会遗产内在地包含着决定性的变量,这些变量对于激发产业发展是至关重要的。[②]

(三)关于温州与上海的比较研究

美国学者白苏珊在《所有制形式的地区演变:上海与温州的股份合作企业与农村工业》一文中围绕乐清和松江的私营、集体和股份合作制提供的法律—政治保护以及为企业提供进入要素和产品市场的程度等方面,进行了详细的比较。

1.改革初期两地资源配置方面的比较

乐清的资源配置情况如下:在改革初期,乐清当地官员直接通过当地政府控制的渠道来动员资本的能力受到限制。在改革开放以前,温州的农村集体经济发展得相对缓慢,将现有的乐清和松江两地关于固定资产、产值、利润的

① KELLEE S.TSAI. Debating Decentralized Development:A Reconsideration of the Wenzhou and Kerala Models[J]. Indian Journal of Economics&Business,Special Issue China & India,2006.

② Silvia Lombardi. The Wenzhou Model of Development through the lenses of Industrial Districts[R]. International forum for Contemporary Chinese Studies Inaugural Conference,September 29th 2008.

早期数据加以比较就可以发现这一差异。在 1985 年,乐清县集体所有制乡镇企业的固定资产最初金额为 2500 万元,而松江当时集体所有制乡镇企业的固定资产金额为 2.8 亿元。早期数据可以用来比较这一经济成分所创造的产值与利润。正如在 1978 年,乐清乡镇企业的总产值是 3800 万元(47 元/人),松江乡镇企业的总产值是 1.15 亿元(253 元/人)。正如比较 1980 年总利润的数据表明,乐清乡镇企业的总利润不到 1000 万元(11 元/人),松江乡镇企业的总利润大约是 5000 万元(107 元/人)。尽管乐清虚弱的农村集体经济几乎没有为镇村一级政府提供什么收入,即使是在 20 世纪 80 年代初期,私人手里就掌握了一些金融资源。尽管私人资本积累的来源多种多样,这里不能一一列举,但是也许可以通过一个事例来阐明动员这一投资资金来源的潜在重要性。一个来源是移民劳工的现金汇款。到 1983 年为止,整个温州市来自这些劳工的现金汇款超过 5 亿元——或者平均每个县超过 4000 万元。这一平均数字超过了乐清县当年镇办企业和村办企业利润和税收的总和。随着镇村一级直接掌控相对少量的资源,当地居民手里掌握了至少一定的资本之后,乐清的地方官员寻求通过登记私人产权来动员这些可替代的、私人的资本。

松江的资源配置情况如下:松江的产权演进路径与乐清的产权演进路径完全不同。松江的地方官员能够直接通过他们对公社和生产队资源的掌控来动员资本投资于新兴的农村工业。这一能力根源于 20 世纪 60 年代初从大跃进回复之后公社和生产队实力的增强。因此,在改革的最初阶段,这一地区的镇、村已经有相对强大的集体收入渠道,这使得他们能够更多地投资于集体企业。在这一时期,镇、村一级——尤其是像上海那样的发达地区——对生产的直接投资发挥着最重要的作用。松江和乐清的工业总产值存在的不同水平和结构,松江集体经济最初的实力更强。

2.两地私营/集体企业政治环境方面的比较

乐清的私营企业的政治环境情况如下:在既有的法律—政治框架范围内,乐清——以及整个温州的——官员在为私人产权提供登记和有效的政治支持方面能力有限。在 20 世纪 70 年代末和 80 年代初,他们在各类借口下为私人投资提供非正式的支持——这些做法远远早于那些旨在管治新兴的民营经济的正式法规。尽管如此,乐清大多数针对民营经济的非正式法规存在两个缺陷:它们要么不能明确地确认民营企业的产权要求,要么不能给民营企业提供集体企业的身份,这一身份有利于民营企业进入极不完备和高度官僚化的要素市场与产品市场。如果没有前者,投资本身是缺乏保障的;如果没有后者,私人投资的价值是有限的。结果导致企业规模偏小、极不稳定。从 1987 年开始,随着温州成为所有制改革试验区,温州地方官员能够发出民营企业家的声音,改革沿着三个路径展开。市政府颁布三套试验性法规,其中一套法规旨在为彻底的私有制奠定法律基础。这些法规有助于 1988 年 6 月颁布的管理私营企业的全国性法规的实施。然而,即使是在使私营企业合法化的宪法修正案和全国性法规通过以后,私营企业仍然受到排斥。1995 年 9 月召开的十四届五中全会重申了"任何动摇、放弃公有制主体地位的做法,都会脱离社会主义方向"。缺乏对私人产权的有效保障直接影响到私人投资者的行为,企业家不确定他们的企业能够存在多长时间,不确定他们的企业能够发展到多大的规模。根据农业部经济政策研究中心的一项调查,在 1988 年至 1991 年的经济整顿运动期间,相当多的私营企业主削减企业投资的规模,甚至是停止企业的运作,因为他们感到私营企业得不到政府的支持。的确,不确定性之一源于一些报告,即乐清地方政府在经济整顿运动中的内部目标是将私营企业转变为集体企业。由于这一不确定性,仅仅在 1989 年,温州的私营企业的注册资本下降了 5%,私营企业的就业人数下降了超过 10%。在当地干部看来,政治环境破坏了私营企业投资的流动性以及利润积累和就业机会。相反,股份合作企业的固定资产总投资在 1989 年得到增加,在 20 世纪 90 年代初逐步快速增长,尽管就业人数在 1989 年的确有所下降。根据温州市体制改革委员会一位官员的说法,他的部门直接采访了数十位私营企业家,旨在确定什么将鼓励他们更积极地投资。他声称,他们最关注的两个问题是公司资产的安排与企业的"定性"。具体而言,企业家想拥有他们企业私人资产的清晰产权,然而,他们也想让他们的企业被看作是合法的集体企业;这对于他们的政治安全是至关重要的,也有助于他们充分参与受到限制的要素市场和产品市场。私营企业的身份能够满足前者,但是不足以满足后者。

松江的集体企业的政治环境情况如下:尽管镇办和村办集体企业显然不享有全民所有制那样的政治地位,但在改革初期,它们作为社会主义集体所有制组成部分的地位和合法性得到承认。这些企业的前身是作为公社体制的组成部分,在公社体制内,政治管理和法律管理合一。即使在 1983 年公社和生产队改为乡镇和村以后,大多数工业资产的所有权仍然在乡镇或村干部手里,他们是"集体"的代表——集体包括当地的全体居民。这种控制符合"谁投资,谁所有,谁得益"的原则,因为最初的集体企业的投资直接来自于公社和生产队的积累。乡镇干部牢牢掌控着他们辖区内的集体企业的决策和收入分配。在松江,乡镇政府决定着企业管理人员的任免和待遇。这些机构也控制着每一个集体企业的工资总额。乡镇干部通常参与企业的重大决策,更重要的是控制着企业收入的绝大部分。尽管在改革的最初几年里,当地干部利用这些资源为企业发展扩大投资,到 20 世纪 80 年代中期,他们逐渐将这些资源用于行政经费和公共服务。例如,在松江松阳镇(音),镇里分管工业的干部声称,集体企业保留的利润平均比 20 世纪 90 年代初少将近 12%。这些企业得到当地干部的积极支持和庇护,这反映了这些企业在乡镇财政中的重要性。

3.两地私营/集体企业经济环境方面的比较

乐清的私营企业的经济环境情况如下:私营企业的所有者面临经济障碍和政治障碍。许多私营企业所有者无法获得发展所必需的银行贷款、土地或者物质条件,这极大地限制了他们企业的发展。即使是在 1988 年私营企业合法化之后,通过国有银行和农村信用社系统获得资金的有限机会尤其限制了投资者充分实现他们资产价值的能力。针对私营企业主的调查一再表明,获得资金的机会是私营企业发展的主要障碍。与上海地区的私营企业相比,温州的私营企业的确从国有银行系统那里得到更多的支持。正如 1992 年在乐清县,农业银行和工商银行愿意给私营企业批准高达 10 万元人民币——个别情况达到 25 万人民币——的贷款。尽管如此,在当地工商银行大约 1800 万元人民币的工业贷款总额中,私营企业和个体户的贷款总额仅为 5%。此外,包括担保和证明的现金储备在内的贷款要求对于私营企业要严格得多。最终,在 20 世纪 80 年代末和 90 年代初的温州,诸如民营银行和信用基金会这样的服务于私营企业主的其他借贷渠道被贴上非法的标签,受到打压。对于私营企业而言,获取土地所受到的限制甚至更多。甚至在乐清,在改革的第一个 15 年里,大多数私营企业主依靠非正式的次优办法来满足他们生产场所的土地需求。一种办法是将家庭住所与厂房合为一体,在住宅扩建和重建的幌子下建造额外的厂房;另一种办法是租赁村集体或者左邻右舍已有的房屋,尽管这类房屋往往并不符合企业的生产要求。然而,在改革的第一个 10 年左右,在那些私营企业主能够在上面建造具有明确产权的建筑的土地来说,无论是购买或者租赁都是极其困难的。在温州私营经济得以兴旺发达的部分原因在于早期生产资料的非正式的私营市场以及以温州为基地的私营供销人员网络的快速发展。作为温州市农业和经济行为的代表,温州的私营经济的发展得益于 20 世纪 80 年代初钢铁、木材、水泥以及其他商品的专业市场的发展。私营企业的采购人员擅长通过他们构建的个人网络,从全国各地的国有企业获取少量的紧缺原料。温州的非正式商品市场的存在对于私营工业的发展而言是至关重要的,因为在改革初期,国有企业不能公开地向私营企业销售原材料。私营企业主也声称,他们被排除在国有的运输体系之外。类似的限制妨碍了私营企业在产品市场中获得公平的竞争机会。不利的政治—法律环境,再加上必须依赖非正式的市场资源来获取资金、土地和其他要素,都抑制着私营经济的发展。乐清采用的股份合作企业的方法使得私人投资者能够更好地在这些政治—法律和经济环境中生存。在这一情况下,无论是就政治方面而言,还是就经济方面而言,股份合作框架都为私人投资者提供了更多的净利润。

松江的镇办集体企业和村办集体企业的经济环境情况如下:在改革前15年里,当地干部和集体企业之间的密切联系有利于企业在不完善的市场环境中得到发展。如果我们比较一下从20世纪80年代初到90年代初期间,集体企业与私有企业获得资金的机会的话,我们就可以清楚地看到政府和企业之间的密切关系所带来的收益。在20世纪80年代初,银行贷款是镇办集体企业和村办集体企业资金的重要来源和发展的关键。农村收入的增长使当地的农业银行和信用合作社储蓄增加,这反过来又刺激了为农村工业提供贷款。随着镇、村一级直接投资的减少,集体企业更多地依赖银行贷款。发展研究所1986年一项针对200家农村企业的跨省调查表明,当时最重要的资金来源是银行和农村信用社的贷款。在1987年——可获得的有关松江的系统的数据涵盖的第一年,银行贷款是镇办和村办集体企业最大的资金来源,占固定资产投资的近50%。一直到1990年,它们继续成为固定资产的最大来源。与此相反,在这一时期的松江,私营企业基本上被排斥在国有银行系统之外。银行在原则上不支持私营企业。私营企业通过农村信用社获得贷款稍微容易一些,但是资金数量仍然极为有限。例如,在1991年,私营企业的贷款大约占信用社的贷款总额的0.2%,没有一笔贷款超过一万元人民币。在没有充分发育的市场环境里,私营企业由于和当地政府缺乏密切的制度联系而苦不堪言,这种制度联系使集体企业更容易获得银行贷款。农村集体企业获得银行贷款相对容易,这部分反映了政治的和制度的关系,包括乡镇治理结构和当地农业银行和农村信用社在内的当地国家机关,以及镇办和村办集体企业,它们都是当地集体组织结构的一部分,它们的目标基本都是由乡镇干部决定的。乡镇干部能够通过党的渠道来影响银行官员,因为这一层级的政府也掌管着乡镇银行机构的党务工作。乡镇工业协会——乡镇政府监管本乡镇集体工业的左膀右臂——通常成为下属企业申请银行贷款的担保人。这一担保降低了银行所承担的风险,通过乡镇分担了风险。乡镇控制集体资产的产权有利于获得银行贷款。当集体企业偿还贷款有困难时,乡镇工业协会往往征收所管辖的盈利企业的利润来偿还亏损企业的贷款。在20世纪80年代和90年代初,这一实践——被称作统收还贷——在松江较为普遍。在那些乡镇工业协会不愿意担保的案例中,乡镇公共财政部门自身往往作为贷款的担保人。松江县松阳镇的情形突出表现了固定资产投资和生产资金方面对于银行贷款的高度依赖。按照一位乡镇官员的说法,债务占集体工业资产的比重,从1980年的15％上升到1989年的40％,到1989年,对于新成立的企业而言,债务占资产的比重往往是80％甚至更高。在20世纪80年代后半期,乡镇工业企业的债务平均每年增长25％。在一个没有完全发育的资本市场里,镇、村一级政府部门在帮助集体企业获得资金方面的关键作用表现在乡镇干部和企业管理者之间的产权分离。正如上面提到的1986年针对200家农村企业的调查数据,在受访的企业管理者中,只有不到30％的管理者能够独立做出增加投资或者扩大生产的决策。与此相反,所调查的企业管理者中,大约65％的管理者能够独立做出有关销售策略的决策。将销售权利赋予管理者适合于竞争越来越激烈的产品市场,对于大多数农村工业企业而言,产品市场比竞争性的资本市场要更为成熟。的确,在五年后的1991年,由世界银行所进行的一项类似的调查发现,所调查的镇办和村办集体企业中,高达90％的企业在销售策略方面能够进行独立决策。然而,与1986年的调查结果相比,能够在新投资方面进行独立决策的企业的比重没有增加;在1991年,在所调查的企业当中,只有25％的企业声称拥有独立的决策权。之前的分析表明,持续到20世纪90年代初期,当地官员对于投资决策的影响力与他们在资金供给方面的关键作用有关。尽管农村集体企业排在私营企业前面,但它也排在国有企业后面。布兰特和朱晓东(音)发现,在1986年至1993年间,超过85％的新批贷款是贷给国有企业的。此外,在诸如1989至1991年间的经济整顿运动和1993年重新开始的调整之类的经济调整时期,非国有企业在获得国有银行系统贷款方面面临着巨大的限制。布兰特和朱晓东注意到,"例如,在1989年,通过金融系统为整个非国有的、非农业的企业提供的贷款从160亿元下降到64亿元,在贷款总额中所占的比重从10.5％下降到3.5％"。此外,镇办和村集体企业用于固定资产投资的贷款尤其受到严格的限制。来自松江县的数据表明,在1989年,用于固定资产投资的银行贷款的比重只比1988年增加了区区0.2％,实际上到1990年下降了3.4％。银行贷款在固定资产投资总额中的比重从1989年高达53％,下跌到1994年的5％。这些趋势,再加上国有商业银行日益明显的利润导向,使得当地官员在20世纪90年代更难为农村集体企业获取优惠的银行贷款。诺顿发现了宏观经济中更为根本的紧张关系。国家利用国有银行系统将家庭储蓄引导到国有企业的做法涉及对银行系统实际上的征税。存款人获得的利息低于他们的资金在别处获得的收益,借贷者发现他们获得资金的渠道被堵塞。尽管银行系统提供了从储蓄者到借贷者之间的资金中介服务,但这一交易被政府征收了高额税收……作为这一高额"税率"的产物,储蓄者和借贷者都有强烈的欲望退出正式的国有银行系统,尽量通过其他的制度安排来进行交易。的确,诺顿将 1988 年和 1992—1993 年看作是中国极其严重的去中介化危机时期,当时家庭储蓄增长放缓,而流通的货币数量增长迅速。他的发现意味着,在国有银行系统以外,存在着大量的有待开发的资金。正如下面所有阐明的,松江当地的官员利用股份合作框架来直接从当地居民中吸纳投资资金,与此同时保持他们对集体企业的控制。尽管农村集体企业也由于和国有企业竞争紧缺资源而遭到抨击,但它们融入当地的组织治理框架当中的情况使得当地管理机构内部也有它们的代言人,这些代言人能够有助于它们在不完善的市场环境中获得各种资源。一份 1979 年的国务院文件——《关于发展社队企业若干问题的规定》——指示县级以上的计委和工业局扩大管辖范围,将镇办和村办企业(当时叫社队企业)纳入管辖范围。在上海,这些企业——与县级国有企业和集体企业一起——在省一级农业机械工业局(后更名为农村工业管理局)管辖,在县一级由乡镇企业管理局管辖。由农村集体企业生产的部分产品或直接或间接地(通过当地的国有企业的联合生产安排)被涵盖到当地经济计划中,尽管其他产品仍然游离于当地计划体制之外。上海农村工业管理局的官员以及松江及其下属乡镇的官员都强调当地政府机关在帮助镇办和村办集体企业获得诸如钢铁、铜、铝和能源之类的紧缺资源的作用。在改革的头十年里,直接或间接地纳入当地国家计划对于一些农村工业的生存尤为重要。在诸如松江这样的郊县,由于与上海的国有工业联系密切,与计划经济的直接和间接联系的程度可能相当高。按照中共上海市委农业委员会一名官员的说法,甚至一直到 1992 年,农村集体企业使用的大约 20%～30% 的钢铁和 10% 的煤由当地国家计划通过国有—集体合资企业进行间接控制。一直到 20 世纪 90 年代初,松江新创办的集体企业在制度上相对完备。县计委协调诸如国土局之类的相关部门的审批工作,表明获得土地不是农村集体企业的主要障碍。与此相反,缺乏这类机构代理人的私营企业主在获得土地以及物质资源方面面临着更大的障碍。按照上海的政策研究部门的一位官员的说法,甚至到 1992 年,上海的地方政策还是限制私营企业的土地用途和厂房规模。私营企业主也赞同这种观点。集体企业和私营企业之间的差别待遇突出表明了在官僚机构继续配置土地和其他资源的环境当中,与官僚机构保持制度联系的重要性。在改革的前 15 年,这些企业之前受到压制的工业生产部门的解禁推动了农村集体企业的快速发展。1978年12月,十一届三中全会通过的一项决议承认:宜于农村加工的农副产品,要逐步由社队企业加工。城市工厂要把一部分宜于在农村加工的产品或零部件,有计划地扩散给社队企业经营,支援设备,指导技术。对社队企业的产、供、销要采取各种形式,同各级国民经济计划相衔接,以保障供销渠道能畅通无阻。国家对社队企业,分别不同情况,实行低税或免税政策。正如诺顿所说,这些变革标志着政策导向的重大变化,这造成"放弃限制性的农村工业化模式,这一模式在20世纪70年代期间将农村工业化局限为生产少数队农业生产资料"。然而,在改革开放的前15年,松江的地方官员主要通过将私营工厂排除在外来庇护他们对于集体所有制企业生产能力日益增加的投资。中国的学者强调这样一个事实,即在1992年,上海郊县的私营企业数量相当少。郊县的私营企业主要集中于松江县,私营企业占松江企业总数的21%。私营企业主声称,即使在松江,私营企业不能拿到集体企业已经投产的同类生产线的营业执照。乡镇工业协会——它们无异于为属下的集体企业树立竞争对手——在私营企业从业申请方面有着巨大的否决权。这种情况提醒着我们,集体企业的支配地位是由于地方官员直接控制了相对充裕的集体资源的结果。即使当地方官员雄心勃勃地将农村集体企业向新兴的工业部门转型时,他们仍然试图消除来自当地私营经济的竞争。如果地方官员与集体企业之间没有密切的制度纽带的话,我们可以说,松江的农村集体企业的发展将被推迟并且发展速度要慢得多。与此同时,当地官员开始极大地依赖农村集体企业来获得资金,为当地农村提供广泛的公共产品和公共服务。因此,当地官员给农村集体企业造成了沉重的财政负担。随着要素市场和产品市场的日益完善,尤其是1992年以后,集体企业与当地政府部门之间联系紧密所带来的收益越发不明显。尽管在改革的最初几年里,由于要素市场不完善,农村集体企业所存在的"政企不分"能够带来某些好处,改革者逐渐将政企不分视为企业效率提升的障碍。正是在这一背景下,集体经济开始引入股份合作改革试验。

4.两地股份合作企业的政治和经济环境方面的比较

温州的股份合作企业的政治和经济环境情况如下:温州采用的股份合作框架表明了私人投资者对于他们企业的政治定性以及对于他们产权的官方认可的与日俱增的担忧。这一框架在中央1983年承认和鼓励私人成立合作制企业的政策表述中可以找到依据,这一政策反映了基层已经出现的趋势。如前所述,在20世纪80年代初,温州就出现了亲朋好友之间非正式的合作经营家庭工业的情况。这类非正式合作制既是对私营企业的歧视和限制的回应,又是集中资金技术的需要。1983年一号中央文件确定,合作制企业是社会主义性质,是集体经济的合法组成部分。在这个决议的基础上,1983年关于合作制的国务院文件对于私人财产的投资做出了明确规定。第一,文件明确表示,投资资本或者其他资产到合作制企业的个人拥有这些资产的私人所有权。第二,文件规定,投资者可以获得股金分红,尽管分红不能超过净利润的15%。对于重新确立股份合作框架中的私人投资的概念,这些早期的规定还有很长的路要走。在1986年年底温州成为试验区之后,当地官员在早期的中央文件的关键条款基础上,开始为股份合作企业的发展建构更为正式的框架。当地规章的第一个版本将股份合作企业定义为最少要有两个投资者的实体;它没有限制雇工人数,但是必须遵守某些金融会计以及税后利润分配的准则。这些准则规定,至多以利润的25%用于投资者的分红,至少50%的利润应当以投资者的名义再投资于企业,剩余的利润用于企业积累、福利和奖金。因此,正式地说,股份合作企业的前提是以所有者权利的有限扩散来从资产中获得收益,同时让渡出所有者的资产。作为交换,这些企业被看成是集体经济的组成部分。集体企业的身份带来了某些好处:企业被看作是社会主义政治经济的合法组成部分,以集体企业的税率缴税,有资格享受集体企业享有的税收减免以及银行贷款。

此外,集体企业的身份将有利于进入受到限制的要素市场和产品市场。在1990年2月,股份合作企业的集体所有制的法律—政治身份获得官方的承认,当时农业部颁布了股份合作企业的全国性规章。这些规章规定,这些企业在性质上是集体所有制的,可以颁发集体企业的执照。随后的农业部文件强调,无论股份合作企业是通过乡镇企业的改制而来的,还是通过新的私人投资创办的,一律都划归集体所有制企业,应该积极支持。因此,股份合作规章不仅通过使投资在既有的法律—政治框架内合法化来鼓励私人投资;它们也潜在地增加了资产的价值,因为在极不完善的市场环境中,股份合作企业被给予了更多的获得土地和资本的机会。从1983年一号文件和国务院有关合作企业开始形成的制度框架将股份合作企业与“假集体企业”区别开。像合作企业一样,“假集体企业”是作为对私营企业的歧视和限制的回应;实际上,个人投资者要么向镇村一级缴纳固定的费用,要么向镇村一级提供分红,以此来获得镇办集体企业或者村办集体企业的名义。然而,“假集体企业”一再面临重新协商条件的影响,私人投资者缺乏法律渠道来应付当地官员日渐增多的要求。的确,不像合作制企业,“假集体企业”没有正式承认投资者对于他们资产的所有权。相反,这些资产在名义上属于乡镇和村。正如中国和西方学者所指出的那样,有关这些企业的当地官员的人事变动"将突然将创办者贬为普通员工,无权索回他们投资的资本"。这种情况并不罕见——甚至在温州也是如此。最终,假集体企业在上级政府发动的运动中尤为脆弱。例如,按照1989年6月十三届四中全会确立的路线,国务院启动了一系列针对私营企业偷税漏税的调查,针对所有的私营企业,但是重点关注那些假集体企业。这一运动甚至扩展到温州,温州的假集体企业成为整顿的对象,而股份合作企业保留了他们合法的集体企业的身份,享受所有随之而来的优惠政策。乐清的股份合作框架的一个重要方面是,它为企业提供了国家的更为正式的法律认可——这一认可使得这些企业在政治上更为安全,因为它为私人投资者提供了公有制经济组成部分的合法身份。对于股份合作企业而言,作为公有制经济实体的合法身份也有利于它进入要素市场和产品市场,这些要素市场和产品市场由官僚机构进行配置,易于受到政治控制。

在乐清,在受到限制的贷款和土地市场以及某些受到限制的产品市场,公有制企业拥有更多机会的情况极其明显。关于贷款,乐清当地的农业银行和工商银行允许股份合作企业获得的银行贷款可以享受与乡镇集体企业相类似的优惠条件;这就把股份合作企业与私营企业区别开来,尤其是在1992年以前情况是这样。在乐清所采访的私营企业和股份合作企业的所有者一致认为,股份合作企业更容易获得固定资产以及以更低的利率贷款,贷款期限也更长。在1985年至1994年间,除了1990年以外,乐清的股份合作企业未偿还的贷款总额逐年递增——贷款的规模也在逐年递增,这足以说明问题。然而,自从1992年以来,银行系统的改革使国有商业银行更注重利润;结果,贷款的分配日渐以信用为基础,而不是以政治上的标准为基础,这一变化可能增加了私营企业获得贷款的机会。尽管如此,对于私人投资者而言,在改革的前15年中,股份合作企业的身份在获得资金的机会方面起着至关重要的作用。在关键性的要素中,土地似乎是乐清的功能市场中发展最为缓慢的,商业房地产市场的缺乏极大地限制了企业的发展。股份合作框架在满足私人投资公司的土地需求方面发挥了尤为关键的作用。所有2000平方米以上的土地交易必须由县级或县以上政府审批;乐清的8个中心镇已经建立了19个工业园,县级政府部门为股份合作企业提供优惠的政策来获取这些工业园的土地,与此同时,限制私营企业获取这些工业园的土地。实际上,在1993年至1996年间,在乐清的工业园获得建造生产设施的许可的600多家企业全都是股份合作企业。乐清的四个工业园——包括大约120家企业——位于华菱(音)镇。在华菱,股份合作企业优先分配工业园的土地。第一批私人投资者获得在工业园购买土地建造厂房许可的都与他们股份合作企业的身份得到管理机构支持有关。镇里最大的私营企业——一家电器厂——的所有者声称,在成立股份合作企业并将企业挂靠到股份合作名下之前,他无法获得必要的支持来购买工业园的土地。作为股份合作企业的身份也有利于进入高度管制的产品市场。乐清的工业生产主要是电子器件及其相关产品——许多需要电子工业部的生产许可证,或者在某些情况下,需要国家邮政局和工信部的生产许可证。为了获得生产许可证,企业必须符合一定的设备和技术人员标准,生产必须符合一定的质量标准。此外,生产许可证的申请在递交给中央层级之前,必须通过县一级和省一级相关的工业管理部门的初审。一般而言,在温州以外的地区可以获得更多的资本和其他要素的机会,以及更大的政治接受度都有助于股份合作企业获得生产许可证。在官僚机构中,股份合作企业也更易于得到技术和政治支持,这些技术和政治支持对于获取生产许可证是必不可少的。不像私营企业的主管部门是工商局,股份合作企业的主管部门是管理所有集体企业的企业管理办公室,这一机构属于县一级以及县以上政府机关的工业管理结构的一部分。股份合作企业是向企业管理办公室缴纳管理费,而私营企业向工商局缴纳管理费,这使得企业管理办公室将更为积极地支持股份合作企业。在乐清,第一批在 1987 年获得官方的生产许可证的企业是股份合作企业。为了得到五种低压电子元件的生产许可证,当地部门在帮助这些企业获得新设备、吸引必要的技术人员方面居功至伟。华菱镇的股份合作企业的所有者讲述了华菱企业管理办公室如何与乐清县的乡镇企业局和电力局密切合作,指定专家来检测和改进企业的产品质量。华菱企业管理办公室也指导申请县一级和省一级的审批流程,以便确保中央部门批准许可证。到 20 世纪 90 年代中期,乐清县的官员帮助了超过 460 家股份合作企业获得了生产许可证以及相关证件。根据乐清县经济体制改革委员会一位官员的说法,在 1992 年邓小平"南方讲话"之前,没有生产许可证被颁发给私营企业;1992 年以后,一些私营企业也获得了生产许可证,但是在乐清,这些企业只占拥有许可证的企业的一小部分。

上海的股份合作企业的政治环境与经济环境情况如下:资本、土地以及其他要素市场的日渐商品化使得经济环境日新月异,在这一背景下,上海引入了股份合作改革。在诸如上海郊县这样的集体所有制占主导地位的地区开展股份合作改革的公开目的是进一步推动政企分开,使企业管理者能够更好地应对日益强大的市场力量。然而,尽管改革的最初意图是这样,松江的地方官员实施股份合作改革的方式是将新的投资注入集体企业,与此同时继续保持他们对集体经济的控制。正如结论将阐明的，只有到 1996 年——上海股份合作试验开始后第九年，也是第一波更广泛地实施股份合作改革之后第四年，股份合作改革包含的政企分开的意图才开始在松江得以实现。1987 年，中央《深化农村改革》的五号文件强调，必须实现政企分开，结束公社和生产队政治与经济事务方面的重叠。文件专门将股份合作企业作为限制政府干预、增强镇办和村办集体企业自主权的手段。在 1987 年五号文件颁布之后，上海将股份合作试验从一家企业扩大到十家企业。

1989 年，程镇乡（音）川沙印染厂是最早进行股份合作制试点的上海乡镇企业之一。尽管股份合作试点的公开目的是扩大企业自主权，川沙县委政策研究室的一份内部报告强调，试点的根本目的在于将企业员工手中的闲散资金投入企业的生产投资当中。的确，试点开始时，由于作为企业最大客户的国有部门没能按时偿付货款，这些企业正面临严重的资金短缺。从 1989 年开始，企业既有资产中的 50 余万元被转化为由乡政府所持的股份；企业既有资产中的 25.895 万元被转化为企业职工和管理层共同持有的股份；企业既有资产中的 25.895 万元作为新增股份分配给企业职工和管理层。在 1991 年，另有 50 万元作为新增股份被分配给企业职工和管理层。企业职工和管理层拥有的这两种股份（各自代表既定资产和新增投资）之间有着明显的差别。持有第一种股份所享有的权利极其有限。这些股份只能够分红，不可转让，无表决权和决策权。与此相反，分配给职工的新增股份旨在给予职工更多的权利，以此来吸引新的投资资金。除了给予股东以分红和在董事会选举方面的行使投票的权利之外，他们所提供的股息保证不低于国有银行给予工业资金贷款的利率。尽管这一规定并不意味着成为将来股份合并的标准程序，但在试点初期，它被认为是有助于鼓励职工入股的。（注意，在温州的私人投资者进行的股份合作试点中，这种股息是不被允许的。）这两种在 1989 年和 1991 年分配给职工的新增股份共计吸引了 75.9 万元新增投资——每名职工约为 1500元。川沙县委政策研究室的报告对于试点给予企业自主权的影响方面进行的评估是含糊不清的，因为最初的股份分配旨在保持乡镇掌控绝大部分有表决权的股份。党支部——在本案例中厂长不是党支部成员——继续对所有企业直属干部的任命或者调动行使否决权。的确，这个企业成立于 1969 年，当时是一家由公社经营的农机厂，它与当地官员之间的密切联系有着长久的传统。这一问题表现在批评集体企业的股份合作试点是"转轨不转制"。从 1992 年开始，上海的股份合作试点扩展到 593 家企业，绝大多数是乡镇企业。这些试点旨在通过产权多元化来吸引新的资金投资于乡镇企业。

尽管自 20 世纪 80 年代初以来,上海的企业已经利用各种非正式机制来从职工那里筹集资金,包括从职工那里获取有息借款、要求新招收的职工以资代劳,这些机制的运用范围有限,不需要产权发生任何改变。在之后的试点中,大多数既有资产被转化为专门由乡镇或村持有的股份,不再重视将既有资产转化为职工和管理层持有股份。然而,新增股份被扩展到不仅包括企业职工和管理层,还包括企业以外的个人和单位。这些试点获得的新增投资超过 7 亿元,平均每个企业奖金 120 万元。将近 1.1 亿元来自企业以外的个人投资(以社会个人股的形式),而大约 4 亿元新增投资来自企业职工(以企业职工股的形式),平均每位职工投资 4448 元。其余部分资金以社会法人股的形式由其他单位入股。此外,在 1992 年,大多数上海地区进行股份合作试点的镇、村集体企业由当地官员居主导地位,具体办法是限制新增投资来源,以便当地官员能够控制绝大部分有表决权的股份。松江实施的股份合作改革也符合这一情况。松江党委 1992 年 4 号文件将股份合作改革纳入加速经济发展规划,这奠定了这样一个原则,即由地方政府所持的集体股不应当少于股本总数的 50％。与此同时,当地文件认为,股份合作企业的"最大功能"是吸纳本地职工集资。在 1996 年,松江有 274 家股份合作企业,其中 131 家是新成立的企业,143 家是合并后的企业。后者已经从职工和其他渠道那里吸纳了 7740 万元新投资。在 274 家企业中,当地政府控股的有 214 家(占 78％)。正如川沙县最初试点所出现的情况那样,股份合作改革正是在当地领导感到乡镇集体企业资金短缺的背景下实施的。正如上海其他地方的情况那样,入股的职工既能获得利息(相当于当地农业银行工业贷款的利息),又可以参与分红(与利润的固定比例相匹配)。通过分红,他们在分享企业利润的同时,从理论上讲也分担着风险并间接影响企业决策。按照松阳镇采用的股份合作正式章程的规定,职工能够选举和撤销董事会成员。反过来讲,至少一年召开两次的董事会也有权利任免厂长(经理),批准或者拒绝经营方案和财务报告。

集体所有制的松阳纺织设备厂——由上海的一家国有企业和松阳镇政府共同投资的一家国内合资企业——的案例凸显了改革实施中产生的问题。自从 1993 年,该企业转制为股份合作企业以来,尽管股东们数次提议选举一个由十人组成的董事会,但一直到 1996 年,董事会仍然没有正式成立。镇领导继续任命企业的管理层,而镇政府继续为企业制定产量和利润指标,确定企业管理层的工资奖金,规定全厂的工资总数。正如该厂的一位管理者所说,企业转制为股份合作企业以来,"经营管理没有什么多大的变化"。由职工入股筹集的 90 万元资金被用来扩大企业的生产投资。在 1995 年,浙江私营企业的竞争使得企业丧失了大部分市场，企业利润大幅下滑之后，企业不再向股东发放利息和分红。结果，职工们开始闹事，要求返还他们最初的股金；此外，也存在着返还股金的先例：在1996年，松江县有24家面临财政困难的企业将股金返还给了职工。因此，入股的职工没能获得任何决策权，与此同时也没有承担任何风险。

1996年，松江县的工业部门提供的一份报告以下列话语来评价股份合作企业："仍然没有实现政企分开……乡镇仍然掌握着绝大多数股份，政府仍然直接任命厂长（经理），直接干预生产经营，当面临困难时，厂长（经理）仍然寻求政治干预。"按照官方政策的表述，到1996年年末，松江的产权改革进入了一个新阶段，当地领导提出"抓大放小"的口号，暗示他们的目标是保持对一些挑选出来的大企业的控制，与此同时，通过各种途径将其余企业的产权转让给私人。这些途径包括企业拍卖、企业租赁以及股份合作，在股份合作方式中，政府不再控制大部分企业，控制权实际上转移到了股东和董事会手里，并且通过他们——转移到了管理层手里。这一转变——在松江仍然处于最初的阶段——既反映了市场的变化，也反映了政治—法律环境的变革。整个20世纪90年代初期，松江政府将持续亏损企业的比例维持在一个大体不变的比例，而亏损在净利润中所占的平均比重偶尔增加。（据报道，在1992年，亏损在净利润中所占的比例高达20％。）然而，随着要素市场和产品市场的竞争日益激烈，以及地方政府预算控制的日益严格——这部分反映了财政和银行系统最近所发生的变化，在这种情况下，地方政府保持其对所有集体企业产权的控制的能力和意愿都在减弱。①

（四）关于温州与苏南的比较研究

佐藤浩从乡镇企业的所有制和管理体制改革的背景、商业组织形式、企业家和高层管理者的社会特征和行为模式及其对于企业家与当地党政机关之间的关系所造成的影响等方面，比较了苏南模式和温州模式各自的乡镇企业发展的区域类型的异同。

---

① Susan H. Whiting. The regional evolution of ownership forms：shareholding cooperatives and rural industry in Shanghai and Wenzhou[M]// Jean C. Oi, Andrew George Walder eds. Property Rights and Economic Reform in China. Stanford University Press，1999.

1.两地乡镇企业的所有制和管理体制改革的背景的比较

在乡镇企业部门,企业与当地党政机关之间的恩庇侍从纽带在企业和区域经济——取决于地区的不同——发展方面发挥着积极的作用。这一背景可以概括如下:第一,在农村地区的非公有制企业在法律上和政治上的地位还不稳固的时期,对于这些企业而言,遵循集体所有制原则和获得党政机关的政治庇护是至关重要的。第二,对于旨在获得原材料供应和销售渠道以及获得资金、土地和人力资源的乡镇企业而言,与当地党政机关密切合作是必不可少的。乡镇企业发现自己处于这样一个环境当中,在这种环境里,对商品的销售和价格的管制仍然存在,要素市场仍处于初级发展阶段。例如,资金主要来自银行贷款以及乡镇、村和农民的借款。在这种情况下,就需要来自党政机关的支持或者担保。对于试图获取原材料供应和销售渠道、引进技术的企业而言,与城市的国有企业进行合作(例如,以转包方式)是行之有效的办法。有证据表明,在这类案例中与集体所有制企业进行合作也同样有效。第三,在农村财政体制相当脆弱的时期,乡镇和村一级政府能够从集体所有制企业的利润中获得收益。这类收入不仅成为企业投资的资金来源,而且也是地方基础设施建设、农业和教育投入的资金来源。第四,实际情况是,农村地区中能够处理商业事务的能人群体与当地党政机关所吸纳的人力资源存在相当大的重合。因此,形成了一种区域政治—经济体制,在这种体制中,党政机关监管那些具有社区导向企业特征的集体所有制企业。这种区域体制往往产生于那些农业和农村工业在历史上得到相当发展的地区。这些地区还在毛时期积累了当地大多数的集体资产,在20世纪70年代已经发展了某些集体所有制企业。由于它们位于华东地区,毗邻大城市的城市国有部门和市场,位于这一地区中心的苏南地区,因而被命名为苏南模式。另外,在那些不具备条件来发展苏南模式的地区,正是小型的家庭商业——即民营企业——成为农村工业化的驱动力。温州模式与苏南模式有着显著的差异。苏南模式是这样一种农村工业化模式,它存在的背景是长江三角洲较高的农业生产率,而温州模式是这样一种农村工业化模式,这一模式背后是农业生产率低下的山区摆脱贫困的诉求。

2.两地商业组织形式的比较。

(1)苏南的商业组织形式的演变情况。

苏南模式的独特特征存在缺点:第一,乡镇和村财政没有与商业管理相分离,对于企业而言,这一事实存在着形成"软预算限制"的风险,或者,反过来说,存在着通过"剥削"企业来给乡镇和村财政输血的风险。第二,工资上的平均主义往往妨碍了企业管理的效率,这种工资上的平均主义是社区导向、过度就业和对社区做出经济贡献的企业的特征。第三，当地党政机关的干部与企业管理者之间强有力的个人关系损害了这些管理者的独立性，这也使得从外部获得能干的人力资源变得困难。这些问题实际上与国有企业所面临的问题相似，结果，企业与管理者并未按照真正的独立经济实体行事。随着 20 世纪 90 年代市场化的深化，苏南模式的独特特征逐渐成为束缚企业发展的障碍。商品市场的自由化近乎彻底，民营经济已经发展，城市国有经济的改革已经推进到一定程度，外资开始大规模进入市场。因此，具有苏南模式特征的集体所有制企业开始面对更为剧烈的竞争。此外，要素市场的发展，尤其是金融市场的发展，削弱了地方政府在管理资源获取方面的重要性；在法律地位和税收政策方面针对企业所有制的歧视性规定已经消失。作为这些环境变化与所有制和管理体制改革的结果，集体所有的乡镇企业成为 20 世纪 90 年代中期以来的经济改革的主要支柱。江苏省是集体所有的乡镇企业发展的典型。在 1998 年，进行某种所有制和管理体制改革的集体所有的乡镇企业的数量是 84931 家，这一数字大约相当于 1996 年改革开始时的集体所有的乡镇企业总数的 90%。改革方法可以大体划分为三类。第一类是"产权改革"，旨在重组乡镇企业为股份合作制企业；第二种方法是"所有制改革"，旨在卖掉企业，即私有化；第三种方法是"管理体制改革"，旨在将乡镇企业转型为租赁制企业，开展风险抵押承包。采用这三种方法的企业分别占企业总数的 36%、43%、21%。[①] 在企业体制方面，股份合作制企业具有为雇员提供入股的合作社或者企业的特征。然而，事实上，它们采取相当多样的形式。有些企业集体股份占多数，有些企业股份集中在管理层手里（事实上的私营企业），有些企业股份由员工分散持有。例如，温州绝大多数的股份合作制企业实际上是私营企业。考虑到企业规模与改革方法之间的关系，我们可以看到，一般而言，小规模企业是民营的，而中等规模企业被组织成为股份合作制企业或者有限责任公司，大型企业被重组为股份有限公司。然而，在江苏的案例中，集体资本仍然相对强势。在 1998 年，江苏的股份有限公司和股份合作制企业中，集体资本占总资本的 40.3%，高于 33.7% 的全国平均水平。

（2）温州的商业组织形式的演变情况。

温州企业的演变可划分为三个阶段。第一阶段始于 20 世纪 80 年代初。在这一阶段，小规模的家庭企业是农村工业化的先驱。例如，在 20 世纪 70 年

---

① 卖掉企业可以有两种形式：整体出售或者在只出售流动资产的同时，出租固定资产。

代,瑞安县先向镇(音)的许多农村家庭开始用铡刀和熨斗手工生产塑料鞋。在平阳和苍南县,许多生产合成纤维袋(有弹性的麻绳制品)的小作坊在农村蓬勃发展,这些做法从生活垃圾和工业垃圾中获得原材料。甚至人民公社时期建立的集体所有制企业也引入了转包机制,实际上,相当一部分工业产品委托给社区内部的农户进行加工。第二阶段始于20世纪80年代末。这一阶段的特征是股份合作制企业的发展,甚至到20世纪90年代末,股份合作制企业就成为温州企业的主要形式。然而,值得注意的是,温州的股份合作制企业的特征不同于苏南的股份合作制企业的特征。温州的股份合作制企业是由几个人(家庭)拥有的联合股份企业,这意味着,它们应该被看作是某种私营企业。对于温州市政府和企业家而言,允许这些实际上的私营企业在股份合作制下存在,从而避免私有制所遭受的政治上和意识形态上的批判,无疑是明智之举。温州企业发展的第三阶段始于20世纪90年代后半期。在这一阶段,一些企业重组为有限责任公司或者股份有限公司,它们开始按照现代企业的方向重组自身。然而,在大多数案例中,即使是这些企业也往往拥有强势的家族制性质。

3.两地企业家和高层管理者的社会特征的比较

这里分别就个人特征、政治地位、就业渠道和过去职业四方面进行对比。

(1)就个人特征而言,显然,高层管理者的教育水平低于包括国有企业管理者在内的企业管理者的总体水平,但是显著高于乡镇企业雇员的总体水平。总体而言,国有企业和集体所有制企业的高层管理者的教育水平要高于民营企业的管理者的教育水平。然而,温州高层管理者的教育水平更高。这似乎是最近从外部获取能干的人力资源的机会增长的结果,尽管以前温州的大多数高层管理者是当地农民出身的企业主。通过选拔性考试或者接受企业聘请而进入企业的高层管理者的比率正在显著上升,许多这类管理者的教育水平很高。与之相反,在吴江,就业年份与就业渠道之间以及就业渠道与教育水平之间没有显著差别。

(2)就两地高层管理者的政治地位而言,党员的比例非常高,吴江和温州都是如此。从其他调查结果可以清楚地看到,私营企业主中党员的比例要高于农村地区的平均水平。根据国家工商管理局所调查的全国范围的私营企业样本,农村地区22%的管理者是党员,这大大高于同一时期农村地区的总体水平。此外,温州在20世纪80年代末进行的自我就业的调查中,党员比率也很高,约为21%。然而,这一调查的结果表明,这一比率甚至比现有的调查结果还要高。这一高比率的部分原因在于温州调查将小企业排除在外,部分原因在于样本是有偏向的,因为不可能进行随机抽样。

(3)就就业渠道而言,这两个地区的高层管理者存在重大差异。一方面,在吴江,68％的高层管理者是通过(乡镇或村)集体任命或者(乡镇干部或者村干部)个人推荐而进入企业。此外,通过观察吴江的高层管理者如何被提拔到他们当前的职位,我们可以看到,48％是由党政机关任命,34％是企业内部的任命。另一方面,在温州,49％的管理者是企业主。这些就业渠道方面的差别反映在研究对象的出生地(籍贯)的分布上。在吴江,大多数的高层管理者的籍贯与他们所工作的企业所在的乡镇一致,而在温州,来自企业所在乡镇之外的高层管理者占了相当比例。

就过去职业而言,接受调查的管理者在进入目前的企业以前获得经验的职业(或者政治地位)方面,这两个地区之间存在差异。在吴江,许多管理者之前的经历是担任乡镇干部和村干部,而在温州,许多管理者拥有家庭企业的经历。然而,在这一差异背后,也可以看到这两个地区之间的共同之处。正如第一章所提到的,担任干部和经营家庭企业的经历都有助于积累广义上的人力资源和本书所定义的网络资本。我们也注意到,担任干部的经历也有助于积累与党政机关有联系的垂直网络(即社会政治网络)。此外,通过观察管理者父辈的工作经历,我们发现,吴江和温州两地的相当大一部分的高层管理者的父辈都参与非农业活动(吴江是33％,温州是37％)。这种父辈的非农业活动的直接的或者间接的影响也能够归于广义上的人力资本。

4.两地高层管理者的连续性与非连续性的比较

吴江的高层管理者的延续性和非延续性情况如下:在吴江的案例中,高级管理层在改革之前与改革之后存在极大的连续性。即,在许多案例中,之前的高层管理者通常直接被任命为改革后的企业的管理者。这一论断也得到作者在吴江市进行的采访的支持。这一发现支持了权力转变假设,即第一章所阐释的政治资本拥有者转变为企业家。换句话说,苏南模式的企业改革成为管理者在有利条件下将地方集体资产转变为私有财产的过程。在大多数情况下,企业资产评估期间对企业资产销售价格的评估以及对管理者所做贡献的评估是通过(企业的所有者)乡镇和村以及相关企业的高层管理者之间的协商来确定,正是由于这一原因,上述转变才成为可能。当利益相关方之间的产权重新分配在"将资产集中在管理者受众"的主要政策下进行时,结果极其有利于管理者就是非常自然的了。例如,在前乡镇企业 WD 公司(地毯制造商)的案例中,作为吴江 H 镇的唯一一家保持集体股份制的企业,改革在 1998 年年初进行。当时企业被评估为净资产 447 万元,其中 203 万元作为乡镇拥有的股份。厂长拥有 140 万元股份,他以私人资金购买了价值 80 万元的股份,其余 60 万元股份作为他迄今为止作为管理者所做贡献的补偿。其余的股份被其他六名管理者获得。通过这种方式,除了集体所拥有的股份之外的所有股份都被管理者获得。此外,按照对企业所做贡献的大小,将集体价值 42 万元的股份分配给管理者作为"共享股"。这些"共享股"由集体持有,但是红利是分配给管理者个人。厂长分到相当于价值 20 万元的共享股的红利。正如本案例所表明的那样,企业改革中为了激发管理者的积极性,给予了各种各样的优惠政策。

温州的高层管理者的延续性和非延续性情况如下:在某种程度上,温州的大多数高层管理者是企业拥有者,这一情况也很自然。这里注意的变化是,20世纪 90 年代以来,从外地招募的高层管理者的数量不断增长,这表明,温州的私营企业现在寻求改变他们的管理结构。在这以前,温州的私营企业基本是以家庭商业结构为基础,为了应对市场环境的变化——这些变化包括工业地区获得权力的竞争、与诸如国有企业或外资企业这类的大型企业的更为剧烈的竞争、技术革新的日益增长的影响,这种变化是必不可少的。比较温州有代表性的企业的管理结构的变化,注意到那些聘用非亲属人员的企业实际上使得企业管理变得不稳定的案例。也有业绩良好的企业重组为股份有限公司,采用现代管理结构,然而通过只在家庭成员之间分享股份仍然基本上保持家庭管理的案例。此外,就整个温州而言,即使到了 20 世纪 90 年代末,小规模的家庭企业仍然占了企业的大多数。看起来,这一形势——大多数企业保持了家庭管理然而一些企业演化出更为现代的管理结构——仍将持续一段时间。

5.两地企业家和高层管理者的行为模式的比较

这里分别从决策权、管理目标、发展趋势三方面进行了对比。

(1)决策权方面存在相似性。接受调查的企业的高层管理者的决策权要大大高于改革后的决策权。此外,没有发现吴江与温州之间存在地区差异;即使在吴江,也几乎已经看不到党政机关直接参与企业管理的情况。

(2)管理目标方面存在差异性。这两个地区的特征表现在管理目标与高层管理者行为的限制因素方面的差异性上。首先,在研究管理目标时,下列事实是显而易见的。第一,一般而言,来自温州的受访者比来自吴江的受访者更重视与自己企业发展有关的目标(增加印业额、利润最大化、技术革新、提高公司地位)。此外,对于来自温州的受访者而言,与这些目标有关的价值几乎没有什么变化(例如,变化的系数很小)。这意味着,总的来说,温州的高层管理者更加致力于应对市场竞争。第二,与上述观点相反,来自吴江的受访者总的来说更重视企业内部(增加员工收入)、企业与社区之间(提供就业机会、为社会的公共福利做贡献)的恩庇侍从纽带以及与国家政权的关系(纳税);这里变化的系数也很小。这意味着,在某种程度上,吴江的大多数高层管理者仍然把他们的企业看作是社区导向的企业。其次,下列事实可以看出关于高层管理者行为的限制性因素。对这两个地区而言,最重要的限制性因素是市场竞争。将这两个地区进行比较,温州的市场竞争的平均指数更高,而变化的系数非常小。换句话说,温州的高层管理者通常看起来要比吴江的高层管理者更强烈地感受到市场压力。然而,其他的限制性因素——企业内部的组织和群体、当地党政机关、社区公共意见,温州的表征限制性因素程度的平均指数比吴江的要低,这表明,温州的管理者的决策自由度更高。

(3)发展趋势方面存在趋同。两点表明,社区对高层管理者行为的限制性因素是暂时的,他们的行为模式将最终向着温州那种更加市场导向的行为模式趋同。首先是关于外部限制性因素的强度的。观察一下将乡镇干部看作依赖变量的案例,我们可以看到,从数据上而言,企业改革的时间非常重要。这意味着,以前经历过短期改革的企业的高层管理者更强烈地感觉到他们的管理决策受到乡镇干部的限制。多少有些令人吃惊的是,集体股份的比率并不大。如果我们把社区公共意见看作依赖变量的话,可以看到,除了企业规模变得重要之外,结果与那些将乡镇领导作为独立变量的案例相似。这一结果表明,随着时间的流逝,无论集体是否拥有股份,来自当地党政机关和社区施加给高层管理者的管理行为的限制在减少。其次是关于企业内部的限制性因素。第一,观察来自员工的影响,我们发现,集体股份比率低的企业的管理者更强烈地感受到员工意见的影响力。类似的结果也可以在董事会看到。作为大股东的集体股份不是限制高层管理者行为的要素;相反,它是强化高层管理者权力基础以及增加他们管理行为自由度的要素。反过来说,在那些集体资本已经退出的企业的高层管理者面对的是不得不承担在企业内部协调利益的成本,以此作为免于党政机关干预的代价。这表明,党政机关与高层管理者之间通过集体资本结成的恩庇侍从纽带将继续起作用。也许,在未来这一趋势将分化为两类:在绝大多数企业,集体资本退出;极少数企业,集体资本仍占据一定比例。

6.两地企业家和高层管理者与当地党政机关之间的关系的比较

高层管理者中的管理行为的趋同趋势意味着,苏南模式所体现的企业与当地党政机关之间的关系仅仅会破裂吗?本研究的结果认为不会。相反,这一过程应该被看作是双方的恩庇侍从网络的重组。这一论断的论据如下：第一，即使对于那些经历了公司化与私有化的企业来说，当地党政机关的作用也很重要。温州企业家对于地方政治的看法的变迁很好地证明了这一点。在温州直接参与地方政治（"担任乡镇干部或村干部"、"在政府机关担任职务"或者"当选为乡镇或县人大代表"）的人要多于吴江。参与地方政治有两种方式：积极方式是在政府机关直接代表企业家的利益，消极方式是企业家捍卫自己免于当地党政机关的干预。我们首先来解释积极方式。以前，温州的私营企业主对于当地党政机关的存在意见不多，但是日益剧烈的市场竞争迫使他们认识到，当地党政机关在构建市场发展所必需的软硬件方面发挥着重要作用。因此，他们开始重视发展与当地党政机关的关系网络。至于消极形式，需要指出的是，在一些案例中，由于税收增加和各种摊派造成的乡镇政府与企业之间的关系紧张，企业纷纷外迁。第二，覆盖企业的恩庇侍从网络既有正式的关系也有非正式的关系。正式的关系是指党政干部能给企业的高层管理者的个人事务赋予权威，而非正式的方面是指党政干部与高层管理者之间的个人关系。在吴江，企业与当地党政机关之间的正式关系的确已经发生了重大变化。然而，由于社会惯性，非正式关系将可能会持续很长一段时间。企业的高层管理者的延续性以及各利益相关方（党政干部与企业管理层）通过协商将地方集体资产改制为私人财产的过程再好不过地阐明了这些非正式关系。①

---

① Hiroshi Sato. TVE reform and patron — client networks between peasant entrepreneurs and the local government: the Sunan model versus the Wenzhou model reconsidered[J]. The Growth of Market Relations in Post—Reform Rural China，Volume 1，Part 2，January，2003：51—90.

第三章

对海外温州研究的若干争议性观点的理论回应

对于海外学者的温州研究成果存在一个分析、利用问题。海外学者由于世界观、历史观和价值观的不同,他们的研究存在许多问题,这就要求我们在充分借鉴和吸收海外学界有关温州研究的精华的同时,要做到如胡乔木所说的:"对在论著中经常出现的比较重要的有影响的错误观点和歪曲我们党的历史的言论,进行针锋相对、有理有据的分析和批判。"这不仅是学术性的问题,在一定程度上也是政治性的问题。

对于学术著作,尽管我们不能采取那种简单化、概念化和公式化的批判态度,但是,同样也不能不加分析地盲目接受。一些海外学者尤其是西方学者,往往用高高在上的西方意识、西方视角、西方价值、西方背景来"隔着纱窗看晓雾"般地审视中国、理解中国,甚至建构出来一个犹如异域风情画、异邦奇事录般的"想象中的'异邦'温州"。

由于篇幅所限,本书不可能将海外温州学研究的所有观点都一一进行评析,只有在肯定其研究成果的基础上,选取笔者认为最需要商榷的观点来加以评析,充分阐述国内学界的观点,表达我们的研究成果,指出我们认为海外学者研究中不足或不正确的地方,以求得在交流与商榷的过程中的共同提高。

一、改革开放前温州各项事业的发展情况

（一）一些海外学者错误地将温州改革开放前的各项事业成就视为静止、停滞

在一些海外学者看来，新中国成立之后的前30年，温州的发展完全是"静止"和"停滞"的状态。

蔡欣怡指出，在整个中华民国时期，温州都是一个繁忙的商港。但是，在中华人民共和国的前30年中，它经济停滞，无论是从总量上看，还是从人均数量上看，人民的生活水平都很贫困。无论是中央还是浙江省政府都不想把有限的资源用于温州的基础设施和工业发展。尽管温州占浙江省土地面积的11％，占人口总量的15％，但它得到的固定资产投资只占全省的1％。① 简言之，蔡欣怡认为在新中国前30年，温州的"经济停滞"的"低度发展并非偶然"，而是由于"官方的忽视"。②

叶新月、丹尼斯·魏认为，在南宋年间（公元1138—1276年），温州是全国的商业中心之一，具体而言是全国的手工业生产和国际贸易的中心之一。在清末，随着海运与现代工业的发展，温州的港口地区开始兴盛起来。到20世纪30年代初，温州成为中国主要的沿海港口之一，还是全国手工业与轻工业中心之一。之后，由于新中国前30年禁止私营企业发展，减少对易于遭到外敌入侵的沿海地区的国家投资，温州的地位开始衰落，许多居民在贫困线上挣扎。而海运贸易的减少，切断了温州港口的生命线。由于温州对于国家而言战略上并不重要，因此没有修建铁路或者机场来改善其糟糕的交通状况。缺乏投资不利于轻工业和服务业的发展，而这两个行业是温州传统经济的核心所在。此外，温州参与地下贸易以及发展私营企业名声在外。因此，温州没有

---

① Tsai，Kellee S. Back－alley banking private entrepreneurs in China[M]. Ithaca，N.Y.；London：Cornell University Press，2002.

② KELLEE S.TSAI. Debating Decentralized Development：A Reconsideration of the Wenzhou and Kerala Models[J]. Indian Journal of Economics&Business，Special Issue China & India，2006.

从新中国前 30 年的经济发展政策中获益。[①]

克里斯特·帕立斯指出,1949 年温州地区的工业总产值领先于全国部分地区,达到 680 万元(1980 年价格),与浙江另一个港口城市——宁波持平。但 1949 年以后,尤其是 1957 年以后,由于宁波通了铁路而温州没有通铁路,温州就落在了宁波后面。温州极少得到中央的投资:从 1949 年到 1981 年,国家给温州的投资总计大约 6.55 万元,而同期宁波得到了 28 亿元。根据官方的统计数字,1966 到 1978 年间,温州的工业增长速度只有 0.1%。[②]

福斯特认为,在毛泽东时代,温州在经济上成为浙江省最落后的一个地区。在这个时期,农村的集体主义经济并没有得到充分的发挥以吸收过剩的农业劳动力,激活地方工业和商业。而这些在浙江省的北部和江苏的南部都得到了发展,在这些地方集体企业紧邻主要的城市市场。在 1978 年以前,温州的固定资产人平值仅仅占浙江省平均值的 28%。主要的固定资本投资仅仅有 1% 流向温州,而这个地区占全省土地的 11%,占全省人口的 15%。来自中央的和省上的投资资金的缺乏,部分原因就是发展中国落后地区的毛泽东主义的重新分配政策。"如果不考虑温州在 80 年代中期的发展的话,事实上,温州经历了一个 30 年的停滞期"。[③]

(二)理论回应

从新中国成立到改革开放以前,整个温州地区的发展成就是不容否定的。在党委政府的领导下,温州人民在进行经济建设的进程中,尽管也有探索中的失误挫折和深刻教训,付出了不少代价,但也取得了巨大的成就。限于篇幅,这里仅就这一时期温州工业方面进行探讨。温州的工业建设在这一时期取得的成就主要表现为以下两个方面:

1.重工业基础的逐步加强

新中国成立前,温州基本上很少重工业。1949 年,在全地区工业产值中,轻工业占 90.16%,堪称重工业的仅是一些小机械修造、照明发电和明矾采炼。

---

① Xinyue Ye,Yehua Dennis Wei. Geospatial Analysis of Regional Development in China:The Case of Zhejiang Province and the Wenzhou Model[J]. Eurasian Geography and Economics,Vol.46,No.6,2005.

② Kristen Parris. Local Initiative and National Reform:The Wenzhou Model of Development[J]. The China Quarterly,No.134(Jun.),1993.

③ Keith Forster. The Wenzhou Model for Economic Development:Impressions [J]. China Information,Vol. 53,No.5,1990:53-64.

1958年起,机械工业呈蓬勃发展的趋势。市区铁器、五金等一批手工业纷纷上升为机械厂(社);一些工厂的机修车间也扩展为专业机械厂;市区机械业猛增了温州农械厂、模具厂、电机厂、锅炉厂、矿机厂、通用机械厂等十几家,形成机械工业勃然兴起的局面。原来的重点骨干机械厂——温州铁工厂,经数次连续扩建,这时已发展成有职工1676人的大厂,以生产柴油机为主,成为全省三大动力机生产基地之一;1958年改名为温州动力机厂;1962年,进一步被上调为冶金工业部属16家冶金机械企业之一,改名为温州冶金机械修造厂。1960年,温州渔械厂开始生产起网机、脚踏织网机等;1961年试制成功电动结网机,填补了国内空白,打破此类产品依赖进口的局面;后又试制并生产并线机、捻线机、制绳机组等,成为全国较早发展渔业机械的地区之一。1966—1970年,温州农械厂等陆续试成投产手扶拖拉机、圆盘收割机和我国自行设计的第一台船用挂机,其中四台船用挂机还被选送国外展出。20世纪60年代初,国内印机生产刚起步之际,市区、瑞安的7家机械厂,便率先转向印机制造;60年代后期,已有圆盘、方箱、胶印、金属板印刷机、切纸机、磨刀机等,形成系列,能为县级印刷厂提供成套设备;70年代,印机生产进入兴盛;1977年,市区、瑞安两地已有印机厂28家,职工4971人,产品又新增了自动印刷机、电化铝烫金机等,成为省内印机生产的重要基地。1959年,永嘉冶炼厂开发蒸馏平罐炼锌成功,成为浙江省炼锌之始。同年,温州市郊开发安下铅锌矿,成立温州冶炼厂,并先后炼成投产粗铅、电解铅;1966年两厂合并,年产电解铅、锌分别为370吨、1090吨,成为华东地区唯一以铅、锌为主的专业生产厂。温州从此有了现代的有色冶金工业。1959年投资319万元的东屿火力发电厂第一台2500千瓦发电机组建成投产;1960年,投资1671万元的百丈漈水电站2×1.25万千瓦水轮发电机组建成发电。这两大主力电厂的投产,温州主要水、火电开始并网运行,形成温州电网的雏形,全地区发电装机容量由1957年2298千瓦,突增至1965年3.15万千瓦。1968—1977年,又陆续投资745万元,建成装机2×1.2万千瓦的梅屿火力发电厂。1978年,全地区发电量35787万千瓦时,为1957年的55.4倍,其中水电15051万千瓦时。1960年,温州造船厂制造成功第一艘66马力钢质拖轮,温州造船工业开始从木质船建造进入钢质船建造的新时期;1975年,先后为海军装备部、六机部、国家海洋局等建造了港湾拖轮、058型登陆艇、海洋调查船;1972年,市区组织52个单位参加的渔轮大会战,建成12艘600马力灯光围网渔轮;1969年,被划为六机部归口企业;1978年,该厂及新华造船厂,被批准为军工定点企业,进入批量生产军用船舶的行列。1958年起,市区涌现大批化工企业,有温州有机化工厂、助剂厂、颜料化工厂、试剂化工厂、燎原化工厂、昆仑化工厂、锦山化工厂、栲胶厂、香料厂、塑料厂等,其中包括一些民办小企业,纷纷从事化工产品开发。市区化学工业投资 2101 万元,占工业投资的 30.1%;1963—1965 年,继续投资 1127 万元,占工业投资的 52%,均居同期各工业行业首位。①

2. 形成了以食品、纺织、皮革、五金、造纸、印刷等为支柱的轻工业

(1)食品行业。1949 年 9 月,在温州人民政府的大力扶持下,温州的炼乳厂复工生产,当年产量 22 吨。1954 年,采用喷雾法生产奶粉成功。同年 12 月实行公私合营,市内几个小厂(瑞星、大众、华尔福、友好、兴华等)相继并入。1957 年,甜炼乳恢复出口,为全国第一家。1958 年,省拨款 61 万元,新建温州乳品厂,全市乳制品产量达 1398 吨。在此期间,温州乳品行业受轻工业部、省轻工业厅委托,作为大专院校食品专业和国外留学生的实习工厂;并举办四期全国乳品技术培训班和一期全省乳品技术培训班,培训 300 余人,为我国乳制品工业的发展做出了贡献。1950 年 3 月,中国茶叶公司华东分公司为组织恢复茶叶出口,拨给温州一套茶叶加工设备,建成国营温州茶厂,发展到固定工 284 人、季节工 2900 多人。在 1954—1956 年的社会主义改造中,市区联业、恒丰、胜昌祥等五家私营茶厂合并组成公私合营温州制茶厂,不久亦并入国营温州茶厂。该厂按经济区域承担温州、丽水、台州地区的 18 个县(市)茶叶的精制加工任务。1956 年市区制冰厂坊公私合营后成立温州制冰厂,1976 年时职工 86 人,产值仅 14.5 万元。1956 年温州市区酿造作坊实行公私合营,合并为广和、乾和、长春、瑞星四家,1960 年又合并成立温州酿造厂,1963 年分为酿造厂和酒厂两家。各县也分别并成瑞安酿造厂、乐清酒厂、平阳酿造厂、鳌江酿造厂等。50—60 年代,酿造业对酱酒生产工艺做了多次改革。1965 年平阳酿造厂采用大池发酵新工艺,是全国酿造行业较早采用大容器发酵的单位之一。温州酒厂在全市率先实现半机械化酿酒工艺。温州瑞星酱油、苍南甘露酱油、瓯海岷源大曲、温州老酒汗、苍南仙堂白酒、文成鹤泉米酒等,均为享有盛誉的地方传统产品。1956 年由大兴和、谷同春两家酱园组成的公私合营永嘉酿造厂,1960 年改名温州果酒厂;1972 年再改名温州啤酒厂;1965 年温州果酒厂开始试制啤酒成功,取名江心牌瓯江啤酒,1966 年正式投放市场。1957 年,国家投资 1043 万元在瑞安莘塍创办瑞安综合糖厂,厂区占地面积7.6万平方米,规模在省内仅次于义乌糖厂,是浙江省第二大糖厂;1959 年建成投产,当年产白糖 1398 吨;至 1966 年,增至年产 4107 吨;平阳、乐清于 70 年代

---

① 俞雄,俞光.温州工业简史[M].上海:上海社会科学院出版社,1995:137—140.

初创办机制糖厂,1973年全市机制糖产量7536吨。1958年,温州重新发展罐头生产,兴建了温州罐头食品厂、瑞安远东蛋品厂罐头车间及乐清(虹桥)罐头食品厂;1959年全市罐头产量987吨,产品出口苏联;1961年对苏贸易中止,温州3家罐头厂相继停产;1965年后逐步恢复,1975年全市罐头产量1697吨,以出口家禽、肉类、水产及水果罐头为主。1959年,温州粮食制品厂以干酪素、面筋为原料,采用盐酸水解法试制味精成功,年产约100公斤;1966年开始采用谷氨酸发酵工艺,年产量15吨,改名温州味精厂;1968年试制成功霉菌蛋白酶,填补当时国内生物发酵工艺中酶制剂的一项空白。

(2)纺织。1949年初,沿海遭封锁,棉纱无法运进,温州棉织业陷入困境,市区棉织厂的2597台织机,只能开工806台。50年代,市区棉、针织业实行公私合营,组成富华、荣济染织厂、温州针织厂。例如,1950年11月,温州市染织社成立。1951年10月,富华染织厂首家公私合营。1955年华成、统华等四家公私合营,合并成立荣济染织厂,个体棉织手工业陆续组成第二、三、四棉织社。1956年,棉织业实行全行业公私合营与合作化,市区合并成十多家棉织厂社,职工2000多人,织机1255台;淘汰原有陈旧木机861台,平阳县22家小型棉织厂坊,改组为瓯南、宜山等四家公私合营企业。1956—1965年,又陆续新建温州毛纺织厂、温州丝厂、温州绸厂和温州棉纺织厂等,成为温州纺织业的骨干。1957年全地区棉布产量1258万米(其中原温州市879万米),恢复到1949年的产量水平。50年代末,温州始产白厂丝、粗纺呢绒,60年代前期始产毛线、棉纱。棉纺、织开始配套,毛纺工业初步形成,传统丝绸也有所恢复。1965年,由城东、城西、五马三家街道棉织厂合并,成立温州棉纺织厂,淘汰陈旧木机,改织为纺,置6000棉纺锭,当年产棉纱63吨,温州开始自产机制棉纱;1970年,产量增至712吨。1973年,市区棉织厂以顺序定名,富华、荣华(原名荣济)布厂、温州染织社及兴无棉织厂(由第二、三、四棉织社合并),改名为温州棉织一、二、三、四厂。苍南宜山一带,民间素有土纺土织的传统。20世纪50年代棉花统购后,传统土纺业衰落。60年代初,发展农村家庭副业,土纺土织恢复,年产值370万元。1967年,当地土纺"东山再起",并以布角边料、破布、旧衣、旧棉胎等为原料,发展再生布纺织,在当地政府引导下纳入乡村企业,土纺土织逐步得到发展,1978年苍南全县乡镇纺织企业达129家,从业1.32万人,年产土纱1589吨,再生布2776万米,产值2069万元。1961年,温州毛纺织厂试制成功粗梳毛线,产量4.5吨,1971年增至264吨。1976年起,生产精梳绒线。1978年,改粗纺环锭为精纺,纺出16.5支纯腈纶针织纱,推出毛腈混纺精梳绒线、钝腈纶精梳绒线。1951年,温州市区针织业64家,从业 640 人,有织袜机 900 多部、罗纹机 37 部、横机 25 部。同年 9 月,十几家大、中户合并组成联生针织厂,有职工 270 人,其余中小户则联合组成新生针织厂及第一、二针织社。1956 年,联生针织厂公私合营成立温州针织厂,第一、二针织社归并为温州针织合作工厂。1956 年,温州针织厂率先试制兔毛衫成功;次年首批 1 万件出口苏联,成为全省第一家毛衫出口企业。继而,温州针织合作工厂也开始生产。1959 年,市区外销毛衫 50 万件。60、70 年代,兔毛衫一直为全市外贸出口骨干商品,销至苏联、日本、加拿大、法国、意大利、中东及港澳等 20 多个国家和地区。1949 年,市区织袜 65 户,年产袜 156 万双。1951 年,织美、正大等 13 家针织作坊联合组成联生针织厂,有手摇袜机 147 部、罗纹机 260 部、套口机 4 部,职工 270 人,单一生产低档纱线男女袜。1953、1956 年成立的温州市第一、第二针织社,也以生产袜子为主,兼产手套。1957 年市区产袜 270.2 万双。1961 年起,温州产尼龙袜。1963 年,始产锦纶卡丝袜。1971 年,市区产纱线袜 170 万双,弹力尼龙袜 18.1 万双,卡丝袜 1.6 万双。1978 年,产纱线袜 85.8 瓦双,弹力袜 74.9 万双,卡丝袜 41.2 万双。1951 年,成立国营温州麻袋厂,1952 年创办温州精洗麻场,还有个体手工业 40 多户,市区麻纺业约 800 余人,年产麻袋 32.6 万条。在市郊上河乡等地,有两三千名妇女以纺麻为家庭副业。1956 年,筹建近代设备的温州麻纺厂,拥有 4 台麻纺钢丝车 1600 纺锭,拟利用浙闽沿海地区废渔网为原料制造白帆布。1959 年转产,改为温州毛纺厂。60、70 年代,市区主要麻袋生产厂为温州市麻袋厂,1960 年麻袋产量 73.8 万条。1951 年,市区成衣手工业 514 户,至 1955 年,陆续组成 14 个服装生产合作社,全行业 1899 人。1958 年后改组为国营温州市服装厂及第一、第二服装合作工厂,后又增加第三至第六服装厂、衬衫厂、内衣童装厂等,行业职工由于部分转业,减至 972 人。1965 年市区年产服装 30 万件,产值 265 万元。1972 年,温州市第一服装厂开始为上海市服装进出口公司生产出口服装,有童装、睡衣、连衣裙等。

(3)皮革与革制品。1950 年,市区制革业 36 家(动力生产 2 家、手工生产 34 家),从业人员 126 人。1951 年,浙江省工业厅手工业改进所在温州成立制革实验工厂,1952 年改名地方国营温州制革厂。1956 年精华等私营制革厂组成了公私合营温州制革厂,后两厂合并成立温州皮革综合厂,下设制革、皮鞋、皮件、靴鞋四个分厂,职工 2000 多人。1958 年制革部分的产值 493.84 万元,产量折合牛皮 12.14 万张。1961 年,重又分出成立温州制革厂。这期间,该厂的猪皮植鞣取得了全国首创成果,突破了猪皮开剥的工艺,并在猪皮开剥处理、腌制等方面形成完整的系列工艺,还为浙江、福建各地提供技术培训,为推广猪皮的利用做出贡献。1962 年受轻工部委托起草"植鞣猪皮底革"的部颁标准。1964 年,温州猪皮革开始出口外销。1966 年,全市皮革产量 28.98 万张(其中市区 22.45 万张)。1950 年市区皮鞋行业共 43 户,从业 130 人,多数属个体作坊。1954 年成立第一、第二皮鞋生产合作社,全行业基本实现了合作化。市区皮鞋产量由 1949 年 0.4 万双增至 1957 年 16.3 万双。1960—1966 年又陆续成立温州市皮鞋厂、第四皮鞋合作社、第五鞋厂与第七鞋厂。1978 年,市区有国营、集体皮鞋厂 10 余家,年产皮鞋 49.68 万双。1950 年市区皮件业有 17 家,均为前店后坊,从业人员 42 人。1953 年成立皮件生产合作小组,1954 年建立温州市皮件生产合作社,社员 41 人,皮箱年产量 4600 只。1958 年并入温州市皮革综合厂为皮件分厂,1961 年单独划出成立温州市皮件合作工厂。1972 年又创办温州皮件二厂和温州工艺皮件厂,产品有皮箱、皮包、皮衣、皮带等。1964 年起,重新开拓了皮箱、皮衣出口。至 1978 年,共出口猪皮箱 64098 只,皮衣 38894 件。

（4）五金工具。1950 年温州市区五金行业有铁器 147 户、铜锡 83 户、白铁 61 户、元钉 26 户、铜丝 59 户、衡器 30 户,还有机器修理 22 户,合计 428 户,从业人员 706 人,年产值 52.55 万元。以后陆续组织了五金生产合作社、第一、二、三、四铁业生产合作社及制锁、剪刀、衡器、自铁、铁锚、制钉等社组,一大批手工业者走上了合作化道路。至 60、70 年代,全市五金行业中逐步形成了矛牌剪刀、永久锁、瑞安钻石牌羊角锤、牛头牌家用刀具等一批拳头产品。比如,1954 年个体剪刀手工业户 17 人组成温州市剪刀生产合作社。1956 年租用一台柴油机,1957 年职工集资购买了抛光机、发电机,开始有了电镀设备,年产剪刀 16.7 万把,产值 6.25 万元。1958 年改为温州市五金剪刀合作工厂。1964 年试制成功旅行剪,该剪可伸可折、携带方便,进入市场即引起消费者的极大兴趣,求购者纷至沓来。1965 年生产民用剪 32.25 万把,旅行剪 119.7 万把,开始打入国际市场。1976 年产剪刀 284.6 万把,至 1978 年增为 739.2 万把。再比如,1953 年铜铁器手工业者组织五金生产合作社,开始小批量生产铁锁,1957 年该社制锁部分转入温州第一五金机械合作工厂,成立制锁车间,增添设备,改进产品设计,弹簧锁、铁包锁、弹子锁产量成倍增长。1960 年和温州市第二五金机械厂合并,成立永久锁厂。1962 年永久锁厂生产的"永久牌"铁挂锁参加全国锁类质量评比名列第六,成本全国最低,得到轻工业部嘉奖。1965 年产值 217.56 万元,1967 年开始出口,1979 年产值 550 万元。

（5）造纸行业。1949 年 8 月,大成造纸厂在温州首次机制成功白报纸,当年全市机制纸产量 39 吨;至 1952 年产量为 326 吨,1957 年产量为 1218 吨,1962 年产量为 3684 吨,1965 年产量为 6134 吨。1953 年 10 月,温州皮纸厂开始手工制造打字蜡纸原纸(白棉纸),1960 年实现了机械化生产。为恢复唐宋时温州蠲纸的特色,是年 12 月,又以传统方法试制成功温州书画皮纸。60—70 年代,温州还相继开发成功陶瓷贴花原纸、电池隔膜纸、敷铜板原纸、引线砂纸、彩色烟花纸、绢花纸等;此后又试制成功工业滤油纸、军工棉纸等特种纸;还生产过擦镜纸、代布纸。1949 年 5 月,温州军管会接管了国民党县党部所属文化服务社造纸厂,8 月成立公营温州蜡纸厂。由于文化教育事业普及发展,蜡纸需要量日益增加,1949—1956 年,温州蜡纸厂由 7 只纸槽 75 个工人,增至纸槽 120 只、职工 542 人,全市蜡纸年产增至 72.9 万筒。1954—1956 年,大明、中国蜡纸厂先后公私合营。1957 年温州蜡纸产量曾占全省56.25%,占全国 40%。同年,大明蜡纸厂试制成功蓝色铁笔蜡纸。1958 年 7月,大明、中国两厂全部并入温州蜡纸厂。1959 年全市蜡纸产量 178.16 万筒,创历史最高纪录。全国四大铁笔蜡纸名牌中,温州的"灯塔"、"警钟"、"三角"占其三,温州蜡纸厂成为国内规模最大的蜡纸厂。1968 年温州蜡纸厂试制成功印刷涂蜡联合机,实现了铁笔蜡纸的机械化连续生产。1954 年,温州皮纸厂以本厂自制的白棉纸,用手拖方法试制成功省内第一张打字蜡纸,当年产量1.67万盒。1968 年采用打字蜡纸联合机,实现了从涂布到分切过程的连续生产。1951 年西山瓷器厂造纸部实行公私合营,完成建厂及设备安装;次年开始投产机制纸,月产有光纸 15 吨;1957 年 9 月,公私合营大成造纸厂并入,增加了牛皮纸和包装纸生产;1958 年 3 月省轻工业厅投资 180 万元扩建制浆车间,1962 年竣工,企业规模在全省同行业中升居第 4 位;1966 年改为地方国营。1949 年前,温州小商品销售包装多数使用手工生产的低档包装纸或旧报纸,南北货、海货则习惯用纸蓬。手工制造的土黄纸板,质地松软,表面粗糙,只能制作低档的纸盒、纸筒。1953 年,大成造纸厂首次机制成牛皮纸和包装纸。1959 年温州市五马造纸厂试制成瓦楞原纸。1960 年 9 月,温州第一次以瓦楞原纸机械加工成商品纸箱。1962 年开发成特白纸。1973 年温州市版纸厂开始生产箱板纸。1971 年泰顺县造纸厂以自制松木浆试制成纸袋纸。80年代中后期,一些厂开始制造白版纸和茶版纸。此外还有温州东风纸品厂、红卫纸箱厂、乐清造纸一厂及苍南、平阳等县一些社队企业也生产瓦楞原纸和包装版纸。

(6)印刷工业。1949 年 5 月温州解放,市军管会接收了浙瓯日报、温州日报、地方新闻、平报、大风报、中国民报等 7 家报社,以其部分器材建立公营温州新华印刷厂。1952 年,市区组织了第一印刷合作社、第二纸品合作社等。1956 年,私营印刷厂店全部实行公私合营,翰墨林、杏林等厂分别并入新华印刷厂和印刷合作社。50—70 年代,温州印刷业以各种票证、单据、账页、簿册、表格、作业本及少量书刊、课本等零件印刷为主。1965 年新华印刷厂曾承印马口铁商标"熊猫牌甜炼乳"、"江心牌奶粉"、"中国名茶"等。"文化大革命"期间,曾以马口铁大量印刷过毛主席像。1972 年新华印刷厂开始陶瓷贴花印刷,为省内首家。

(7)塑料制品。温州塑料制品生产始于 1958 年,由温州算盘厂、棕衣合作社、粗篾篓合作社部分干部职工,集资 10 万元,创办温州市塑料合作工厂,当年产量 10.37 吨,产值 6.23 万元,生产小型酚醛塑料电表壳、皮卷尺壳等。次年和温州牙刷厂、尼龙厂合并,成立地方国营温州塑料厂,塑料制品产量增至 132 吨。60 年代初,一些从事草、麻、竹制品的企业,纷纷转向塑料制品的生产,1965 年市区塑料制品产量 407.92 吨。1976 年发展到 13 家、职工 2724 人,产量 66.11 吨。1962 年,温州市雨衣帆篷生产合作社开始生产制雨衣的塑料膜,1964 年改名温州塑料薄膜厂。1965 年温州绳网生产合作社开始生产塑料单丝,改名温州塑料单丝厂。该两厂与温州塑料厂是全市最早生产农渔用塑料制品的厂家。1965 年,温州塑料薄膜厂开始投产聚氯乙烯农用薄膜(PVC),产量 15 吨。1977 年投产低密度聚乙烯农膜(PE),农膜产量 769 吨,兼用于雨衣、化肥袋等。1963 年,温州塑料厂初建时,以生产塑料鞋底、凉鞋为主。60 年代中期瑞安塑料厂也生产塑料凉鞋、拖鞋,为全省 10 个塑料凉、拖鞋定点企业之一。

(8)日用轻工。1949 年,城区肥皂厂坊 13 家,均手工操作,设备为皂化锅、冷板机等,职工共 47 人,年产肥皂 3 万箱,销温州、丽水各县。1955 年市区民生、家庭、元茂等 5 家肥皂厂合并,实行公私合营,成立温州制皂厂,职工 50 多人,当年生产肥皂 4.3 万箱。1964 年产洗衣皂 25 万箱,香透皂 1 万箱,在全国同行业质量评比中,该厂"幸福牌"洗衣皂获第二名,成为浙江省肥皂行业的主要厂家之一。温州解放后,将各玻璃各厂坊合并组成温州市玻璃生产联销处。1956 年全行业公私合营中,拨入中英、百亨两药房的资金,成立公私合营温州玻璃厂,职工 196 人,仍使用土熔炉和人工嘴吹的传统工艺,劳动强度极大。1958 年,投资扩建温州玻璃厂,在洪殿建成年产 360 万只照明灯泡、100 万只热水瓶的车间,1962 年分出单独成立温州热水瓶灯泡厂,但 1964 年工业调整中,该厂被撤销,生产设备调给海宁县(今海宁市),厂房归还温州玻璃厂。这一年,温州玻璃厂改建圆炉、直炉,配备空压机,革除了人工吹制的生产工艺,始产耐温耐压的盐水瓶、奶粉瓶、罐头瓶等。1969 年试成以土法小平拉工艺生产窗用平板玻璃。1971 年平阳县在水头创办平阳玻璃厂,生产糖果瓶、普通酒瓶、玻璃浮子等低档玻璃制品(后停产)。"六五"、"七五"期间温州玻璃厂两次共投入技改资金 230 万元,增加 2 条日用玻璃瓶罐自动生产线,年产能力扩大到玻璃瓶罐 1.4 万吨、平板玻璃 11 万箱。1988 年玻璃总产量达15994 吨,税利 248 万元,居全省同行业之首。1955 年,光明火柴公司实行公私合营,昌林火柴厂等并入,职工达 1040 人;1959 年火柴年产 15.09 万件;1965 年转为地方国营;"六五"期间,对包装机、选梗机都进行了革新,多层选梗机投入生产,改进了磷面黏合剂配方,刷磷采用远红外线烘干,并自制成理梗装盒机、宽片机、顺头机等,形成制梗、包装等四条机械化生产线,完全代替了手工操作。1950 年,永嘉县城区电池作坊 20 户,年产量 14 万只。1956 年合并成立公私合营大中华电池厂,职工 100 余人;1958 年电池打芯由手扳机改为半自动打芯机,1959 年年产达 400 万只,1962 年改为地方国营;1963 年,改纸套半封闭防潮包装为全封闭包装;1966 年 9 月改名为温州电池厂;1970年投产半导体巡道灯,同年双头封口机试制成功,结束了大号电池手工浇沥青的历史;1973 年,电池年产达到 594 万只。1976 年从电池厂中分出成寺温州蓄灯厂。温州始产蓄电池,并陆续投产信号灯、矿灯等。1960 年温州市五金二厂开始试制搪瓷制品,1962 年建起了第一座手烧火炉,首次生产小件搪瓷制品。1964 年购进第一台 J44—50 拉伸机,开始生产痰盂等稍大的搪瓷制品。1968 年发展到 2 座火炉,开始瓷釉生产。1971 年在上海久新搪瓷厂的指导下,建造了第一座 U 型自动燃煤炉。"六五"期间先后四次技改投资 689 万元,新增拉伸机、冲床、拉胖机、搪瓷烧成炉、球磨机等设备 50 多台套。新中国成立前,温州市区只有少数个体手工业户集中仓桥街一带用石墨坩锅炼铸粗铝制品,如汤匙、铝扣等。1962 年市区有化学铝制品生产合作社,1972 年建立温州市铝制品厂。1974 年开始投产铝饭盒,次年产值达 207 万元。新中国成立初期,温州曾有香料合作社,1956 年并入温州制皂厂。1957 年市园林管理处重新筹资创办香料厂。1961 年有机化工厂香料车间并入,建成温州市香料厂。继后,苍南、瑞安、泰顺陆续开办香料厂。①

---

① 俞雄,俞光. 温州工业简史[M]. 上海:上海社会科学院出版社,1995:143—150.

二、党委政府在温州发展中的作用

（一）一些海外学者错误地将温州各级党委政府视为温州发展的"阻碍"

蔡欣怡指出，就在当铺发展达到第一次高潮以后不久，温州市政府、中国人民银行浙江分行和中国人民银行温州支行联合颁布了规范当铺经营的新规定。1988年9月，温州市政府下发第209号文件，正式将当铺监管责任委托给中国人民银行温州支行，禁止一切银行以及非银行金融机构向当铺贷款，并且规定当铺不得向社会集资。两个月后，中国人民银行温州支行下发第427号文件，重申市政府第209号文件的精神，奉命对现有所有当铺开展一次彻底调查，以确保它们遵守金融法规和经营规则。在蔡欣怡看来，温州当铺的经营业绩的确是与众不同，以至于中国人民银行温州支行迫不及待地制定出规章来对其进行监管。[①]

基思·福斯特认为，1988年，温州地方政府承认最开始没有一个人关注地方市场经济的发展，之后也不知道如何操作它。[②]

艾伦·刘指出，地方党组织领导层的频繁更迭以及基层政治的支持使温州在1980年后的快速发展成为可能。从1949年至1984年，温州地方党委换了17任第一书记，平均每位书记的任期是两年。主要的政治地震发生于1981年，当时27位主要市委领导中，有18位的职位发生了变动。这些变动都属于温州人能够加以利用的政治漏洞。有关温州干部阻碍私营工商业发展的事例非常多，他们主要在县一级和乡镇一级主管工商业的政府部门工作。几乎每一个记录在案的案例都包括一位当地商人和一名干部，后者在上述部门工作。[③]

刘雅灵认为，民营工业在社会主义经济中的敏感地位以及民营企业寻求

① Tsai, Kellee S. Back—alley banking private entrepreneurs in China[M]. Ithaca, N.Y.; London: Cornell University Press, 2002.

② Keith Forster. The Wenzhou Model for Economic Development: Impressions [J]. China Information, Vol.V, No.3, 1990.

③ Alan P. L. Liu. The "Wenzhou Model" of Development and China's Modernization. Asian Survey, Vol.32, No.8, 1992:696—711.

政治支持的方式已经加剧了地方干部中的受贿、勒索和其他腐败行为,这一点毋庸置疑。温州混乱的税收制度就是一个很好的事例。柳市镇一家生产收音机零配件的私人企业缴纳的是累进所得税,而位于同一个镇的另一家生产电视机开关的民营企业只缴纳轻微的占其产值1%的统一税。不平等的税收使得前一家工厂的老板怀疑这是对他没有贿赂当地税务部门而进行的报复。[①]

佐藤浩在探讨温州和苏南两地的市场化过程中,企业与当地党政机关之间的关系的变革进程时指出,在20世纪80年代形成的苏南模式中,集体所有制的乡镇企业通过与当地党政机关结成强大的恩庇侍从纽带来降低市场风险,温州的家庭企业与私营企业不得不想办法在不稳定的市场环境中生存下去,因为他们没有得到地方党政机关的任何直接支持。[②]

丹尼斯·魏认为,温州之所以有名,靠的是它的企业家精神和市场活动,而不是靠当地政府的任何功劳。[③]

(二)理论回应

改革开放以来,中国经济和社会发生了翻天覆地的变化。温州经历了从20世纪80年代初期家庭个体手工业的异军突起到二次创业中社会主义市场经济体制的建立、股份合作经济的发展壮大,再到20世纪90年代末非公有制经济跃上"快车道"。

温州通过20世纪80年代的"以家庭经营为基础,以专业市场为导向,以小城镇为依托,以农村能人为骨干"的发展模式完成了市场经济初期阶段的基本积累,实现了由贫穷到温饱的历史性跨越。20世纪90年代以来,以邓小平南方谈话为开篇,以规范市场经济秩序为基本取向,以实施质量立市和基础设施建设为战略重点,温州进行了卓有成效的第二次创业,不断提高经济整体素

---

① Yia—ling Liu. Reform from Below:The Private Economy and Local Politics in the Rural Industrialization of Wenzhou[J]. The China Quarterly,No.130,Jun,1992.

② Hiroshi Sato. TVE reform and patron—client networks between peasant entrepreneurs and the local government:the Sunan model versus the Wenzhou model reconsidered[J]. The Growth of Market Relations in Post—Reform Rural China,Volume 1,Part 2 January,2003:51—90.

③ Wei,V. H. Dennis. China's Shoe Manufacturing and the Wenzhou Model:Perspectives on the World's Leading Producer and Exporter of Footwear[J]. Eurasian Geography & Economics,Vol. 50 Issue 6(Nov/Dec),2009.

质和综合实力，实现了由温饱到总体小康的历史性跨越。温州已经站在了一个新的历史起点上。这个阶段，既是工业化升级、城市化加快、国际化提升的关键期，又是经济结构调整加速、资源环境约束加重、社会管理难度加大的转型期。温州的战略目标已经从第七次党代会提出的"实现第二次创业"转向"加快转型发展建设'三生融合·幸福温州'"这一新的战略目标。而所有这一切成就都是在温州各级党委政府的领导下才取得的。换句话说，一些海外学者完全否定温州党委政府的领导核心的关键性作用，甚至将其视为完全是温州发展的消极性因素，这是完全错误的。

限于篇幅，这里无法将改革开放以来温州党委政府为了推动温州各项事业发展所付出的艰苦卓绝的努力一一列举，这里仅就改革开放以来温州历次党的报告的文本进行解读。党的代表大会，主要是总结以前的工作，并提出今后的方针政策。其政治报告，就是一个时期中国共产党的施政纲领，是中国共产党的政治话语的集中体现。因此，为了更好地研究中共温州市委市政府20世纪90年代以来的执政逻辑，我们选择对温州市七大以来的历次党报告进行文本分析。这是考虑到党报告的词汇逻辑以及表现形式都相当规范，每次党报告的字数也相当，这为我们通过语词频率的计量学分析党报告提供了可能。本文将通过分析语词，比较党报告中语词的情况，获知哪些语词是七大到十一大的共有词和变迁词，并分析其在历次报告中的位序，观察哪些语词逐渐隐遁，哪些语词得到较为稳定的坚持。因为正如韦伯所说："一个具体行动的正确因果诠释意味着：行动的外在过程及动机可以被如实地把握，并同时达到对其一切关联的有意义的理解。"只要正确地分析行动者的外在语言，我们就能合乎逻辑地推断出其中的含义，以此来凸显改革开放以来，温州经济社会的变迁与发展中党委政府的核心作用。

1.共有词分析

我们通过分析温州历次党代会报告来把握温州经济社会的变迁与发展，一方面，我们试图寻找历次党代会的新声音、新精神；另一方面，我们也不能盲目求新，要建立在对报告文本的客观分析的基础上准确把握这一变迁与发展。共有词是指在历次报告中一直保持高频率的语词，它表达的工作是长期以来温州发展的重中之重，或者表明较长时期内由于其核心地位和持久性而形成的政治经济发展的继承与维系。我们选取历次报告前15位的高频词汇，如表3-1所示。

表 3-1　历次党代会报告前 15 位高频词汇表

党代会	高频词汇
七大	经济、发展、建设、社会、我们、改革、工作、市场、温州、加强、党、干部、我市、领导、企业
八大	发展、建设、经济、温州、现代、提高、市场、企业、现代化、社会、改革、加强、我们、城市、产业
九大	建设、发展、城市、经济、温州、教育、加强、产业、社会、企业、工作、改革、加快、坚持、我市
十大	发展、建设、城市、社会、创新、经济、推进、温州、产业、和谐、坚持、加强、农村、努力、大力
十一大	建设、发展、推进、社会、温州、文化、经济、加强、城市、改革、工作、加快、生态、工作、转型

通过统计我们发现，以每个报告为单位，从七大到十一大五个报告中都出现的（即出现五次）的共有词有"温州"、"经济"、"加强"、"社会"、"发展"；出现四次的高频词汇有"建设"、"改革"、"城市"；出现三次的高频词汇有"产业"、"企业"、"工作"；仅出现一次的高频词汇，出现在七大的有"领导"、"干部"，出现在八大的有"现代"、"现代化"，出现在九大的有"教育"，出现在十大的有"创新"、"和谐"、"农村"，出现在十一大的有"文化"、"生态"、"转型"、"公共"。

为了更直观地反映各高频词汇在报告总词汇中所占的比例，我们先把七大到十一大的历次报告合并为一个整体作为一个总报告，再统计出这个总报告的前 15 位高频词汇，最后分析各高频词汇的比例，可以看出共有词的比例如表 3-1 所示。

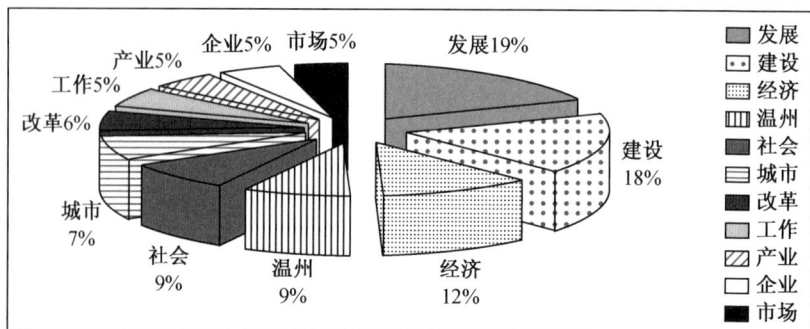

图 3-1　高频词汇的比例

从图 4-1 中可以看到,"发展"、"建设"、"经济"、"产业"、"企业"、"市场"等词的七大到十一大总报告的高频词汇中占 64%,"社会"占 9%,"城市"占 7%,"改革"占 6%。这说明自 20 世纪 90 年代以来,温州的工作重心仍然是经济建设和发展,同时关注城市和社会领域。"继承性"是温州历次党代会的首要特征。

通过对历次党代会报告的文本分析,我们发现这一时期温州的发展经历了两个阶段。

第一个阶段是第二次创业:建立社会主义市场经济体制,提高经济整体素质。

改革开放之初,中国遵循循序渐进的改革原则,因此就全国而言民营化的过程是渐进型的;而温州由于其特有的地理文化背景,在市场主体的民营化的过程中更多地采取了较为激进的方式。因此,20 世纪 80 年代当全国农村大体还是采取集体企业的形式时,温州基础脆弱的集体企业在改革初期自动消亡后,长期存在的自发的民营企业就成为普遍的市场主体形式。相对于其他地区的国有、集体企业,这种市场主体形式产权清晰、机制灵活,因而更加具有竞争力。正是这个原因,使得温州相对于其他地区而言具有一定的制度性的先发优势,实现了迅速崛起。在经历了 20 世纪 80 年代个体经济和私营经济的充分发展以及专业市场的形成之后,90 年代初温州已经积累了相当数量的民间资本。但是由于原先的企业组织结构松散、经营规模小、产品技术含量低,少数地方甚至存在严重的假冒骗现象,温州信誉出现严重危机。同时 90 年代全国各地农村集体企业也逐步实行集体产权向个人产权转变的民营化改革,温州改革的先发优势逐渐弱化,深化改革也缺少突破性的进展,发展出现一个"时间滞差"。温州经济和温州模式发展最缺的是"公共产品"的供给,最需要的不是微观领域的改革,而是宏观经济管理体制的创新。

1992 年邓小平南方谈话以及随后召开的党的十四大提出"三个有利于"的根本标准,解开了长期困扰温州经济的姓"资"姓"社"问题的思想束缚;同时,建立社会主义市场经济体制目标的提出也为温州下一步的发展注入了活力。浙江省第九次党代会对温州市场取向改革的充分肯定也坚定了温州进一步市场化改革的信心。面对这一时期的挑战和机遇,在中国共产党温州市第七次代表大会上,温州市委正式提出实现第二次创业的战略目标,开启了 20 世纪 90 年代温州经济社会发展的第一阶段。所谓温州第二次创业,就是以建立社会主义市场经济体制,实现经济和社会协调发展为目标,以转变经济增长方式为途径,以促进企业上规模、上档次、上水平和加强基础设施为重点,实施科技兴市、质量兴市,力争到 20 世纪末实现第二次飞跃。从词频统计来看,七大、八大、九大的高频词汇都将"市场"包含在内。七大、八大尤为显著。"市场"一词在七大报告中共出现 75 次,其词频位列第八;在八大报告中共出现 72 次,位列第七;在九大报告中共出现 33 次,位列第 19,如表 3-2 所示。

表 3-2 "市场"在历次党代会出现的次数及频率

历次大会	词频	位序
七大	62	8
八大	72	7
九大	33	19
十大	14	112
十一大	14	79

经过改革开放 15 年的发展,20 世纪 90 年代初温州在经济运行方式上,已经形成了以市场调节为主的灵活机制。但是温州作为改革试验区和沿海开放城市,许多改革具有超前性,但对照中央提出的建立社会主义市场经济体制的要求,我们的思想还不够解放,对外开放的步子迈得还不大。在第二次创业战略目标的指导下,七大将"率先建立社会主义市场经济体制的基本框架"作为 20 世纪 90 年代后半期改革和建设的主要目标。提出"九五"期间,在全省率先建立产权关系明晰、依法自主经营、独立承担风险、组织管理科学的现代企业制度,加快分配制度、社会保障制度和宏观管理制度改革,形成统一开放、竞争有序的市场体系。围绕市场经济体制的建立,七大报告提出以产权制度改革为突破口,建立适应市场经济发展的现代企业制度。因此,"企业"一词也被纳入七大高频词汇,共出现 45 次,位列第 15。加快转换企业经营机制,造就一支敢于改革、善于经营、乐于奉献的现代企业家队伍成为重点工作。同时,二次创业发展战略以提高经济整体素质为核心,以规范市场经济秩序为基本取向,以实施质量立市和基础设施建设为战略重点,因此围绕促进企业上规模、上档次、上水平发展的论述也成为当前七大报告的重点。这两个原因造就了"企业"高票当选成为七大的高频词汇。

根据十五大"东部地区要充分利用有利条件,在推进改革开放中实现更高水平的发展,有条件的地方要率先基本实现现代化"的基本精神,中国共产党温州市第八次代表大会提出了"建设现代化新温州"。根据这一战略目标,八大提出了建设现代化新温州的战略构架,首要的基本要求就是"形成比较成熟的市场经济运行机制和开放格局"。因此,从完善所有制结构、加强制度创新、发展资本市场、建立科技与经济结合的机制等方面入手,报告将"率先建立社会主义市场经济体制"单列作为一个部分进行详细的阐述。

第二个阶段是第三次跨越:凸显"城市"和"社会"建设。

经过二次创业后,温州站在一个新的历史起点上,这一时期是工业化升级、城市化加快、国际化提升的关键期,也是经济结构调整加速、资源环境约束加重、社会管理难度加大的转型期。面对这一现实,为了实现温州从总体小康到全面小康,2007年温州市十大提出推进科学发展、构建和谐社会,实现"第三次跨越"。从词频统计来看,"发展"(212次)、"建设"(166次)仍然高居榜首,成为十大词频最高的两个词汇;"城市"(104次)、"社会"(85次)、"产业"(59次)紧随其后,在十大词频列表中分别位居第三、第四和第九位。"城市"和"社会"也是图4-1所示的七大至十一大总报告的高频词汇。对"城市"和"社会"的关注成为这一阶段的显著特征。由于十一大提出建设"三个温州"战略,并将推进新型城市化战略作为其途径,对"城市"给予了更多的关注。报告指出,中心城市是推进新型城市化的战略支点。要通过构筑"三大通道"拓展城市空间、建设"三大新区"优化城市布局、培育"三大中心"增强城市功能、打造"三大精品"提升城市品位、突破"三大难题"来加强城市管理等方面,全面建设现代化中心城市。对"社会"一词的突出,则主要是归因于对和谐社会的构建。

2.变迁词分析

共有词表示一段时间内党和政府的中心工作都围绕着某一点进行,表示在某个方面政策的连续性特征。变迁词表现为两个方面:一是特定语词在某次报告中的出现或隐遁,反映了该语词表达的工作的过渡性或暂时性,体现了党和政府工作重心的转型和变迁。二是某个特定的共有词词频在历次报告中的位序的变迁,也反映了报告工作重心的变迁。

我们以位于历次党代会前15位的高频词汇作为分析对象来统计变迁词汇。首先统计出其词频存在于某次报告前15位而没有进入"此前报告"词频前15位的语词(由于我们选择七大到十一大作为分析对象,所以七大和十一大缺乏相应的"之前"或者"之后"的比较)。用同样的方法,统计出存在于某报告的前15位而没有进入"此后报告"词频前15位的语词。最后再比较这两个词序列共有的词:即在此前报告和此后报告都没存在、唯独出现在该次报告的特有词,就是此次报告特殊性的关键词。用这种方法我们统计出了七大到十一大的变迁词,如表3-3所示。

表 3-3　七大到十一大变迁词统计表

报告	与此前报告相比特有高频词	与此后报告相比特有高频词	特殊性变迁词
七大(1994年7月12日)抓住机遇加快发展,为实现我市第二次创业的战略目标而奋斗		党、干部、我市、领导	党、干部、我市、领导
八大(1998年10月26日)高举邓小平理论伟大旗帜,为建设现代化新温州而努力奋斗	现代、现代化、城市、产业	现代、市场、现代化、城市	现代、现代化、城市
九大(2003年4月29日)加快建设富裕小康社会,为提前基本实现现代化而努力奋斗	教育、加快、坚持、我市	教育、企业、工作、改革、加快、坚持、我市	教育、加快、坚持、我市
十大(2007年2月27日)推进科学发展,构建和谐社会,为我市实现第三次跨越而努力奋斗	创新、推进、和谐、农村、努力、大力	创新、推进、产业、和谐、坚持、农村、努力、大力	创新、推进、和谐、农村、努力、大力
十一大(2012年2月8日)深化改革开放,加快转型发展,全力推进"三生融合·幸福温州"建设	文化、改革、工作、加快、生态、公共、转型		文化、改革、工作、加快、生态、公共、转型

　　从上表的统计可以看到,八大、十大、十一大是新词的爆发期,七大和九大处于相对平稳期。七大的特有高频词汇是"党"、"干部"、"领导"、"我市";八大出现"现代"、"现代化"、"城市"三个高频新词;十大出现"创新"、"推进"、"和谐"、"农村"、"努力"、"大力"六个高频新词;十一大出现"文化"、"改革"、"工作"、"加快"、"生态"、"公共"、"转型"七个高频新词。

　　为什么会出现这一系列的高频新词?高频新词的出现是各个时期温州工作重心的集中体现。对于七大的四个高频新词,从当时的背景我们发现,这时正处于温州第二次创业的初始阶段。面对温州经济发展面临的问题,温州要实现新的发展必须进行改革。由于企业自身转型升级能力的欠缺以及对自身当前利益的顾虑,很难由企业家自身来进行"自我革命",因此这个改革的推动者必须由认识到改革势在必行且拥有强大的改革能量的主体充当,这样才能真正开启第二次创业。这个主体毫无疑问就是温州市委市政府。同时,对于中国这样的发展中国家,政府的能力将是经济社会发展的关键因素,"强政府"也是现阶段中国进行现代化建设的一个体制特征。而要实现"强政府"能力的有效发挥,最重要的依靠力量是在党政部门工作的党政领导干部。所以,七大报告一再强调"党"、"干部"的"领导"在二次创业中作用。

"现代"、"现代化"、"城市"作为八大的高频新词是在八大将"建设现代化新温州"作为新的奋斗目标的背景下产生的。进入 21 世纪,在温州经济和社会发展中,一些深层次的矛盾和问题也越显突出,主要是工业化进程领先而工业现代化相对滞后,农村工业化进程领先而城市化相对滞后,经济发展领先而人的整体素质提高相对滞后,这三个深层次的问题在相当程度上制约着温州实现更快更好的发展,迫切需要通过加快现代化步伐来缓解乃至解决。为建设现代化新温州,温州市委提出了现代化导向战略:以改革开放为动力,以科技进步为主要手段,切实把国民经济和社会发展引导到实现产业现代化、城市现代化和人的现代化上来。八大报告就是围绕这三个现代化而展开的。产业现代化要围绕以下几个方面进行:调整优化经济结构,提升产业层次;大力发展科技教育事业,增强科技和教育对经济发展的推动力;进一步扩大对内对外开放,全力推进开放型经济发展;加强基础设施建设,增强经济发展后劲。城市现代化就是要加强中心城市和中心城镇建设,加快城乡一体化进程。人的现代化则主要落实于"建设具有时代特征的温州文明"。

十大具有实际意义的高频新词为"创新"、"和谐"、"农村"。"和谐"一词来源于温州这一时期的"创建三个温州"的基本战略——"发展活力温州、提升实力温州、构建和谐温州"。"创新"是强市之本、活力之源、和谐之要,是推进温州发展实现"活力温州"、"实力温州"的最大动力;对"农村"的强调则基于十大提出的"推进科学发展构建和谐社会"主题。落实科学发展观和构建和谐社会的基本点是协调发展,也是实现温州第三次跨越的"平衡轴"。协调发展首先要城乡协调发展,基本方法就是大力推进社会主义新农村建设,努力从根本上消除城乡二元结构。

从报告的标题来看,十一大的工作重点在于"改革"、"转型"和"生态"。与之相对应,我们发现十一大具有实际意义的高频新词也是"文化"、"改革"、"生态"、"公共"、"转型"。其中"文化"一词在十一大报告中具有特殊的地位,它共出现 67 次,是十一大高频新词中词频最高的语词,同时也是首次出现在党报告前 15 位高频词中。这也反映了温州在布局经济社会发展的过程中对"文化"的重视。十一大提出以建立"三生(生态、生产、生活)融合·幸福温州"为奋斗目标,作为高频新词的"生态"也反映了十一大报告的这一重点。"生态"

在十一大报告中共出现 44 次,位列第 13。结合十一大报告我们发现,报告首次将文化和生态文明相结合进行了论述,这也是十一大报告的一大特点。报告提出着力在文化发展中充分体现生态特点,在生态建设中注入更多的文化元素,积极探索生态文明的实践形式。其目的是倡导生态人文精神,增强人们的生态意识,提高生态文化素养,培育人们对生态文明的自觉性、自律性与责任感。

"转型"一词也是十一大报告的高频新词。十一大报告指出,当前温州发展中还存在不少矛盾和问题,突出表现是政府转型相对滞后,不同程度存在政府越位和缺位现象;社会转型相对滞后,半城市化问题突出,社会建设与管理任务繁重;经济转型相对滞后,产业发展缺乏平台支撑,高端要素难以集聚,经济结构调整与发展方式转变进展不快。

要全面实现转型发展,首先要实现产业转型升级。要改变"低小散"的现状,加快发展以生产性服务业为重点的现代服务业,并以现代服务业的大发展为高端制造业和现代农业的发展创造良好的环境条件,全面促进产业转型升级。2013 年温州市生产总值 4003.86 亿元,按可比价计算,比上年增长 7.7%,增幅比上年提高 1.0 个百分点。其中,第一产业增加值 115.39 亿元,下降0.8%;第二产业增加值 2015.48 亿元,增长 7.8%;第三产业增加值 1872.99 亿元,增长 8.0%。按户籍人口计算,人均地区生产总值 49817 元(按年平均汇率折算 8044 美元),增长 7.1%。如表 3-4 所示,国民经济三次产业结构为 2.9:50.3:46.8,第三产业比重较上年提升 0.4 个百分点。

表 3-4　2007—2013 年温州市一、二、三产业占 GDP 比重

年份	各次产业占 GDP 比重(%)		
	第一产业	第二产业	第三产业
2007	3.3	54.2	42.5
2008	3.1	53.3	43.6
2009	3.2	52.0	44.8
2010	3.2	52.4	44.4
2011	3.2	51.5	45.3
2012	3.1	50.5	46.4
2013	2.9	50.3	46.8

(资料来源:根据温州市国民经济和社会发展统计公报数据整理。)

全面转型还包括社会转型。就社会而言,社会转型是人类社会从一种存

在类型向另一种存在类型的整体性变。这就意味着社会系统内在结构的变迁,也意味着人们工作方式、生活方式、价值观念、心理结构等各方面全面而深刻的变革。社会的转型意味着人口与家庭结构、就业结构、社会组织结构、社会阶层结构、社会资本结构等多方面的变化。社会转型必然导致结构性问题的出现,社会结构的诸要素及其相互关系出现发展不平衡、变化不协调,阻滞社会分系统以及社会大系统功能的发挥。经济社会的转型带来的是空间上的全方位、时间上的加速度、内容上的多层次和内涵上的质的飞跃,意味着整个社会由僵滞走向变革、由封闭走向开放。这种变化正如十六届六中全会所指出的是"经济体制深刻变革,社会结构深刻变动,利益格局深刻调整,思想观念深刻变化"。社会结构的矛盾和冲突、传统社会结构的超稳定性被打破导致的社会不稳定因素、各阶层之间的利益冲突以及思想观念的相互碰撞等问题,成为处于这一社会阶段的温州必须面对的新挑战。因此,为实现"三生融合·幸福温州",市十一大提出必须实现三大转型:以公共服务为取向推进政府转型、以城乡统筹为途径推进社会转型、以优化发展环境为载体推进经济转型,以此来缓解转型过程中出现的问题。

通过对温州改革开放以来的历次党代会报告的分析,可以梳理出温州20世纪90年代以来经济社会的发展与变迁的过程与特点。就其过程而言,这一时期温州经济社会经历的两个阶段:七大以来的第二次创业、十大以来的第三次跨越。就其特征而言,主要表现为以下两点:

第一,通过对共有词的分析,我们发现这两个阶段温州经济社会发展的重心仍然是经济建设,体现在"市场"、"社会"、"城市"、"改革"、"产业"、"企业"等方面。第二,通过对变迁词的分析,我们发现在这两个阶段中,工作重心不断变化,并呈阶段性特征。从七大"在政府推动下进行第二次创业"到八大将"建设现代化新温州"作为奋斗目标,从十大"构建和谐社会实现第三次跨越"到十一大"加快转型发展实现'三生融合·幸福温州'",这一过程鲜明地体现了各阶段的工作重心。用党代会报告中的变迁词汇表示政府的关注点,并通过党报告的形式形成新的机构话语,这些新话语反过来引起社会主体对这些新的社会问题的关注,并出台相关政策以保证问题的解决和任务的完成。简言之,社会主体将新的关注点带入党报告并形成新的话语,这些新的话语又反过来影响话语的接受者及其行为,并通过他们引起和促进社会变革。总的来说,我们可以看到,温州的经济社会发展存在鲜明的阶段性特征,而这一阶段的特征一方面由上一阶段遗留的经济社会条件决定,另一方面也与我们在当前阶段的政策有关。

综上所述,温州各级党委政府为了温州的发展进行了艰苦卓绝的奋斗,完全符合温州各项事业发展的领导核心和推动力量,根本不是海外学者所说的"阻碍"。

三、温州干部队伍实事求是工作作风的动机

(一)海外学者正确地肯定了温州各级干部在具体工作中的实事求是精神,但是错误地将这种实事求是精神的动机归结为个人私利

(1)海外学者高度肯定了温州各级干部在具体工作中的实事求是精神。

克里斯特·帕立斯指出,1978年温州农村居民的人均年收入只有55元,远低于全省165元的平均水平。这种状况迫使当地居民依赖当地的资源,并在发展地下经济或私人经济的活动中扮演有争议的角色,因为这些活动当时往往是非法的,几乎总是背离传统价值观念。当地的村/县以及地区一级干部也起到了同样重要的作用。……他们时常在社会主义制度允许的范围内,保护甚至鼓励民营和私人企业。①

白苏珊通过探讨上海松江和温州乐清两地的所有制形式的演化进程发现,在确定当地占主导地位的工业所有制形式方面,当地政府官员的行为起着关键的作用。白苏珊详细地论述到,股份合作框架提供了一个能够让地方官员自行其是的制度环境。它成为一个包罗万象的东西,涵盖了介于国有企业和私营企业之间的许多不同产权的企业。在这种企业中,当地官员发挥着关键作用;当地官员影响变革的程度以及在某种程度上影响变革方向的方式是对法规进行有选择性的解释和实施。与此同时,所有制形式的变革方向也反映了政治环境和经济环境的逐渐变革。②

蔡欣怡指出,在地处浙南沿海地区的温州,当地政府一般总是支持私营企

① Kristen Parris. Local Initiative and National Reform:The Wenzhou Model of Development[J]. The China Quarterly,No.134(Jun.),1993.

② Susan H. Whiting. The regional evolution of ownership forms:shareholding cooperatives and rural industry in Shanghai and Wenzhou[M]// Jean C. Oi, Andrew George Walder eds. Property Rights and Economic Reform in China. Stanford University Press,1999.

业的。温州的地方干部特别保护当地的企业家并为他们感到自豪。[1] 早在国有银行体系宣布商业化改革之前，温州的当地干部就对私营经济的发展持宽容态度，农村企业主就在运用各种储蓄与信贷机制，但是大多数的金融创新在最初都不被当时的中央金融政策所认可。蔡欣怡注意到当时中国人民银行及其在温州的分支机构之间，围绕温州当地的非正规金融问题产生了明显的政策分歧。蔡欣怡看到，当时的中国人民银行北京总行规定："温州不允许成立私营银行。我们必须继续调查并且制裁非银行金融机构以及其他高利贷者。这是我们确保整个金融体系秩序最重要的措施之一。"而当时的中国人民银行温州分行则规定："由温州（未经批准的）金融机构所提供的信贷服务对于发展社会主义市场经济是至关重要的……私人钱庄应被视为合法的'民间'信贷活动……应该允许私人钱庄从地下浮现出来并在基层经营，使其合法化。应该公开承认它们的存在。"到 20 世纪 80 年代末，在发展金融创新之处出现了一种双轨制，中央的管制者注意到这一点，他们要么试图禁止这种罕见的金融活动；要么承认它们，就好像是中央首先提出了这种先进的改革。在第一种情况下，温州的事例表明，中国的中央与地方的动态关系正在向地方倾斜，因为即使被宣布为非法后，场外市场的活动仍然流行。第二种情况暴露出经济改革过程的实验性、渐进性和反作用性。温州的某些经济创新在基层的出现要远远早于它们得到北京的正式承认。[2]

傅士卓指出，温州是由土生土长的已经在温州附近山区战斗多年的共产主义者解放的，因此与中国其他地区的领导相比，温州的领导要更为支持民营经济。[3]

（2）海外学者错误地将温州各级干部的实事求是精神归结为追求个人私利。

克里斯特·帕立斯认为，许多干部充分认识到，他们也可以从发展私人经济中受益，既能增加国家税收，又能提高个人收入。结果，……他们通过"利用"国家的社会主义制度来为自己带来好处，从而追求他们自己的利益，并在

① KELLEE S.TSAI. Debating Decentralized Development：A Reconsideration of the Wenzhou and Kerala Models[J]. Indian Journal of Economics&Business，Special Issue China & India，2006.

② Tsai，Kellee S. Back－alley banking private entrepreneurs in China[M]. Ithaca，N.Y.；London：Cornell University Press，2002.

③ Joseph Fewsmith. Chambers of Commerce in Wenzhou Show Potential and Limits of"Civil Society"in China[J]. China Leadership Monitor，No.16，2005.

此期间随时变革现存制度。克里斯特·帕立斯专门以"挂户"和"戴红帽子"为例,指出,"挂户"这种有创造性的骗术可以追溯到 20 世纪 70 年代初期,……这种做法是双赢的,私人企业能够借此规避许多限制,而公共单位则从收费中赚钱。双方都能从潜在的有效的联合中获益。明确了挂户公司这种最初时的偷偷摸摸的性质以后,我们就不会对挂户实际上是利用个人关系网和扈从关系,而不是利用既有的法律程序而感到奇怪了。这样,在经济活动的成功中,个人关系就更为重要了。这为当地干部对这些实质上的地下企业提供了更大的行政控制潜能。"戴红帽子"这种做法对双方都有好处。因为这样做能使独立经营者更顺利地开展商业活动,国有或集体单位则收取了费用,至少使他们对这些企业拥有了一定程度的行政控制和税收。在中国,集体或至少是合作的名义不仅使这些企业能够规避政治上的风险和与私营企业相伴而来的污名,而且还能够使它们在信贷、资源和一定的税收优惠政策上占据更大的优势。当地干部也能够从对这些非地下经济的企业进行注册登记、维护治安和收税中获取好处。……那些平均月收入在 100 元以下的当地干部只能看着那些私营企业家们发财,于是产生了中国人所说的"红眼病"或妒忌。许多干部时常不告而别,脱离自己的岗位,或采取兼职的办法,开始从事他们自己的私人半私人的经济活动。这样,他们既可以继续享受国家的好处,又可以增加私人收益。当地干部也敲诈私人企业家以提高单位和个人的收入。税务干部时常任意增加税收项目,有时叫作"面子税"或"意见税"。其他人则索求免费商品或免费服务。①

蔡欣怡认为,温州的政府干部最有可能去实施管制权威并且干预私营金融活动的条件包括:第一,寻租的机会;第二,金融活动的可见性;第三,干预的政治利益。按照上述研究假设,蔡欣怡指出,看到早期企业主生活有了显著改善的地方干部似乎更愿意为自己分一杯羹,而不是干预这些非正规的金融活动。换句话说,私营企业主要想获得政治保护,必须付出的代价就是实际上被干部敲诈勒索,这种行为的违法程度甚至比企业主们以地方性的资金互助对法律的触犯更为严重。通过各自支付和收取这种租金,企业主和干部在腐败中纠缠在一起,一旦腐败败露,会给双方都带来灾难性后果。结果,企业主宁可行贿也不愿意去举报干部的腐败行径,免得举报了反而招惹起他人对自己发财行动的注意,而干部也宁可从企业主那里受贿获利,而不去干预这个有利

---

① Kristen Parris. Local Initiative and National Reform:The Wenzhou Model of Development[J]. The China Quarterly,No.134(Jun.),1993.

可图的寻租来源。

表 3-5 表明,政府机关干预的逻辑是根据察觉到的每一种活动对各方面的干部的政治、经济利益的影响。

表 3-5 官方对私营金融机构监管一览表

金融机制	寻租的机会	金融活动的可见性	要干预的政治压力	负责机关	干预的性质
行业信用	无	低	无	无	无
中间商	无	低	无	无	无
红帽子/挂户企业	有	低	无	县、乡政府	无
股份合作社	有	低	无	县、乡政府	无
信贷互助会	无	低/中	无	无	禁止
金字塔式的投资骗局	无	高	有	无;后为县政府	禁止
私营钱庄	有	高	有	工商局;后为人民银行	改为城市信用社;与城市合作银行合并
当铺	有	高	有	工商局;县政府;后为中国人民银行	正规监管
农村合作基金会	有	高	有	农业部;乡、村政府	解散或与农村信用社合并

总之,在蔡欣怡眼中,温州的干部之所以对民间金融"通常持有一种放任态度"的原因是个人私利。[①]

(二)理论回应

(1)上述海外学者在研究中都肯定了温州广大干部在具体工作中采取符合温州实际的一些政策,这是值得肯定的。

党的十一届三中全会之后,温州广大干部消除了"左"的思想影响,坚持实

---

① Tsai, Kellee S. Back—alley banking private entrepreneurs in China[M]. Ithaca, N.Y.; London: Cornell University Press, 2002.

事求是的思想路线,创造性地运用市场经济这只"看不见的手",组织千百万的农民用"五把刀子"(剪刀——服装业、菜刀——饮食业、劈刀——皮革业、剃头刀——理发业、螺丝刀——修理业)走南闯北;组织千百万的农民拾遗补阙,兴办家庭工业,走上农村工业化的道路;组织千百万的农民闯荡市场。他们发挥了"六千六万"精神(来自千家万户,走了千山万水,用了千方百计,讲了千言万语,历经千辛万苦,挣了千金万银),实现了农业向工业的转移,用 14 年时间(1978—1992 年)完成了初步工业化的原始资本积累,为温州第二次创业奠定了基础。

具体而言,温州的各级干部为发展城乡商品经济、方便人民群众生活,加快了恢复和发展农副产品市场。首先在瓦市、虞师里等一批农副产品市场恢复起来,受到了广大群众的欢迎。接着开放巽山、上陡门等 11 个粮油市场,允许农民在完成国家粮油征购任务后出售多余的粮油产品,允许个体工商户和推销专业户在国家计划指导下和工商部门管理下从事长途运销。1982 年为解决个体工商户的经营场地问题,开放市区铁井栏工业品市场,这是三中全会之后浙江省第一个工业品市场。1983 年,市区相继开辟环城东路和妙果寺等工业品市场,接着又相继建立一批工业品贸易中心,如温州市工业品贸易中心、瑞安市工业品贸易中心、市区五交化贸易中心、食品贸易中心和副食品贸易中心,在市郊、瑞安、平阳、文成等县(市、区)开放了 6 个木材市场。到 1984 年,全市城乡市场发展到 393 个,其中专业市场 135 个,这一时期不仅商品市场发展迅速,生产要素市场也有所发展,市区大同巷建立了第一个劳动服务社,同年全市举办了人才交流大会,开展人才市场活动。42 所高等院校 100 多人在温州召开科技协作交流大会,有 700 多项科技成果进行交易,有 370 项成果进行转让洽谈。1985 年,浙江大学与温州电子仪表、机械、化工、一轻等 40 个单位谈成 60 个科技项目技术转让和技术服务项目。据 1995 年统计,全市有集贸市场 523 个(其中专业市场 214 个、综合市场 200 个、农贸市场 109 个),市场面积 254.8 万平方米,摊位 10.33 万个,年成交额 248.31 亿元。超亿元市场 39 个,占浙江省第一;超 10 亿元市场 5 个,超亿元市场成交额 170 亿元,占温州市市场总成交额的 69%。214 个专业市场成交额 150.16 亿元,占总成交额的 60.47%。其中生产资料市场 86 个、证券期货资金市场 27 个、房地产交易机构 215 家、劳动力市场 179 家、技术信息机构 84 家,形成了较为完整的市场体系。温州市场逐渐表现出专业化程度高、市场覆盖面广、机制灵活的特色。在发展市场的实践中,温州广大群众在广大干部的引导下,都尝到了"建一处市场、兴一门产业、活一片经济、富一方百姓"的甜头,市场不断发展和拓展,逐步形成独具特色的温州模式。就温州市场来说,有三种类型:一种是以农副产品、手工业产品为主的传统性农村集市贸易市场,形成"小商品、大市场";一种是贩销中转型的专业市场,主要依靠庞大的购销大军"走南闯北",集散全国各地的商品;一种是产销基地型的专业市场,主要以家庭、乡镇工业为基础"拾遗补阙",具有坚实的基础和较强的竞争力。

市场机制是自发地解决生产什么、生产多少、怎样生产和为谁生产的问题,实现资源的优化配置。当然这有一个前提件——完全竞争。但这在现实生活中是很难实现的,因为市场的商品、供给者、消费者数以万计,影响供求的因素十分庞杂,且瞬息万变。因此,市场机制并不是十全十美的,它也存在着缺陷,一方面是市场本身的缺陷或不完善;另一方面市场也有无法解决的问题,即使再完善的市场也无法解决。经济学家把它归纳为无法消除垄断、市场的外部性和无法满足社会对公共产品的需求等三个缺陷。从温州的实践而言,大体包括以下七个缺陷:不能自动的消除垄断、不能避免投机行为的产生、市场调节具有滞后性和长期性的弱点、市场机制的调节作用对某些产品的生产是很微弱的、市场机制不能保证宏观总体平衡、市场盈利原则难以全面衡量社会成本和社会效益、不能实现特殊的社会发展目标。因此这就呼唤温州的广大干部在市场中伸出"看得见的手"加以干预和引导。根据社会主义市场经济客观规律的要求,在温州市委、市政府的正确领导下,广大干部在培育和建设市场的过程中,实行"放导结合、以放为主"的扶持方针,收到了极为明显的效果。小平同志南方谈话之后,温州广大干部认真反思总结了市场经济给温州人民带来的好处,但也清醒地认识到经济发展中存在的问题。因此,在第二次创业的八年中(1993—2000年),针对存在的"四个问题"制定了"四大工程";针对产品档次低、质量差的问题,制定了三年、五年、八年不同质量目标的"358质量工程";针对效能能源瓶颈、基础设施差的问题,制定了八年时间28个重点工程的"828基础设施工程";针对贫富悬殊、收入差距大的问题制定了20个大市场、30个经济强镇、100个明星企业、100个小康示范村的"2311经济实力工程";针对精神文明不适应的问题提出了"形象工程",树立温州人新形象。政府运用这只"看得见的手",加强了对市场经济的宏观调控,使温州经济走上新台阶。[①]

(2)海外学者错误地将温州各级干部的实事求是精神归结为追求个人私

---

① 李丁富.温州之谭——改革开放实践中的理论火花[M].北京:光明日报出版社,2000:285—323.

利,这并不符合客观事实。

海外学者的错误之处在于:将温州广大干部实事求是的根源追溯到个人和小集团私利,而不是为了党和人民的利益,这是一种阴谋论的论调。

首先,广大干部是全心全意为人民服务的人民公仆。古人云:世人熙熙皆为利来,世人攘攘皆为利往。说的是天下人为了利益蜂拥而至,世人皆有名利心。然而,由于世界观、人生观、价值观的不同,名利对于每个人来说有着不同的解读方式。有的人追逐名利,不择手段,唯利是图;有的人追逐名利,无私无畏,一心为民。有的人为了名利,遗臭万年;有的人为了名利,千古流芳。全心全意为人民服务,是我们广大干部的名利观,正如毛泽东主席在《为人民服务》中写的:"人固有一死,或重于泰山,或轻于鸿毛,为人民利益而死,就比泰山还重。"一篇《为人民服务》,指引着一代又一代的党员干部为了追求为人民服务的"名"和"利",鞠躬尽瘁,死而后已。2012年6月28日,习近平在全国创先争优表彰大会上的讲话中指出:"我们任何时候都必须把人民利益放在第一位,把实现好、维护好、发展好最广大人民的根本利益作为一切工作的出发点和落脚点,诚心诚意为人民群众谋利益。"任何时候都必须把人民利益放在第一位,这是党和政府向全体干部提出的政治要求。新中国成立以后六十多年的执政实践以及温州改革开放三十多年的发展经验都充分证明,温州的广大干部除了人民利益,没有自己的特殊利益,一切奋斗归根结底都是为了人民。当然,我们并不否认,有极少数的干部忘记了自己是人民公仆的角色,有的甚至做出了一些损害群众利益的事,这是彻底背叛党和人民、腐败堕落、变质蜕化的行为,严重破坏了温州干部队伍的形象。但是,就总体而言,温州的广大干部始终牢固树立公仆意识,把人民群众利益放在行使权力的最高位置,始终把实现好、维护好、发展好人民群众的根本利益放在第一位,带头践行承诺,积极为群众办好事、办实事,以实实在在的成果赢得群众的支持和拥戴,树立起当代党员干部的良好形象。[①]

具体而言,温州广大干部坚持全心全意为人民服务,始终发扬无私奉献精神,坚决反对利己主义。有人认为,现在是搞市场经济了,再讲无私奉献就"吃亏"了,无私奉献的精神过时了。献身精神或自我牺牲精神,是指为某一理想或事业不惜任何代价地贡献自己的一切乃至生命。对于温州广大干部来说,所谓奉献精神就是为实现中华民族的伟大复兴,不怕艰难困苦,不怕流血牺牲的大公无私精神。献身精神是无产阶级人生观的集中表现,是实现人生价值

---

① 周培清.重读《为人民服务》[M].南昌:江西人民出版社,2013:111-116.

的重要精神力量。温州广大干部在改革开放新的伟大征程当中,始终发扬无私奉献精神,坚决反对利己主义思想的侵蚀。利己主义总是把一己私利摆在社会利益与他人利益之上;把个人快乐和幸福作为评价道德行为的标准,认为有利于个人的就是符合道德的;把追求个人利益与满足个人私欲作为一切行为的出发点和归宿。因此,沾染利己主义的人是不可能做到全心全意为人民服务的,也是不可能发扬无私奉献精神的。[①] 白苏珊中肯地谈到,"当产权改革试验——具体来说,就是股份合作制的引入——提上政治议程,乐清和松江的当地官员都为了各自的目的而利用这项政策。乐清的地方官员利用股份合作制为私营企业提供更大的政治合法性,以及更多的进入官僚机构控制的要素市场和产品市场的机会。与此相反,松江的当地官员利用股份合作制来为集体经济吸纳新的资金来源,与此同时又保持对于产权的极大控制"。而温州的干部之所以采取上述做法,在白苏珊看来,"他们的行为受到两个关键点制度包含的激励的影响:干部评价体系与财政体系。用于确定地方官员的任期和提拔的标准极大地推动了农村工业的扩张与发展。此外,地方官员高度依赖农村工业提供的财政收入。由于这些原因,推动农村工业的发展已经成为地方干部的主要目标之一"[②]。简言之,温州的干部"推动私有制企业的发展,这反映了当地政府试图调动私人手里的资金进行投资"。换句话说,白苏珊认为,温州广大干部之所以能够因地制宜地推动当地的民营经济采取股份合作制,更多的是出于地方财政收入增加的"公心",是干部个人对新时期的干部考核体系的生动实践。显然,白苏珊的公允研究,跳出了一些海外学者为了证明其立场先行的研究假设而生拉硬套,用材料来"拼凑"论据证明其主观结论的窠臼,体现了一位严谨学者起码的学术操守。

其次,我们并不否认国家利益、集体利益和个人利益的统一性,并不否认有干部合理的个人利益,但将干部实事求是的主要动机归于个人私利,凌驾于国家利益和人民利益之上,这既不符合客观的历史事实,也是对温州干部队伍的"污名化"。合格的人民公仆都是树立了正确的世界观、人生观、价值观,树

---

① 党员干部党性修养读本[M].十八大版.北京:中共中央党校出版社,2013:103—106.

② Susan H. Whiting. The regional evolution of ownership forms: shareholding cooperatives and rural industry in Shanghai and Wenzhou[M]// Jean C. Oi, Andrew George Walder eds. Property Rights and Economic Reform in China. Stanford University Press,1999.

立了正确的事业观、政绩观、名利观,树立了"靠素质立身,凭实绩进步"的观念,都是多想民生之忧,多帮民生之困,多谋民生之利,少了一分图名博利的念头,多了一分干事创业的担当。共产党人是唯物论者,从不否认正当合理的个人利益。但是,凡事皆有其度,如果过多考虑个人,就会成为名缰利锁的囚徒,甚至滑到邪路上去。^① 无数的事实表明,温州的广大党员干部始终坚持以人民利益为重,正确地看待个人利益,正确地看待个人得失,正确地把握利益关系,以豁达的精神和超然的态度对待名利,用高尚的品德和境界约束自己的名利之心,始终把党和人民事业放在首位。正如习近平总书记在中央党校2012年秋季学期开学典礼时的讲话中所强调:"各级领导干部要坚持不懈地学习党的优良传统和优良作风,牢固树立正确的世界观、权力观、事业观,养成宽阔的胸襟和眼界、高尚的思想情趣、艰苦朴素的生活作风,永做人民的忠实公仆。"《中国共产党章程》明确规定:党的干部是党的事业的骨干,是人民的公仆。领导就是服务。领导干部的权力、责任和义务,归结为一句话,就是为人民服务,做人民公仆。温州广大干部的全部工作,充分体现了不断实现好、维护好、发展好最广大人民的根本利益。除了人民的利益,没有也不应该有自己的特殊利益。

温州各级干部手中都掌握着各种各样、大小不等的权力。权力具有两重性,一方面可以用来最大限度地为人民谋利益,为党和人民干事业;另一方面也有可能谋取个人或少数人的私利。马克思主义认为,权力从本质上说,是以政权为核心的人与人之间的政治关系。工人阶级政党的广大干部的权力姓"民"名"公",它来源于人民,属于人民。权力的性质决定权力的功能,人民的权力只能用来为人民服务。除了当好人民的公仆,我们的干部没有任何私利可图。从形式上看,干部的使用是上级对下级的任命,但实质上是组织的任命,人民的任命,是接受人民的委托,代表人民行使权力,管理社会公共事务。^② 温州各级干部始终牢记权力是党和人民赋予的,只能用来为党建功、为国尽职、为民造福,而不能作为个人捞好处的工具。除了当好人民的公仆,温州的干部没有任何权力。忘记了这一点,"公仆"就会成为"老爷",就会导致权力扩张、权力懈怠乃至腐败滋生;做到了这一点,权力才能规范运作,"当人民公仆"才不会是一句空话。温州广大干部在实践中坚决贯彻和坚持了全心全意为人民服务的根本宗旨,始终坚持集体主义,反对个人主义。针对这个问题

① 周培清.重读《为人民服务》[M].南昌:江西人民出版社,2013:111-116.
② 汲广运.马克思主义群众观研究[M].济南:山东人民出版社,2014:354.

上存在的一些错误观念,诸如"大公无私过时了",要"为个人主义正名"等。在改革开放、发展社会主义市场经济的新形势下,温州的广大干部是怎样坚持集体主义、反对个人主义倾向呢？其中最主要的是做到了以下两个方面:一方面是要做到心中有国家、有集体、有他人;另一方面是要做到同一切损害国家、集体利益的行为作坚决的斗争。社会主义的集体主义,是社会主义社会中人们应当普遍遵循、正确处理和理解个人与国家、集体之间关系的基本准则。一个人只有具备了集体主义思想,才能正确处理个人与国家、个人与集体、个人与他人之间的利益关系,才能具有高尚的情操和良好的社会公德,使社会集体安定和谐。个人主义是一种资产阶级的思想体系和价值观念,是资产阶级人生观的核心。个人主义把个人的私利置于集体和他人利益之上,一切以个人利益为根本,为了达到个人目的可以使用一切不道德的、违法的手段。

最后,一切从人民的利益出发,还是一切从个人的名利出发,这是区别社会主义国家与其他非社会主义国家之间干部队伍的一个分水岭。一切从人民的利益出发,还是从个人的名利出发,这是一个分水岭,反映了党员的党性修养,干部的公仆意识、人生态度和价值取向。对温州的广大干部来说,名和利永远是与党和人民的事业联系在一起的。相比于自己的"私利",温州的广大干部更多的是考虑"公利"。不为名所累、不为利所诱,视名利淡如水,看事业重如山,是每位温州干部的自觉追求。中国共产党是中国工人阶级的先锋队。从根本上说,党是由8000多万"中国工人阶级的有共产主义觉悟的先锋战士"组成的中国工人阶级先锋队,这是决定党的先进性和纯洁性的一个基本要素。先锋队之所以被称为先锋队,是因为它坚定地敢于实现好、维护好、发展好最广大人民的根本利益而始终走在斗争前列,率先垂范,冲锋陷阵,心甘情愿地为群众奉献出自己的任何代价,哪怕是生命的代价。党把人民当作社会的主人。把党员和党的干部当作社会公仆,或称人民的勤务员。党的为人民服务的根本宗旨,立党为公、执政为民的本质属性就源于此。中国共产党与一切为个人或小集团谋利益的政党的根本区别,也正在于此。①

---

① 《做党的好干部》编写组.做党的好干部[M].北京:新华出版社,2013:156.

四、温州的国家与社会关系

（一）一些海外学者在温州研究中简单搬用"市民社会"和"法团主义"理论范式来分析国家与社会关系

自从著名学者齐慕石·米歇尔发表《国家的限制：超越国家主义视角及其批评者》①一文，专门探讨关于国家和社会边界之间的困惑以来，国家与社会之间的关系问题就一直是从事中国问题研究的海外学者们关注的重要内容之一，在从事温州研究的海外学者当中也是如此。

海外学者尤其是西方学者都高度重视具有历史观和方法论认识结构的性质和意义的研究"范式"。在他们看来，学术研究"一旦离开了研究'范式'，也就难以进入学术潮流"，而一旦"不入流就有'失范'的危险"。当然，这种"范式"不同于我们所说的理论，它更像是一种"中观"范围的分析框架，既没有系统的论证，又不具备完整的体系，在很大程度上是一种假设的、建立在规范认识基础上的。它们"是具体的而非抽象的，是动态的而非静止的，是简单的而非深奥的，是经验的而非理性的"。在这样的学术传统和学术训练之下成长起来的学者，当他们在研究温州的论著中探讨国家与社会的关系问题时，总是或多或少地受到各种主流研究范式的影响。大体而言，主要有以下两种范式：

一是市民社会范式。亚里士多德在其名著《政治学》开篇即使用"civil society"用以指代古希腊的城邦社会。文艺复兴时期，一些如洛克、霍布斯等自由主义思想家将"civil society"界定为凭借天赋人权、经过订立契约而结成的"市民社会"，有别于与自然状态相对的政治国家，初步奠定了市民社会理论的模糊架构。洛克认为"市民社会先于国家而存在，国家权力来自社会权利的契约式委托，所以国家必须保护社会权利，而社会权利则可以用来限制国家权力"②。洛克这种"社会先于或外在于国家"的思想为市民社会与政治国家的分野奠定了理论基础，后来被边沁和密尔所继承，主张限制国家权力，扩大公民自由与权利空间。而黑格尔则认为市民社会与政治国家有质的区别，他批

---

① 齐慕石·米歇尔.国家的限制：超越国家主义视角及其批评者[J].美国政治科学评论,1991,85:77—96.

② 施雪华.政治现代化比较研究[M].武汉：武汉大学出版社,2006:228.

判"市民社会是个人利益的产物,是一切人反对一切人的战场,市民社会也是私人利益跟特殊公共事务冲突的舞台"①。黑格尔崇尚国家的至高无上,宣扬"国家高于社会"的原则。19 世纪末 20 世纪初,凯恩斯、霍布豪斯和罗斯福等人发扬了黑格尔的主张,积极倡导新国家干预主义,主张通过国家对市民社会的积极干预而达到发展市民社会的目的。由此可见,西方关于国家—社会的界定形成了分别以洛克和黑格尔为代表的"强国家"立场和"强社会"立场。傅士卓运用市民社会范式,在《温州商会——走向市民社会?》一文中认为,温州商会的发展既反映了国家—社会关系的变迁,也提出了有关中国"市民社会"发展的新问题。温州的结社历史比中国其他任何地区都要更为活跃,因此也值得我们加以研究,但是我们在得出结论时必须非常谨慎。温州地方商会发展的独特历史表明,温州不是将来可能遍布全国的商会发展的典型,相反,温州是一个在社会发展方面几乎独一无二的城市的特例。温州商会的准制度化地位表明,我们所看到的与其说是市民社会的发展,不如说是社会资本的积聚。毫无疑问,温州的商会已经发展出了那种定义社会资本的个人关系的厚度,但是市民社会要求更为正式的制度,包括合法的制度,它们使商会成为制度而不只是"准制度"。正式的制度要求第三方的参与,中国,甚至是温州,离那个标准还差很远。的确,温州,也许还有其他地方,发展的这种准制度化的安排实际上将阻碍更为健全的市民社会的发展。企业主已经把自己组织起来,向政府表达他们的利益(他们没有提要求),他们拥有的个人关系是使非常不确定的环境变得稍微有点预见性的方式。但是,正是因为这些非正式关系是企业主确保更大的预见性(以及使官员更加信任商人的活动)的方式,它们往往限制了竞争,阻碍了更平等的舞台的发展。温州商人在商会发展方面已经非常成功,如果机会没有被垄断的话,在很大程度上必定会被温州商人抓住。利益围绕这些关系产生,就温州商人的所作所为而言,势必阻碍其他人获得同样的机会。也许,市场力量将逐渐推动政府大厅开放以制定更加有效的法律,但是那将花费很长的时间。②

　　二是法团主义范式。《布莱克维尔政治学百科全书》中这样描述了"法团主义"(该书译为"社团主义"):"在两次世界大战之间,社团主义的概念曾长期与法西斯政权联系在一起,而在过去的 10 年里它又恢复了其在政治理论中的

---

①　黑格尔.法哲学原理[M].北京:商务印书馆,1961:309.

②　Joseph Fewsmith. Chambers of Commerce in Wenzhou Show Potential and Limits of"Civil Society"in China[J]. China Leadership Monitor,2005,16.

名誉。目前这一概念被广泛用于对民主和独裁社会中有组织的利益所做的研究，从而为根据利益集团介入公共决策过程的程度来对利益集团进行分析做出了重要贡献。它重新解释了自由主义理论中公共和私人领域的分野。"①这样的描述强调了组织参与公共治理的方式，成为连通个人和公共世界的工具。

克里斯特·帕立斯按照法团主义范式，在《地方积极性与国家改革：发展的温州模式》一文中指出，温州经济体制、多元价值以及新的组织的出现反映了当今中国国家和社会边界的转变以及二者关系的重新定义。克里斯特·帕立斯认为，在中国一些地区，私人企业甚至同国家有更亲密的联系，也更依赖国家。国家通过正式的合同，确保公有经济成分的产品的供销以使它们避开市场风险。对温州的研究表明，尽管私人企业家总是尽可能地注意公有单位，但是他们具有更大的独立性，与市场的联系更为紧密，风险也更大。但是无论怎样，在地区一级，公有经济和私人经济之间还是存在着很大程度的互相渗透，双方都有此要求。在20世纪80年代，双方所形成的这种紧密关系被称为"地方性国家法团主义"。典型的地方性国家法团主义是指一种利益中间体的威权主义制度，尤其是在经济领域，国家使各种利益相互依赖、相互交织在一起。它承认私人利益的合法化，有别于国家社会主义。对法团主义的分析一般都注意国家这一级，但是，在地方一级中也可能存在着这种制度。在克里斯特·帕立斯看来，1989年1月78名经营"民办"企业有成就的企业家在温州宣布成立民营公会的例子表明，构建温州私人企业家自我组织的是国家社会主义制度的力量，同时这也反映出这些企业家的开拓性和政治技巧。通过自发的组织及与工商联挂钩，他们幸免于被更强有力的工商行政管理局兼并，该局从1989年开始组建私人企业家协会。工商联一方面可以为公会提供保护和恩惠，另一方面又没有权力来完全控制公会。的确，这些私人企业主们正试图掌控地方上的工商联组织。克里斯特·帕立斯进一步指出，在组织私人企业家方面还有其他的努力。1987年，温州市城市信用社协会成立。尽管该组织的宣传手册号召坚决拥护"四项基本原则"，但它和民营企业公会一样，是建立在私人社会积极性基础上的自发性组织。该组织由杨嘉兴和另外40多名信用社的股东共同创办，宣称其任务是保护和促进这个刚刚起步并有争议的行业的利益。银行的官员们反对成立这种信用社，但是，该协会宣称他们是一种新型的股份制集体，满足了当地信贷的需要，推动了改革。他们得到当地区

① ［英］戴维·米勒，韦农·波格丹诺.布莱克维尔政治学百科全书［M］.邓正来译.北京：中国政法大学出版社，1992：175—176.

一级和地委一级官员以及当地统战部门的支持。企业家及其新的贸易组织不愿把自己定位为中国共产主义基本意识形态原则的挑战者，而是希望能与保护其利益的国家机关内部的组织和个人结成同盟。温州改革不仅可以自上而下，也可以由注重实惠、为满足当地需要而对国家主导的经济不足做出反应的个人、家庭和群体自下而上地发动。这些普普通通的个人不仅能把握国家允许的机会，而且还能时常为自己创造机会。所以最好把中国的"伟大改革"理解成自上而下的改革与自下而上的改革的联合体。这也同样可以说明国家与社会的关系，国家与社会之间的关系一直处在年复一年不断的协商、冲突和互相妥协之中。①

(二)理论回应

无论从学理角度还是社会实体角度，"市民社会"理论范式和"法团主义"理论范式都是和西方资本主义发展历史紧密联系在一起的，是对其诸种政治形态的一种归纳和总结。实际上在中国的本土情景下，国家与社会关系的历史沿革并非沿着西方社会的演变路径展开的，而是自有其自身的逻辑。正如查尔斯·泰勒为市民社会所定义的那样，"就最低限度的含义来说，只要存于不受制于国家权力支配的自由社团，市民社会就存在了。就较为严格的含义来说，只有当整个社会能够通过那些不受国家支配的社团来建构自身并协调其行为时，市民社会才存在……当这些社会能够相当有效地决定或国家政策方向时，我们便可称之为市民社会"。因此，在资本主义制度框架下，市民社会和法团主义是作为制衡国家权力的对立面而存在并发挥作用的，这种功能经常性地使国家和社会之间处于对立和紧张的状态。

抛开这两种理论范式的现代性特征，从中国本土的国家与社会关系来探讨可以发现：奴隶社会和封建社会时期，本土的国家与社会的关系中并没有发展出类似于雅典城邦制的"市民社会"的雏形，社会的组织化是与"中央—地方"、"家国同构"和"宗族制"联系在一起的。把握国家政权的贵族阶层和封建地主一般居住在城市，而下层阶级也就是说农民主要居住在乡村。也就是说，国家和社会的关系实际上体现为"城乡关系"②，即对于乡村社会来说，城市就是国家；而在城市内部，由于阶层的一致性，实际上并没有纯粹的或者说完整

---

① Kristen Parris. Local Initiative and National Reform：The Wenzhou Model of Development[J]. The China Quarterly，1993，134(6).

② 王铭铭.走在乡土上：历史人类学札记[M].北京：中国人民大学出版社，2003：132.

的所谓国家与社会关系。与此相对应,费孝通先生在《乡土中国》中谈道:"传统社会的政治结构可以分为两个方面,其一,政府的统治是显而易见的,这种横暴权力可以说明传统中国是缺乏政治民主的;其二,基层社会处理事务遵循'同意权力'的逻辑,这样的角度展示了传统中国的基层民主制度。中国政治的奥妙恰恰在于基层民主并没有表现出百姓要求平等地参与政治,而传统的政客们对政治的追求反而以'无为'取道。"①换句话说,传统国家时期,国家和社会关系在本土历史上呈现出了一种"城乡"的划分,或者说"国家和地方"的划分,这种划分使得基于现代性的"国家与社会关系"遇到了障碍——国家与社会的边界如何界定? 如果以城市作为国家,乡土社会作为社会,则二者的关系是一种抽象的统治关系。如果分别界定城乡之内的国家与社会,那么乡土社会本身又带有"自治"的特征。在国家主导的城市社会中,国家的统治又体现出一种绝对性。

国家开始强化对社会的控制,或者说中央开始强化对乡土社会的控制是在近代开始的。需要指出的是,从中华民国的北京政府时期到南京—重庆政府时期,中国的军事力量具有强烈的区域性特点,国界的维持也受到外来殖民的渗透和侵略的冲击,内部政党政治的军事化使内部绥靖长期处于部分实现的状态之中。因而,当时民族国家的建设面临许多困境,与此同时现代性制度的设立也遭遇到许多障碍,而半殖民地半封建的时代性质使民族国家及其社会、经济、文化的一体化发展处于不成熟的阶段,时常需要向旧有的社会制度做出退让。因此,乡镇政府的行政控制效率受到很大的局限。②这就在实际上造成了一个"半官半民的综合型权力文化网络"的过渡形态。而新中国成立以后,由于实行高度集权的政治经济体制,形成了国家包揽和控制整个社会的"全能政府"模式和同质化社会,在城市体现为党政一体的垂直的行政统治和国家办社会、单位办社会的权力格局;在乡村,中央集权的行政控制通过基层政权一直渗透到"行政村"的最基层。这样,在市民社会讨论即改革开放以来国家从社会撤退的社会实践发生之前,国家与社会的关系实际上可以分为两个阶段:一个阶段是传统社会,在城乡分割的背景下,国家在城市体现出强统治特征,但乡村呈现出一种"长老统治"的自治状态;第二个阶段是国家与社会逐渐融合,或者说国家强化对社会的控制阶段,体现为国家走强,社会趋弱,国家逐渐吞并社会,行政性整合代替血缘关系和契约关系,这种特征一直持续

① 费孝通.乡土中国[M].北京:北京大学出版社,2005:92.
② 王铭铭.走在乡土上:历史人类学札记[M].北京:中国人民大学出版社,2003:132.

到改革开放国家和社会的关系出现松动。改革是从反思"文革",终止"以阶级斗争为纲"的口号,并实行"以经济建设为中心"的政策开始的。从国家与社会关系的角度看,我们党终于发现了唯国家视角不仅损害了社会也损害了国家,于是开始把视角转向了社会。①

总之,无论从理论层面,还是现实层面,中国的国家与社会的关系都不是所谓"市民社会"和"法团主义"等西方理论框架所能够容纳的。

就理论层面而言,对西方国家来说,现代国家不仅是土生土长的,而且是计划之外的产物、于资产阶级革命之后即已基本完成了的,而中国的现代国家却是按照自身的发展逻辑演变的,而且仍然处于构建之中。从产生的路径上看,中国与西方国家是完全不同的。在西方,一般是先有市民社会的发育、新的资本主义生产关系的成长,然后由资产阶级领导和发动资产阶级革命,建立现代民族国家。这种现代国家是在原来社会的基础上为适应新社会而产生的。中国的社会主义国家是在半殖民半封建社会的基础上由中国共产党领导人民进行新民主主义革命推翻旧政权以后建立的。西方是先有社会后有国家,中国是先有国家后有社会。这种现代国家产生路径的不同导致了中国和西方的国家与社会关系的截然不同的模式。在西方,新的社会基础呼唤着新的国家的产生,国家产生后统治和管理社会,并受到社会制约。中国的情况正相反。换句话说,中国特色社会主义要建构的那种新型的国家与社会关系,是海外学者运用在资本主义的历史经验中概括出来的理论所难以解释的。②

从现实层面上说,中国的社会力量的发育还刚刚开始,简单套用西方的"市民社会"或"法团主义"的理论来谈论社会与国家的互动和博弈还为时尚早。目前,国家在观念层面和制度层面都还严重制约着社会力量的发展。在进一步深化改革和制度创新中,人们期待着新的进步。即使在改革开放30多年后的今天,中国人民的公民权利意识得以苏醒和并被重视,但在中国广大乡村,作为具体而真实存在的民间社会是乡土社会而非市民社会或法团主义。

---

① 孟亚男.政府、市场与社会——我国行业协会的变迁及发展研究[M].保定:河北大学出版社,2014:50—51.

② 孙关宏.中国政治学[M].上海:上海人民出版社,2013:142—143.

结　语

　　由于文化传统的不同,以及对历史事件有亲历者和旁观者的差异,加上世界观和方法论的不同,海外学者的许多观点是我们难以赞成和接受的。但是,学术上的分歧并不可怕,在某种意义上说,没有分歧也就没有进步。由争论到进步的前提条件,当然是开展学术对话和交流。这也是本书写作的初衷之一。由于学术传统的不同,海外学者的温州学研究运用了多种比较新颖的研究方法,视野比较开阔,其分析不乏独到之处,颇值得国内学者借鉴。本书第一次较为系统地论述和评析海外温州学研究成果,抛砖引玉,希望有更多的学者在这一领域做更深入、更进一步的研究。

　　由于温州的改革和发展的伟大征程永远没有终点,这也意味着以其为研究对象的海外学者的研究成果永远不会画上休止符。可以说,只要温州的发展大业还是"进行时",海外学者的研究就没有"完成时"。就温州而言,最有意义的是,不但我们在研究自己,别人也在帮助我们研究问题。这无疑扩大了温州本土研究的提问与思考的空间。对此,我们如果能常怀审慎和敏锐,温州的改革发展与学术研究将双双获益。

　　在海外温州研究中,东西方之间的价值张力体现得尤为明显。而且正是由于中国与西方的政治、经济和文化等方面存在诸多差别,海外学者的学术作品也会折射出不同的立场和判断。当前,经济全球化浪潮汹涌澎湃,温州正以矫健的姿态迈上新的征程。为了促进温州的软实力并提升它的国际认可度,海外的温州研究专家关于温州的扎实学术探究值得我们认真对待。当然,我们也应该清楚,海外对温州的认识难免刻上意识形态的烙印。不过,即使"扭曲的认识"同样存在反思的意义,因为我们恰恰可以据此批判西方的意识形态霸权,辨析其中的普世性与特殊性,找寻中外有关温州问题的认知差异,继而促进温州研究走向世界。

参考文献

英文文献

［1］ADLAKHA H K. Chinese civil society and the anatomy of the Wenzhou model ［J］. The Asian Scholar，4：1—9.

［2］ANONYMOUS. Winning in Wenzhou ［J］. The Economist，1988，309：32—33.

［3］ANONYMOUS. Asia：From rags to cigarette lighters（and dildos and property too）；Wenzhou ［J］. The Economist，2005，375(8429)：68.

［4］ANONYMOUS. Boom time in capitalist Wenzhou ［J］. Economist，1998，347(8070)：27.

［5］BRIGINSHAW D. After Wenzhou，a new sense of realism dawns in China ［J］. International Railway Journal，2011，51(9)：2.

［6］CAO N-L. Boss Christians：the business of religion in the "Wenzhou model" of Christian revival ［J］. The China Journal，2008，59：63—87.

［7］CAO N-L. Constructing China's Jerusalem：Christians，power and place in contemporary Wenzhou ［M］. Stanford，Calif.：Stanford University Press，2010.

［8］CHANG A. "Birds of passage" and "sojourners"：a historical and ethnographic analysis of Chinese migration to Prato，Italy ［C］. Submitted for Distinction in International & Comparative Studies，April 21，2010.

[9] CHUK W-C W. Entrepreneurship in Wenzhou, China [D]. Hong Kong: University of Hong Kong, 1996.

[10] CODY D. The adaptation and advancement of the international industrial district model in Wenzhou: a case study of the footwear industry [D]. Lund: Lund University, 2006.

[11] DOLVEN B. China's test lab for business: Wenzhou city shows the challenges as private sector gains heft [N]. Wall Street Journal (Eastern edition), 2003-07-02:A8.

[12] FEWSMITH J. Chambers of commerce in Wenzhou show potential and limits of 'civil society' in China [J]. China Leadership Monitor, 2005, 16: 1—9.

[13] FORSTER K. The Wenzhou model for economic development: impressions [J].China Information, 1990, 5:53—64.

[14] FORSTER K, YAO X-G. A comparative analysis of economic reform and development in Hangzhou and Wenzhou cities [C]// CHUNG J H. Cities in Post—Mao China: Recipes for Economic Development in the Reform Era. London: Routledge, 1999: 53—104.

[15] GARGAN E A. Wenzhou journal: 3 Chinese bankers full of non-revolutionary zeal [N]. New York Times (East Coast). New York, N.Y., 1988-08-05:A4.

[16] HU Y-M. Dongfang's success sparks Wenzhou [N]. China Daily (North American), 2000-07-30:7.

[17] HU Y-M. Wenzhou's clothes fit the bill [N]. China Daily (North American), 2000-10-02:2.

[18] IGNATIUS A. 'Six evils' are far from eradicated in this remote city: China's crusade against vices is faltering in Wenzhou; superstition is rampant [J]. Wall Street Journal (Eastern edition), 1990-01-05:C.

[19] JIANG B, MURPHY P J. If the shoe fits: Wenzhou Aike Shoes Company, Ltd. [J]. Journal of International Business Education, 2007, 3: 1—7.

[20] KAHN J. China's Christians mix business and god: Wenzhou church thrives on new capitalists' wealth [J]. Wall Street Journal (Eastern edition), 1995-06-16:A11.

[21] KRISTOF N D. Wenzhou Journal; backed by China, go—getters get rich [N]. New York Times (East Coast), New York, N. Y. 1993-01-27: A4.

[22] LI H. An examination of the sources of competitive advantage in the Wenzhou (China) footwear industry [D]. Ontario: University of Windsor, 2003.

[23] LI J. Wenzhou offers a lesson in economics [N]. China Daily (North American), 2004-04-26: 6.

[24] LI J. Corruption surrounds Wenzhou high—rise project [N]. China Daily (North American), 2004-04-05: 3.

[25] LI M-H. 'To get rich quickly in Europe'! Reflections on migration motivation in Wenzhou [C]// MALLEE H, PIEKE F N. Internal and international migration: Chinese perspectives, Routledge, 1999: 181—198.

[26] LIN Z-L. An examination of commodity economy in Wenzhou [J]. International Journal of Social Economics, 1991, 18(8—10):29—38.

[27] LIU A P L. The 'Wenzhou model' of development and China's modernization [J]. Asian Survey, 1992, 32(8):696—711.

[28] LIU Y-L. Reform from below the private economy and local politics in rural industrialization of Wenzhou, China [D]. Chicago: University of Chicago, 1991.

[29] LIU Y-L. Reform from below: the private economy and local politics in the rural industrialization of Wenzhou [J]. The China Quarterly, 1992, 130: 293—316.

[30] LO S-C. The order of local things: popular politics and religion in modern Wenzhou, 1840—1940 [D]. Providence: Brown University, 2010.

[31] LO S-C. Local politics and the canonization of a God Lord Yang (Yang fujun) in late qing Wenzhou (1840—1867) [J]. Late Imperial China, 2012, 33(1): 89—121.

[32] LUO Y-J. Institutions and rural economic development in China: regional analysis of Sunan, Wenzhou, and Guangdong [D]. Charlotte: University of North Carolina at Charlotte, 1997.

[33] LU X-L. Typhoon evacuation in Wenzhou, China: a preliminary

analysis of progress and the remaining challenges [J]. Journal of Contingencies & Crisis Management, 2009, 17(4): 303—313.

[34] MA J T, LAI H M. The Wenzhouese community in New York city [J]. Chinese America: History and Perspectives, 2004, 1: 43—55.

[35] MACNAMARA W. How to get ahead in Wenzhou [J]. Far Eastern Economic Review, 2006, 169(3): 32—37.

[36] MAO Y. Institutional innovation and functional transition of local government and development of private sector in Wenzhou and Yiwu [D].Lund: Lund University, 2005.

[37] MARUKAWA T. The geography and history of industrial clusters in Zhejiang province, China [C]. Paper presented at the International Workshop "Asian Industrial Clusters", Lyon, 29 November – 1 December 2006.

[38] MCGREGOR J. Far from Beijing: free enterprise blooms in Wenzhou, China, out of the party's sight: city of entrepreneurs may be a model for reviving the country's economy — the rise of a button bazaar [J]. Wall Street Journal (Eastern edition), New York, N. Y. 1992-08-13: A1.

[39] NOLAN P. Market forces in China: competition and small business: the Wenzhou debate [C]. London; New Jersey: Zed Books Ltd., 1990.

[40] PAGET D L. Arrows from Wenzhou [M]. Moonta, S. Aust.: Barr Books, 2006.

[41]PARRIS K D. Local society and the state: the Wenzhou model and the making of private sector policy in China [D]. Indianapolis: Indiana University, 1991.

[42] PARRIS K D. Local initiative and national reform: the Wenzhou model of development [J]. The China Quarterly, 1993, 134: 242—263.

[43] QIAN E Y, SHEN M—G, STRAUSS J. Entrepreneurship and enterprises growth in the industrialization of private sector: evidence from Wenzhou [C]. submit to Cornell Conference, USA, 2007.

[44] QIAN W-B. Rural-urban migration and its impact on economic development in China [M]. Aldershot, Hants, England; Brookfield, USA:

Avebury, 1996.

[45] SATO H. TVE reform and patron — client networks between peasant entrepreneurs and the local government: the Sunan model versus the Wenzhou model reconsidered [C]// SATO H. The growth of market relations in post—reform rural China, 2003: 51—90.

[46] SONOBE T, HU D-H, OTSUKA K. From inferior to superior products: an inquiry into the Wenzhou model of industrial development in China [J]. Journal of Comparative Economics, 2004, 32(3): 542—563.

[47] SONOBE T, OTSUKA K. Innovation in industrial clusters: the machine tool industry in Taichung and the low-voltage electric appliance industry in Wenzhou [M]// SONOBE T, OTSUKA K. Cluster-based industrial development: an East Asian model. New York: Palgrave Macmillan, 2006: 117—155.

[48] STRAUSS J, QIAN E Y, SHEN M-G, LIU D, MAJBOURI M, SUN Q, YING Q-F, ZHU Y. Private sector industrialization in China: evidence from Wenzhou [C]. Paper presented at the Workshop on State, Community and Market in Development in honor of Professor Yujiro Hayami, Tokyo, February 27—28, 2009.

[49] Tan K C. Small towns and regional development in Wenzhou [C]// VEECK G. The uneven landscape: geographic studies in post-reform China. Baton Rouge: Louisiana State University, 1991:207—234.

[50] TOMBA L. Exporting the 'Wenzhou model' to Beijing and Florence: suggestions for a comparative perspective on labour and economic organization in two migrant communities [C]// MALLEE H, PIEKE F N. Internal and international migration: Chinese perspectives, Routledge, 1999: 280—294.

[51] TOMOO M. The emergence of industrial clusters in Wenzhou, China [C]// GANNE B, LECLER Y. Asian Industrial Clusters, Global Competitiveness and New Policy Initiatives, World Scientific, 2009: 141 —158.

[52] TSAI K S. Back-alley banking private entrepreneurs in China [M]. Ithaca, N.Y.; London : Cornell University Press, 2002.

[53] TSAI K S. Curbed markets? financial innovation and policy

involution in China's coastal south [R]. Weatherhead Center for International Affairs, Harvard University, Working Paper Series, 1998, 98 —06.

[54] TSAI K S. Debating decentralized development: a reconsideration of the Wenzhou and Kerala models [J]. Indian Journal of Economics & Business, Special Issue China & India, 2006: 1—21.

[55] WALCOTT S M. Wenzhou and the third Italy: entrepreneurial model regions [J]. Journal of Asia-Pacific Business, 2007, 8(3): 23—35.

[56] WANG C. Changing spatial patterns of medium-sized cities in China: 1980 — 1992 case studies of Xiamen and Wenzhou using GIS [M]. Ottawa: National Library of Canada, 1997.

[57] WEI Y-H D. Beyond the GPN-New Regionalism divide in China: restructuring the clothing industry, remaking the Wenzhou model [J]. Geografiska Annaler: Series B, Human Geography, 2011, 93 (3): 237 - 251.

[58] WEI Y-H D. China's shoe manufacturing and the Wenzhou model: perspectives on the world's leading producer and exporter of footwear [J]. Eurasian Geography & Economics, 2009, 50(6): 720—739.

[59] WEI Y-H D, LI W—M, WANG C—B. Restructuring industrial districts, scaling up regional development: a study of the Wenzhou model, China [J]. Economic Geography, 2007, 83(4): 421—444.

[60] WHITING S H. The regional evolution of ownership forms: shareholding cooperatives and rural industry in Shanghai and Wenzhou [C]// JEAN C O, WALDER A G. Property rights and economic reform in China. Palo Alto: Stanford University Press, 1999: 171—200.

[61] WU B, ZANIN V. Exploring links between international migration and Wenzhou's development [C]. Paper for Community Research Networking Conference in Prato, Italy, 5th—7th November 2007.

[62] WU B, ZANIN V. Globlisation, international migration and Wenzhou's development [C]. Communities and Action: Prato CIRN Conference, 2007.

[63] WU Q. The rise of the Wenzhou model and its influence on China's development strategy [D]. University of Cambridge (United

Kingdom），2006.

［64］YANG F-M. The impact of hotel service quality on customer satisfaction and behavioural intentions：a case study of hotels in Wenzhou ［D］. Hong Kong：the Hong Kong Polytechnic University，2004.

［65］YE X-Y，WEI Y-H D. Geospatial analysis of regional development in China：the case of Zhejiang province and the Wenzhou model ［J］. Eurasian Geography and Economics，2005，46(5)：342－361.

［66］YEUNG Y-M，HU X-W. China's coastal cities：catalysts for modernization ［M］.Hawaii：University of Hawaii Press，1992.

［67］YOW C H. The Wenzhou diaspora ［D］. Singapore：East Asian Institute，National University of Singapore，2003.

［68］ZAMCHECK A M. Seizing the future and shunning the dead：funeral reform in rural Wenzhou ［D］. Boston：Harvard University，2007.

［69］ZHANG Y. The development of Wenzhou industry clusters：its quality improvement and innovation capability ［D］. Lowell：University of Massachusetts Lowell，2005.

［70］ZHU R－L. Transnational corporations and local economic growth in China a comparative case study of Ningbo and Wenzhou ［J］. Journal of Community Positive Practices，2012，1：71－89.

日文文献

［1］陳玉雄. 中国東南沿海部における「合会」の実態とその金融機能——浙江省温州市と福建省福清市の「標会」の事例比較を中心に－［J］. 中国経営管理研究』，2004，4：23－47.

［2］丁毅，田中彰. 中国における企業間ネットワークと社会的ネットワーク——温州ライター産業を中心に［J］. オイコノミカ，2009，45(3－4)：37－51.

［3］岡元司，オカ モトシ，Oka Motoshi. 南宋期温州の地方行政をめぐる人的結合：永嘉学派との関連を中心に＜シンポジウム：人的結合と支配の論理＞［J］. 史學研究，1996，212：25－48.

［4］関根謙. 温州に見るプロテスタンティズムの諸相について：温州キリスト教会調査旅行報告［R］. 慶應義塾大学日吉紀要. 中国研究，2009，2：

177—192.

[5]黄媚. 中国の利益団体と「強い資本、弱い労働」の現状. 「温州市私営企業家調査（2008 年）」[J]. に基づいて，アジア研究，2010，56（1－2）：1—16.

[6]菊池道樹. 民間企業の発展と地方政府の役割――移行期における中国，温州の事例[J]. Economic review，2001，69（3）：263—299.

[7]菊池道樹. 中国農村地域の民間企業：浙江省温州市の事例[J]. 経済志林，1997，65（3）：37—87.

[8]駒形哲哉. 移行期における民間企業の成長と地域産業発展の含意—温州の事例から—[R]. 中国経営管理学会報告要旨，2004－5－30.

[9]木戸啓仁. 温州みかん市場競争度の計測[J].農林業問題研究，1988，24（2）:81—86.

[10]武田玲子. 温州ミカンにおける産地間競争[J].お茶の水地理，1981，22:22—28.

[11]須藤芳正，荒谷眞由美，田中伸代. 農業経営における経営分析の活用：中山間地域の温州みかん農家の経営分析[J]. 川崎医療福祉学会誌，2001，11（2）：297—305.

[12]厳善平. 温州モデルと蘇南モデル[J]. 三田学会雑誌，2004，96（4）：487—502.

[13]張暁玟. 杭州・温州における地域金融の実態と課題[R]. IIR Working Paper WP♯08－03，2008.

[14]鄭楽静. 温州経済発展初期のイデオロギー問題[J]. 人間・環境学，2009，18：107—119.

[15]佐藤宏. 中国沿海部の郷鎮企業改革と経営者の行為様式—蘇南・温州モデル再考[J]. 一橋論叢，2001，115（6）：598—614 .

附录一

海外温州研究主要学者简介

刘雅灵,台湾政治大学社会学系教授兼系主任。其涉及温州的主要论著有:《来自底层的变革:中国温州农村工业化进程中的私营经济与地方政治》(芝加哥大学博士论文,1991 年);《来自底层的变革:温州农村工业化中的私营经济与地方政治》(《中国季刊》,1992 第 130 期,第 293～316 页);《中国都市化过程中新兴的"农民收租阶级":温州与无锡"城中村"的转型路径、集体抗争与福利政策》(《台湾社会学》2009 年第 18 期)。

傅士卓(Joseph Fewsmith),师从芝加哥大学中国政治问题专家邹谠教授,现为美国波士顿大学国际关系与政治科学教授、波士顿大学跨学科东亚研究项目主任、哈佛大学费正清中国研究中心研究员。其温州研究的代表性论著有:《温州商会凸显中国"市民社会"的潜力与局限》(《中国领导层观察》2005 年第 16 期);《温州商会——走向市民社会?》(载郑永年、傅士卓《中国的开放社会:非国有企业及其治理》,伦敦:劳特利奇出版社 2008 年版,第 174～184 页)。

克里斯特·帕立斯(Parris Kristen Diane),印第安纳大学博士,美国西华盛顿大学政治学系教授。其温州研究的代表性论著有:《地方社会与国家政权:温州模式与中国民营经济政策的形成》(印第安纳大学博士论文,1991 年);《地方积极性与国家改革:发展的温州模式 》(《中国季刊》1993 年第 134 期,第 242～263 页)。

苏路熙(Lucy Farrar Soothill),英国人,苏慧廉夫人,1905 年在温州城西郊天灯巷住宅开办"艺文女学",供教徒女儿读书 1931 年去世。

卢奇·托姆巴（Luigi Tomba），澳大利亚国立大学政治与社会变革系高级研究员。其温州研究代表性论著有《出口"温州模式"到北京和佛罗伦萨：对两个移民社区的劳工与经济组织的比较视角的建议》（载 Hein Mallee, Frank N. Pieke：《国内与国际移民：中国的视角》，劳特利奇出版社，1999 年）。

意大利学者 M Colombo、M Berlincioni、FG Michelucci，著有《温州—佛罗伦萨：托斯卡纳区的身份、企业和结算提供》（佛罗伦萨：费伦泽安吉洛出版社，1995 年）。

华人学者 Chao Wang 著有《中国的中等规模城市的空间图景的变迁：以1980—1992 年间厦门与温州所使用的地理信息系统为个案》（渥太华：加拿大国家图书馆，1997 年）。

华人学者 Luo，Yajie 著有《中国的制度化与农村经济发展：苏南、温州、广东的区域分析》（北卡罗来纳大学，1997 年）。

加拿大学者 Perry，R. Kim 著有《中国的规划：青岛与温州》（魁北克大学，1998 年）；Luigi Tomba 著有《出口"温州模式"到北京和佛罗伦萨：对两个移民社区的劳工与经济组织的比较视角的建议》（载 Hein Mallee，Frank N. Pieke：《国内与国际移民：中国的视角》，劳特利奇出版社 1999 年版）。

美国学者白苏珊（Susan H. Whiting），耶鲁大学学士，密歇根大学博士，华盛顿大学政治学副教授、法律与国际研究副教授。其关于温州研究的代表性论著包括：《所有制形式的地区演变：上海与温州的股份合作企业与农村工业》（载 Andrew George Walder：《中国的产权与经济改革》，斯坦福大学出版社 1999 年版）。

苏慧廉，其人生大致可分为两个阶段：一是作为传教士，二是作为汉学家（教育家）。1882 年 11 月受偕我会派遣来温州传教；1900 年，苏慧廉因处理"庚子教案"有功，被清政府赏封二品顶戴；1914—1918 年任基督教青年会宗教工作主任干事；1920 年任牛津大学中国语言文学教授；1935 年去世。

基思·福斯特，澳大利亚十字架大学亚洲研究课程主任、高级讲师。其关于温州研究的代表性著作包括：《杭州与温州的经济改革和发展比较分析》。

佐藤浩（Hiroshi Sato），东京大学博士，京都大学博士后，现任东京大学化学与生物技术系教授。其关于温州研究的代表性著作：《中国沿海乡镇企业改革：苏南模式与温州模式的再思考》（《一桥论丛》，2001 年第 6 期）。

严善平著有《温州模式与苏南模式》(《三田学会杂志》2004 年第 4 期)。

华人学者 Yun Mao 著有《温州与义乌的地方政府的制度创新、功能转换与民营经济的发展》(瑞典兰德大学,2005 年)。

川上园部(Tetsushi Sonobe),耶鲁大学经济学博士,现任日本政策研究大学院大学教授。其关于温州研究的代表性论著有:《产业集群中的创新:台中的机器工具产业与温州的低压电器产业》(载川上园部、大冢二郎:《以产业集群为基础的工业发展:东亚模式》,Palgrave Macmillan 出版社 2006 年版)。

大冢二郎(Keijiro Otsuka),芝加哥大学博士,现任经济发展日本高级研究基金会教授、日本政策研究大学院大学访问教授、国际食品政策研究所访问学者。其关于温州研究的代表性论著有:《产业集群中的创新:台中的机器工具产业与温州的低压电器产业》(载 Tetsushi Sonobe、Keijiro Otsuka:《以产业集群为基础的工业发展:东亚模式》,Palgrave Macmillan 出版社 2006 年版)。

美国学者蔡欣怡(Kellee S. Tsai),曾任约翰霍普金斯大学人文社会科学学院副院长、政治学教授,现任香港科技大学教授。其关于温州研究的代表性著作包括:《分权发展争论:温州和克拉拉模式再思考》(《印度经济与商业学报》,2006 年第 9 期)

美国学者苏珊·华科特(Susan M. Walcott),印第安纳大学地理学博士,北卡罗来纳大学格林波若分校教授。其关于温州研究的代表性论著有:《温州与第三个意大利:企业家样板地区》(《亚太商业杂志》,2007 年第 3 期)。

菊池道树,日本法政大学经济学教授。其关于温州研究的代表性论著有《地方政府在民营部门发展中的左右:以中国温州为例》(《经济评论》2001 年第 3 期)。

曹南来,北京人,北京大学社会学专业法学学士,美国纽约福德姆大学社会学硕士,以及澳大利亚国立大学社会人类学博士。现为中国人民大学哲学院宗教学副教授,佛教与宗教学理论研究所研究员,中国宗教学会理事,人大复印资料《宗教》刊编委,美国《宗教社会学季刊》(*Sociology of Religion: A Quarterly Review*)编委。主要研究方向为中国宗教的人类学,同时关注经济文化、都市人类学、宗教与现代性、移民与海外华人研究、性别研究、人类学田野研究方法等多个领域。已出版专著《建设中国的耶路撒冷:基督教与城市现代性变迁》(斯坦福大学出版社 2013 年版)。

丹尼斯·魏(Yehua Dennis Wei),美国犹他大学地理系和公共与国际事务研究所教授。

张晓波,康奈尔大学应用经济与管理学博士,国际食物政策研究所博士后,曾任国际食物政策研究所任高级研究员,2012 年作为国家"千人计划"人才被引进到北京大学国家发展研究院中国经济研究中心(CCER)任教。其关于温州研究的代表性作品有《温州制鞋业集群的形成:准入障碍是如何得到克服的?》。

附录二

海外学者论温州发展

(一)关于温州发展的原因

许多海外学者认为"温州以其独特的发展方式和独特的行为方式,创造了中国改革开放以来区域经济发展的一个奇迹"。他们纷纷指出,温州发展存在着固有的悖论:温州的发展是在一个工业资源匮乏、能源行业薄弱、交通运输落后、国有企业弱小、通过外贸或者外资参与到世界经济的程度不高的省份出现的。因此,海外学者纷纷从历史文化传统、制度创新机制、不利的自然地理环境等角度来探究温州高速发展背后的原因。

1.历史文化传统说

在解释温州发展的原因时,基思·福斯特没有简单套用海外中国学研究领域流行的"地方性国家法团主义"(local state corporatism)模型,相反,福斯特强调温州商业文化的历史遗产的重要性,认为诸如传统的商业文化环境这样的非正式因素所产生的影响要远远大于其他因素的影响。1978年以来温州的经济成功可以被看作是被压制了将近30年的经济力量的复兴和释放。事实上,早在外部的官员和媒体意识到或者准备承认温州的销售和生产的个体方法的存在之前,温州人民似乎已经安静地并且坚决地开始复兴地方经济,提高他们自己非常低的生活水平。[①]

艾伦·刘指出,温州成功的公式中的行为要素——巨大的主动性、流动性和长途贩运能力——这些都是经历了数百年才逐渐形成的。温州历来是浙东

---

① Keith Forster, Zhejiang in reform, Wild Peony, 1998.

南和闽北地区的贸易中心,也是与宁波、上海这些北方大港商业往来的主要集散地。温州地区矿产资源贫乏,但是经济作物发达,生产茶、水果、甘蔗、木材和水产品。自南宋(公元960年至1279年)以来,温州人已经将温州地区的自然条件和地理闭塞转化为一种比较优势。他们专门种植经济作物,进行手工业生产——换句话说,他们为市场而生产,农村家庭工业兴盛,普遍的地方市场也发展起来。最重要的是,温州人变得高度流动,擅长长途贩运,这使温州得以养活更多的人口,而这些人口是它的地理条件和自然资源所无法承担的。从这些社会和经济条件中孕育出另一个温州传统——迁徙。但是,迁徙和长途贩运也是人们对政治压力的反应。从宋朝到清朝依赖的历朝历代为了防御倭寇和海盗,一再关闭温州的港口。在新中国前30年,温州人从来没有彻底放弃他们专业化生产和长途贩运的传统。在温州长远的和最近的历史背景下,它在1980年以后的经济成就与其说是一次经济"腾飞",不如说是一次复兴和发展的过程。温州成功的关键可以概括为:传统的制度适应现代的条件。[①]

刘雅灵认为,在1949年革命以后的大多数时间里,无论是农民的家庭农业,还是家庭工业中的小商品生产,在温州都非常普遍。实际上,在20世纪70年代初,许多集体企业的职工已经从他们的企业接订单,在家而不是在车间完成工作。[②] 集体企业起到分包商的功能。换句话说,在1978年国家开始经济改革之前的很长一段时间里,只要国家稍不注意,个体家庭农业、家庭工业和私人市场就在温州悄然出现。正是这种长期的地下发展使得1978年改革大门一打开,温州的私营经济就立即崛起,并且最终让温州成为中国大陆第一个由私营经济占主导的地区。[③]

克里斯特·帕立斯指出,温州地区有600多万人口,是浙江省人口最稠密的地区。它面向东海,紧挨着福建省北部,在历史上就和浙北有着明显的差异。作为众所周知的鱼米之乡,浙北以杭州为中心,杭州是浙江省的政治、商业和文化中心。杭州由于靠近上海,其发展深受上海影响。相反,温州由于地形多山、人口稠密和资源短缺,群众生活极为艰难。土地的贫乏也意味着要靠传统的制

---

① Alan P. L. Liu. The "Wenzhou Model" of Development and China's Modernization [J]. Asian Survey, 1992, 32(8)696—711.

② 按照一位地方专业户的家庭成员回忆,当她1975年为温州市的一家集体企业工作时,她从工厂里承包了生产任务在家里加工。到后来,政治控制紧了,她就关掉了这个家庭工厂,回到了集体企业的车间工作。

③ Yia-ling Liu. Reform from Below: The Private Economy and Local Politics in the Rural Industrialization of Wenzhou[J]. The China Quarterly, 1992, 130(6).

伞、做鞋、弹棉花、织布、制革等手工业来贴补农业。人口过剩迫使许多温州人移居到中国的其他地方谋生,往往是作为贩卖当地产品的流动商贩,有的则在海上谋生,或是去东南亚和欧洲,成为温州海外侨民社会的一部分。①

叶新月、丹尼斯·魏认为,温州模式被称作自下而上的发展/城市化,极少受到上面的干预。的确,温州的发展植根于强调务实与经济成就的强大地域文化和制度。在历史上,建立在企业家精神与农村市场基础上的小企业就是温州经济的脊梁。家庭是主要生产单位,它依赖传统的社会网络来获取原料、信息以及组织生产和销售。历史悠久、分布广泛的温州生产和销售网络有助于当地经济融入更大的市场。②

傅士卓指出,温州人对于他们独特的语言和文化有着强烈的地方自豪感。由于被崇山峻岭所分隔,温州话成为一种与其他方言截然不同的、晦涩难懂的方言,即使那些生活在离温州不远的人们也难以听懂。温州话的独特性有助于温州人团结一致,塑造了某种"我们对抗世界"的精神,这种精神让那些出门在外的温州人得以形成一个圈子。最后,温州人拥有悠久的经商传统和对外贸易的天分,这些传统和天分从来没有完全消失。即使在"文革"期间,当其他地区在"割资本主义尾巴"时,温州的冒险者还在倒买倒卖。当代温州就建立在这些历史遗产之上。③

吴斌(音)、瓦尔特·扎明认为,数千年来,商人在温州受到高度重视,地位很高,这已经成为传统。它是"永嘉学派"的发源地,"永嘉学派"是发源于这一地区的一个独立的思想流派,它捍卫商业行为的价值,认为生产与流动同样重要。这与以儒家为基础的主流文化相当不同,在主流文化中,商人排在士、农、工、兵之后。许多当地学者相信,永嘉学派对于温州人的思想和行为产生了深远的影响,这些影响甚至一直延续至今。上述情况成为温州的独特优势,因为当中国在 20 世纪 70 年代末开始启动经济改革时,温州就立即建立和发展起一种非公

---

① Kristen Parris. Local Initiative and National Reform: The Wenzhou Model of Development[J]. The China Quarterly, 1993,134(6).

② Xinyue Ye and Yehua Dennis Wei. Geospatial Analysis of Regional Development in China: The Case of Zhejiang Province and the Wenzhou Model[J]. Eurasian Geography and Economics, 2005,46(6).

③ Joseph Fewsmith. Chambers of Commerce in Wenzhou Show Potential and Limits of "Civil Society"in China[J]. China Leadership Monitor, 2005,16.

有制经济。①

2.制度创新机制说

澳大利亚学者张贵斌(音)、钟秦(音)指出,就制度安排而言,温州模式以三个创新而闻名于世。第一个创新是70年代末到80年代中期,个体家庭公司"戴红帽子"的实践;第二个创新是从80年代中期到90年代中期,股份合作制企业的形成;第三个创新是90年代末以来,从股份合作制企业向有限责任公司的转型。温州模式被公认为是"来自底层的变革"的典型案例,即这些创新及其演化的激进的本质是个体、家庭以及政府官员在地方层面追求实际利益而不是遵循"自上而下的"指示的产物。温州经济快速增长背后的重要推动力是家庭企业所代表的"原生态的企业家精神"。面临资本和劳动力市场的不发达,家庭成员提供了低廉的和灵活的资源来填补这些市场所造成的空缺。家庭企业有两个主要的优势。第一,由于自我增强的内部契约,家庭关系能够降低市场交易成本;第二,彼此的利益紧密联系在一起的家庭成员能极大地降低代理人成本。家庭企业的这些优势极大地适应了中国目前不完善的市场环境。②

艾伦·刘认为,如果温州人没有灵活地利用中国经济、社会和政治方面的漏洞的话,温州传统的家庭工业、(通过供销员)的长途贩运和专业市场就不可能在1980年以后蓬勃复兴。在经济方面,温州的家庭工业擅长生产那些属于"被排斥的中间的"商品,即大型现代工业——人们可能会加上——尤其是苏联式现代工业所忽视的简单商品。1984年温州供销员所进行的商品调查表明下列成分:五金和电器(28%)、聚丙烯酸酯纤维衣物(22.5%)、塑料袋(18.5%)、铝制徽章标牌(7.5%)、布匹(7.5%)、纽扣和表带(5.5%)、水产品(2.7%)、竹制品加工(2.7%)、塑料鞋(2.4%)、聚丙烯酸酯纤维棉被和眼镜架(2.2%)。温州的消费品行业的确是在"中国的工业结构的漏洞当中"发展起来的。在社会层面,温州人利用经济体制中最薄弱的环节——分配和流通,依托温州巨大的销售队伍来弥补这一漏洞。在政治层面,温州的私营经济在"控制真空"时期迅速发展,当时全国政府仍然没有就转向市场经济而进行必要的调整,这使温州处于有利地位。由于中央没有明确的指示,地方政府不知道该如何处理与私营企业的关系。由

① Bin Wu And Valter Zanin. Exploring Links between International Migration and Wenzhou's Development[R]. Paper for Community Research Networking Conference,5th—7th November 2007,Prato,Italy.

② Guibin Zhang, Zhong Qin. The Development of Private Businesses in China:1978—2004[R]. Asia—Pacific Economic and Business History Conference,2008.

于拥有悠久的商业传统,温州人在利用这一政治漏洞方面领先于其他地区。①

3.绝境求生说

张晓波(音)等华人学者认为,尽管温州最初的不利环境限制了经济的增长,但是它也创造了机会。温州自然资源的匮乏、地域的阻隔和交通的不便阻碍了温州经济的发展。然而,这些不利条件使得温州形成了一种独特的地区社会文化,例如商业文化、开拓和冒险、艰苦奋斗精神、珍视地方关系等等。在某种意义上,"温州模式"的形成也是面对不利因素走投无路的产物。从系统和经济改革的视角来看,糟糕的交通状况在中国改革开放之初是一大优势。在信息沟通不便的时代,偏远的和不易到达的地区较少受到政府的影响和控制,由此有利于那些处于探索阶段的事物或者那些暂时被禁止的事物。这是温州的自上而下的民营经济发展和市场导向的改革存在和发展的重要因素。②

蔡欣怡认为,温州与其他南方沿海城市一样,毗邻台湾使它在战略地理位置上成为一个高风险区域。因此,用于温州的基础设施和工业发展的资源非常有限。在这样的发展资源条件下,由小商品生产者、零售商和批发商所组成的事实上的私营经济在温州市的出现时间既早于中国其他地区,又比其他地区的私营经济更有活力。在1979年农村改革正式启动以前,据估计,温州地区就已经存在1844家个体户;三年后,这一数字增加了11倍,达到20363家。③

海孟德认为,温州位于中国东部沿海中部,以其温和的气候而得名。温州市下辖三个区、两个县级市、六个县,陆地面积11784平方公里,海洋面积11000平方公里。温州市人口770万,其中城镇人口200万,温州广大的农村地区分布于两个县级市和六个县,城区面积近500平方公里。1981年实行的"市管县"政策造就了我们今天所说的温州市。新的温州市面积为11500平方公里,就百分比而言,农村面积的比重超过90%。温州地区绝大部分——接近80%——是山地和崎岖不平的土地。温州三面环山,东北部、西部和西南部都与高山接壤,这

---

① Alan P. L. Liu. The "Wenzhou Model" of Development and China's Modernization [J]. Asian Survey, 1992, 32(8):696—711.

② Xiaobo Zhang. The Formation of Wenzhou Footwear Clusters: How were the Entry Barriers Overcome? [R]. International Association of Agricultural Economists Conference, Gold Coast, Australia, August 12—18, 2006.

③ Tsai, Kellee S. Back—alley banking private entrepreneurs in China[M]. Ithaca, N.Y.; London: Cornell University Press, 2002.

造成了温州的与世隔绝。[①]

福斯特列举了制约温州发展的种种不利因素。一是地理因素。由于地形复杂,温州和浙江其他地区以及其他省份的陆上联系比较少。由于远离主要的旅游区域,并且缺乏适合西方中产阶级消费的宾馆,当时很少有外国人到温州旅游或经商。对于中国人而言,由于当地人都说方言,这也给到温州旅游制造了困难。二是交通因素。温州甚至和省会城市杭州的交流也不方便。交流的困难也是在基础设施建设方面的投资在过去的十年内很难赶上地方经济的快速增长的原因。三是土地因素。伴随着经济改革的到来,温州在摆脱贫困和落后方面面临着很大的问题。市区可耕地缺乏,在1988年,人均可耕地面积只有0.42亩。每公顷土地的农业生产劳动力是15人,而杭州是12人,宁波则是10.5个劳动力。四是人口因素。失业人员的问题在温州特别严重,尤其是在农业部门实行了承包制以后。发展较慢的集体企业无法拯救这种落后的状态,温州仍然有80万剩余农村劳动力。另外在城市也有失业劳动力以及大量的从其他地方来找工作的非城市居民。那么,面临如此不利的客观环境,为什么温州仍然能够快速发展呢?福斯特认为,尽管"在1986/1987年,当社会主义的初级阶段理论以经济发展的名义允许和豁免一切冒险的政策时,经济改革的温州模式获得全国的广泛关注。它也开始为外国观察家所注意"。但是,"早在外部的官员和媒体意识到或者准备承认温州的销售和生产的个体方法的存在之前,温州人民似乎已经安静地并且坚决地开始复兴地方经济,提高他们自己非常低的生活水平"[②]。换句话说,正如福斯特使用的"安静地"和"坚决地"这两个形容词所表征的那样,温州人民的这种埋头苦干的精神才是克服一切困难的源泉。

4.综合因素说

加拿大学者徐威、谭K.C认为,正是市场力量、地方的首创精神、国家的支持,共同促成了温州的社会和经济情况的变革。温州通过同时动员一切地方资源,实现了高速的经济增长。[③]叶新月、丹尼斯·魏认为,温州的发展深深植根于强调实干和经济成就的强大的地方文化和制度。历史根源和建立在浙江人

①　Hemant Kumar Adlakha. Chinese civil society and the anatomy of the Wenzhou model [J]. The Asian Scholar, No. 4.

②　Keith Forster. The Wenzhou Model for Economic Development:Impressions[M]. China Information,1990,53(5):53—64.

③　Wei Xu, K.C.Tan. Reform and the process of economic restructuring in rural China [J]. Journal of Rural Studies,2001,17:165—181.

的生产和销售网络基础上的地理环境有助于把地方经济整合到更为广阔的市场中去。经济改革和转型已经导致了国有企业的衰落和非国有企业尤其是民营和外资企业的崛起,经济改革和转型有利于那些能迅速接受全球化和自由化的地区。那些缓慢改革,受到国家社会主义的影响更大的地区落在了后面。温州已经从导致了中国其他地区的国有企业和乡镇企业衰落,民营和外资企业的崛起的分权化、市场化和全球化的三重过程中获益。[①]

(二)关于温州发展的特征

福斯特指出,温州发展成为国家经济发展的楷模,反映了改革开放以后在中国经济和社会生活中发生的巨大变化。温州经济的特征是以小规模的农村的和基地在郊区的轻工业消费品的制造为基础的。温州的地方工业通常在国内融资,其大多数产品也销售给国内的消费者。[②] 温州模式是一个共同体,它通过增加自己的资金,使用商业技术来开发被国有企业和市场系统忽视的潜在的日常消费品市场的例子。由此形成的资本被用来激活家庭生产。总之,温州模式包括两个突出的特征:商业优先发展,由此促进了工业的发展;基于大成交量、小利润的日用品市场。福斯特还对温州模式的这两个特征加以详细阐述。首先,将家庭工业被放到了重要的位置。虽然它们的生产规模很小,技术陈旧、传统,大部分未加工的生产资料都是废弃物、废弃工业材料,大部分成品的附加值较低,但是它们的生产技术很容易学会并能够快速流传开来,做生意所需的投资小,花费低,产品的利润低、成交量大,因此,它们能够满足人们的需求并具有市场竞争力。其次,包括购买和销售在内的长距离的专业市场的建立和扩大。再次,作为商业和工业中叶的城市和乡镇的发展。农民继续是城市和乡镇人口的主要组成部分,或者是永久的居住者,或者在城市工作再回农村。[③]

刘雅灵认为,1978年以来,尽管私营经济处境不佳——被看作是社会主义

---

① Xinyue Ye,Yehua Dennis Wei. Geospatial Analysis of Regional Development in China:The Case of Zhejiang Province and the Wenzhou Model[J]. Eurasian Geography and Economics,2005,45(5):342—361.

② Keith Forster,Zhejiang in reform,Wild Peony,1998.

③ Keith Forster. The Wenzhou Model for Economic Development:Impressions[J]. China Information,1990,53(5):53—64.

制度的异类,农民企业家成为二等公民①,但浙江的温州仍成为第一个由私营经济占主导的地区。温州地方经济发展的特点是私有化、市场化以及地方对国家政策的偏离化。就私有化而言,从 1978 年年末国家放松了对经济活动的控制以后,私有化的浪潮几乎席卷了温州所有的经济部门。早在 1985 年,当地私营工业、服务业、运输业和建筑业在净产值和销售收入方面就超过了这些行业中的公有经济成分。温州家庭工厂和私营工厂的快速发展极大地改变了当地的经济结构,从农业转向工商业。因而可以说,私营工业的发展是温州经济转型的关键。就市场化而言,1980 年以来,当地市场的数量增长迅速。据报道,1985 年整个温州地区拥有的市场已经达到 472 个,其中专营一种或数种特色商品的专业市场有 120 个。市场数量的日益增加吸引了大量供销员、经纪人、商人和官员前来,这有助于当地经济与全国经济的紧密联系。这意味着,当地家庭工业的小商品生产——建立在对工厂废料重新加工基础上——与市场紧密地联系在一起。就当地偏离国家政策的经济活动而言,最典型的活动之一是挂户经营,私营家庭企业和农民供销员为了获得从事商业活动的合法身份不得不进行挂户经营。由于官方不承认家庭企业和个体供销员是社会主义经济中具有法人地位的经济实体,因而从法律上讲,他们就不能和其他企业做生意。因此,他们为了做生意就需要借用——为此要支付一定费用——一家当地国有企业或集体企业的官方身份,利用集体企业提供的介绍信、正式发票和银行账户。通过这种方式,挂户经营也有助于掩盖家庭企业生产的产品的可疑来源。另一个偏离国家政策的事例是当地的资本市场。当地私营经济资本总额中的 95% 来自"地下",诸如钱会、金融专门户和钱庄这样的私营金融机构,这些私营金融机构一开始就有自己的利率标准。为了与这些私营金融机构竞争,早在 1980 年,当地一家集体信用社在没有向上级主管部门汇报的情况下,第一次放弃固定利率,采用随市场需求变动的浮动利率,但其最高利率仍然没有超过国家的相关规定。在 1984 年中央正式承认浮动利率的合法性以前,温州各大国家银行以及所有的信用社仍然全部实行了浮动利率,尽管他们对浮动利率的合法性还心存疑虑。第三个例子是农民之间的土地流转。在 20 世纪 80 年代初期,随着当地农民从事制造业和商业,许多人放弃务农,将土地转包给别人或者干脆雇人耕

---

① 刘雅灵认为,在中国,"农民"这个称呼也是赢得一种社会地位。它是用农村居住登记来区别的,与实际失业无关。长期离开农业活动的农村居民在官方的身份里还是农民。如果他经营一家加工企业,他会被叫作农民企业家;如果他从事商业,他就会被叫作农民商人或农民生意人——作者注。

种。当时国家禁止农民之间进行土地流转——将其看作是传统的地主/佃农关系的复兴。但是,随着私营经济的不断发展以及市政府探索新的发展手段,土地流转就必然出现。最终,国家在1983年正式允许土地流转。[①]

克里斯特·帕立斯将温州模式的特征归纳为家庭工商业、私人雇工和劳动力市场、商品市场、信贷和金融市场。

叶新月、丹尼斯·魏认为,温州模式的特征是来自底层的发展(城市化),极少来自上面的干预。[②]

在日本学者丸川智生看来,温州的特点是小的家庭工业的崛起及其与市场的互动。温州工业的最为独特的方面之一是毗邻的各种产业集群的共生。在温州,资源和历史并不能解释某一产业在某一地区出现的原因。温州的产业集群是通过重复的模仿形成的,周围的模仿是形成集群的推动力量,这意味着地理上的毗邻关系将转变为技术转让关系。[③]

(三)关于温州地方党委政府的作用

关于温州地方党委政府在温州发展中的作用,海外学者存在较大分歧。以福斯特为代表的部分海外学者认为,温州地方党委政府没有为温州发展做出贡献。1988年,温州地方政府承认最开始没有一个人关注地方市场经济的发展,之后也不知道如何操作它。[④] 诸如民营经济和集体所有制的农村工业这样发展得最好的部门极少得到立法的或者政府的支持。1978年以来,温州的经济战略已经改变了数次,这反映了温州领导层内部对于中央政策总方针的不确定。因此,温州的经济增长模式在很大程度上是来自基层而不是来自政府的自发的经济增长模式。[⑤]

绝大多数海外学者驳斥了福斯特等人的观点,强调温州地方政府在经济发

---

① Yia-ling Liu. Reform from Below: The Private Economy and Local Politics in the Rural Industrialization of Wenzhou[J]. The China Quarterly,1992,130(6).

② Xinyue Ye,Yehua Dennis Wei. Geospatial Analysis of Regional Development in China: The Case of Zhejiang Province and the Wenzhou Model[J]. Eurasian Geography and Economics,2005,46(5)342—361.

③ Tomoo Marukawa. The Geography and History of Industrial Clusters in Zhejiang Province,China,2006[EB/OL]. www.iss.u—tokyo.ac.jp/~marukawa/zhejiangcluster.pdf.

④ Keith Forster. The Wenzhou Model for Economic Development: Impressions[J]. China Information,1990,53(5):53—64.

⑤ Keith Forster,Zhejiang in reform,Wild Peony,1998.

展中发挥的巨大作用。日本学者刘群(音)指出,在中国转型初期,尤其是在从中央控制和计划的经济向市场经济转型的阶段,温州地方政府扮演了"第一推动者"的角色。在起步阶段,如果没有温州地方政府的放松管制和激励政策,民营企业根本不能建立。因此,民营企业最初的外在推动力来自计划体制之外的地方政府,因为地方政府要求增加社会财富。在民营企业发展和扩张的阶段,温州政府同样在决定民营企业的发展上发挥决定性的作用,温州地方政府的卓越治理营造了一个有利的市场环境。[①] 张贵斌、钟秦强调,在温州模式以及最近的所有制改革中,政府发挥了关键作用。因为温州的国有企业和乡镇企业的所有制改革是由各级政府来实施。一般说来,温州政府在民营企业的发展中发挥的作用可以以以下事实来说明,即地方政府不仅与民营企业主合作来发展地方经济,而且作为积极的市场规则制定者来推动民营企业获得资本,使温州的民营企业的产品在全国和国际市场上获得声誉。近年来,温州政府的作用已经从积极参与民营企业的经济活动转变为制定规则和提供服务,使市场环境更加便利。这为民营企业的发展提供了有利的外部环境。[②] 艾伦·刘论证了经济发展需要温州地方政府更加强有力的政治支持,而不是仅仅获得诸如政府控制的滞后这样的允许性因素,因为"温州模式"在社会主义的一切模式中走得最远。地方层面的强有力的政治支持、流动的地方党的领导层以及基层政权的支持使温州的快速发展成为可能。艾伦·刘还引用了《温州的干部》——它记述了温州干部推动工商业发展的功绩——为例,指出,该书收录了 18 名干部,其中市级干部 1 人、县级干部 3 人、乡镇干部 6 人、村干部 7 人,还有 1 人的级别不清楚。尽管这是一个非常小的样本,它的内部差异很大,但行政级别越低,支持工商业发展的干部的数量越多——注意,这些乡镇属于同一个行政级别。艾伦·刘又引用了一位温州前县委书记的话来支持这一分析,这位温州干部说:"我从农村调查中发现,凡是富得快的地区,当地党员中总是务工经商者居多。"[③]

刘雅灵指出,只有在温州市政府对某些半合法或非法的经济活动——它们违反了既有的国家政策,但又是私营经济顺利运行所不可或缺的手段——采取

① 刘群. Case Studies of Local Private Enterprises in Zhejiang Province,China[J]. 開発金融研究所報,2008,37:143—173.

② Guibin Zhang, Zhong Qin. The Development of Private Businesses in China:1978—2004[R]. Asia—Pacific Economic and Business History Conference,2008.

③ Alan P. L. Liu. The "Wenzhou Model" of Development and China's Modernization[J]. Asian Survey,1992,32(8):696—711.

默许态度的情况下,私有化和市场化才有可能出现。像挂户经营、"民间金融"、"土地流转"等得到地方政府包容的半合法或完全非法的经济活动,在温州数不胜数。就"挂户"经营而言,早在20世纪60年代就在宜山区出现了,当地家庭工厂生产的再生棉布出现大量积压,而当地集体所有制的供销社只许可那些政治上有背景的农民作为供销员,从事这些积压产品的长途贩运,这迫使当地干部另辟蹊径。1978年第一任宜山区委书记就向苍南县政府请示,要求允许农民从事家庭企业、商业和长途运输,但却没敢提当地经济中长期存在的挂户经营。1981年中央派干部到宜山来调研家庭工业兴起和市场经济繁荣的情况,他们得出的结论是,尽管挂户经营能复兴当地的商品生产、提高地方收入,但是它违背国家政策。因此,宜山区委书记受到批评,挂户经营遭到禁止。1987年10月,在温州被国家指定为沿海试点城市之后,市政府终于颁发了一系列规范挂户经营双方行为的暂行规定。这时,在当地各级政府的默许下,温州已经到处都实行挂户经营了。我们有理由相信,如果不是当地干部在庇护越轨经济活动方面迈的步子足够大的话,私营经济要成为整个温州经济的主体将会异常困难。①

白苏珊认为,在确定当地占主导地位的工业所有制形式方面,当地政府官员的行为起着关键的作用。乐清的地方官员推动私有制企业的发展,这反映了当地政府试图调动私人手里的资金进行投资。②

蔡欣怡指出,随着时间的流逝,到20世纪90年代,温州地方政府逐渐关心如何保持温州的比较优势。具体而言,温州地方官员担心小商品生产的温州模式也许在生产大量廉价的、低端消费品方面曾经有效率,但是随着其他地区的企业也开始争夺同样的市场,温州的家庭工厂面临着质量更好的产品的挑战。换句话说,那些在20世纪80年代让温州成为全国焦点的特性,在90年代看起来不再是温州所独有的或者能够让温州占据经济优势。为了缓解这一担忧,温州市政府在1993年开展了第二次创业,以便帮助家庭企业扩大规模,提高产品质量,转向技术密集型产品。这标志着最初的温州模式中的政—企关系发生了重大变化。第二次创业标志着增强地方政府监督和制定经济战略阶段的开始。市政府发誓要投资基础设施、创建贸易市场、推进城市化。同时,温州的县政府

---

① Yia-ling Liu. Reform from Below:The Private Economy and Local Politics in the Rural Industrialization of Wenzhou[J]. The China Quarterly,No.130,Jun,1992.

② Susan H. Whiting. The regional evolution of ownership forms: shareholding cooperatives and rural industry in Shanghai and Wenzhou[M]// in Jean C. Oi, Andrew George Walder eds. Property Rights and Economic Reform in China. Stanford University Press,1999.

也制定了支持大型私营企业的倾斜政策。这些 20 世纪 90 年代后半期所发生的变化表明,温州正变成一个更为积极的"地方发展政权",而不是消极地保护当地企业主免于高层的干预。[①] 蔡欣怡还认为,在地处浙南沿海地区的温州,当地政府一般总是支持私营企业。由于这种支持,人们会指望存在着范围广泛的非正规金融中介机构。的确,早在中国由国家控制的银行体系宣布商业化改革的前几年,温州的当地干部就对私营经济的发展持宽容态度,农村企业主就在运用着各种储蓄与信贷机制。当中共温州市委和市政府在 1994 年年初发起的"二次创业"运动进入高潮时,文件明确宣布了其目标,提倡继续发展不同的金融机制。二次创业战略除推动城市信用社和农村信用社在北京、上海、天津和石家庄等地开设城市合作银行以前就改制为商业银行以外,还鼓励当地企业公开发行可以买卖的股份和债券,以改变其过去地下运作的方式。[②]

叶新月、丹尼斯·魏也认为,地方政府推动了温州的发展。作为后社会主义的机构,温州的地方政府通过地方性学习,本质上仍处于转型当中,然而,在顺应基层的市场化推动、保护民营企业和改善商业环境、提高产品质量、发展教育和基础设施方面,它仍然领先于中国其他的地方政府。[③]

徐威、谭 K.C.认为,尽管温州农业的专业化和运营规模的不断增长反映了农民的首创精神和改革前对基础设施的投资的重要性,但这也是由于农村干部的积极领导以及政府政策的适合。那种单方面强调农民自发的以自己的主动精神站起来打碎公社体制,给改革进程提供所有动力的观点站不住脚,最初的步骤是党和政府启动的,农民主要是回应这些步骤,最初犹豫不决,稍后才更活跃。在实施改革政策和决定的过程中,地方干部也发挥了积极的作用,尽管去集体化可能给人这样一种印象,即政治最终与经济分离,政治只是消极的因素。事实上,放弃直接经营企业的角色并不意味着地方政府不再参与农村工业的发展,目前地方政府主要通过制定税收政策、发行银行债券、提供宽松的政策环境

① KELLEE S. TSAI. Debating Decentralized Development:A Reconsideration of the Wenzhou and Kerala Models[J]. Indian Journal of Economics&Business,Special Issue China & India,2006.

② Tsai,Kellee S. Back—alley banking private entrepreneurs in China[M]. Ithaca,N.Y.;London:Cornell University Press,2002.

③ Xinyue Ye,Yehua Dennis Wei. Geospatial Analysis of Regional Development in China:The Case of Zhejiang Province and the Wenzhou Model[MJ. Eurasian Geography and Economics,2005,46(5):342—361.

来促进农村工业的发展。①

(四)温州发展的成就

正如一位海外学者所说,"只有一个人在温州私营企业发展起来以前到过温州,才有资格评价温州在过去的几十年中发生的变化"②。因此,海外学者在肯定改革开放以来温州所取得的各项成就时,往往都是与改革开放以前的情况进行对比。

福斯特指出,整个 20 世纪 80 年代,温州经济的发展十分迅速。在 1981—1985 年的第 6 个五年计划中,市区的工业总产值、农业总产值、收入以及农民的人均收入分别增加 130%、156%、122%、150%。农民人均年收入从 1977 年的 55 元人民币增加到 1985 年的 480 元人民币,三分之一的农民的收入超过了 1000 元。60%的农业劳动力进入到工业和服务业,1988 年从事非农业生产的居民有 95.4 万名。③

艾伦·刘认为,社会总产值(工业、农业、建筑业、交通业、运输业、邮电业和商业总产值的总和)从 1980 年的 30 亿元增加到 1988 年的 130 亿元(美元与人民币之间的汇率是 1∶5.35)。从 1978 年到 1989 年,温州的工业产值从 10 亿元增加到 89 亿元。最重要的变化发生在农村地区,非农产业产值在社会总产值中的比重从 1980 年的 31.7%增加到 1985 年的 67%。农村地区非农劳动力就业的比重从 1980 年的 22%增加到 1985 年的 38%。在 1980 年,温州农民人均收入处于全国最低水平,到 1989 年,温州农民人均收入比全国平均水平高出50%——温州和全国的农民人均收入分别是 924 元和 601 元。④ 在 1990 年,温州建立了它自己的出口加工区——龙湾出口工业区,启用了它的第一个国际机场,它们都是主要依靠当地的力量来修建的。在机场 1.3 亿元的建筑成本中,中央政府只投资了 2000 万元,而在建设出口加工区时,中央没有投入一分钱。在

---

① Wei Xu, K.C. Tan. Reform and the process of economic restructuring in rural China [M]. Journal of Rural Studies, 2001, 17:165—181.

② Keith Forster. The Wenzhou Model for Economic Development: Impressions[J]. China Information, 1990, 53(5):53—64.

③ Keith Forster. The Wenzhou Model for Economic Development: Impressions[J]. China Information, 1990, 53(5):53—64.

④ 黄加劲. 社会的经济技术条件[M]//林白等. 温州模式的理论探索.南宁:广西人民出版社,1987:100—120;伯金斯,尤素福. 中国农村发展[M]. 巴尔的莫:约翰霍普金斯大学出版社,1984:116;中国经济年鉴(1990)[M].第 4 卷. 北京:经济管理出版社,1990:75.

艾伦·刘看来,在经济层面,温州发展的最明显的影响是缓解了劳动力过剩的问题。在 1980 年以前,耕种温州现有的土地只需要 57 万人就够了,而温州的农业劳动力有 260 多万。到 1987 年,家庭工业和其他的私营商业吸纳了 75% 的过剩劳动力,一些过去贫穷的县或乡镇现在出现了劳动力不足的情况。[①]

克里斯特·帕立斯指出,温州民营经济的发展带来了个人和集体财富的快速增长。农村人均收入从 1978 年的 55 元增长到 1985 年 447 元以上,虽然仍然低于 548 元的全省平均水平,但是却高于 397 元的全国平均水平。1984 到 1985 年间,在改革得到加强、中央政策相对宽松时,生活在贫困线以下的人口比例开始大幅度下降,而收入超过 500 元以上的人多了起来。[②]

(五)温州发展中存在的问题

福斯特指出,温州的弱点不仅包括糟糕的交通条件和能源供给的不足,还包括农业基础薄弱、地区发展不平衡、对外开放的不充分、产业转型困难。上海以及长江流域的经济发展意味着,温州的经济发展甚至在国内市场也面临着激烈的竞争和日益严峻的挑战。[③] 福斯特还谈到了温州模式发展当中存在的问题。一方面,福斯特肯定地指出,温州模式的负面影响已经作为实验过程中的小问题被消除了,"不健康的因素"比如逃税、假冒伪劣产品、高利贷、国有集体企业的衰退、教育和文化领域的物质主义、农业部门生产的下滑等由于并不是温州所独有的,尽管这些问题在温州尤为突出。另一方面,福斯特也承认,温州模式存在着两个无法回避的重要问题。首先是劳动力的增长,这一直是社会经济改革的棘手问题;其次是收入差距扩到导致的两极分化。温州人民的收入差距在 20 世纪 80 年代急剧扩大。最富有的劳动者和最穷的农民之间的收入比达到 3000∶1。1985 年,8 万农村居民仍然依靠政府的救济和贷款,而比较穷的村子的人均收入比 1978 年的全市平均收入还要低。[④]

艾伦·刘认为,"温州发展道路的某些影响尚有争议"。温州发展过程中出现的"收入差距"和"童工"等问题"引起公众和政府的担心"。收入差距包括"地

---

① Alan P. L. Liu. The "Wenzhou Model" of Development and China's Modernization [J]. Asian Survey,1992,32(8):696—711.

② Kristen Parris. Local Initiative and National Reform: The Wenzhou Model of Development[J]. The China Quarterly,1993,134(6).

③ Keith Forster. Zhejiang in reform[M]. Wild Peony,1998.

④ Keith Forster. The Wenzhou Model for Economic Development: Impressions[J]. China Information,1990,53(5):53—64.

区之间、行业之间、就业身份之间以及就业类型之间的收入差距。地区收入差别主要存在于富裕的沿海地区与欠发达的山区之间。例如,1984 年在乐清进行的一项调查发现,柳市镇居民的平均年收入是 986 元,而西部 8 个山区乡镇居民的平均年收入是 100 元。关于农业工作与非农业工作之间的收入差距,有关乐清的研究发现,1599 户家庭的平均年收入是 1 万元或 1 万元以上,其中 50% 的家庭专门从事销售,20% 的家庭专门从事制造业,10% 的家庭专门进行劳动包工,10% 的家庭专门从事服务业,5% 的家庭从事其他非农工作。而同年务农的家庭的平均年收入是 600 元。关于老板和员工之间的收入差距问题,1986 年涉及 50 名商人的一项研究发现,老板的平均年收入在 3 万元到 5 万元之间,而员工的平均年收入是 1500 元——员工中最低的年收入是 600 元。私营企业和公有部门的员工之间的收入差距也在扩大。干部的平均月收入是 100 元,结果就是越来越多在公有部门工作的人要么离开公有部门,要么下海经商"。温州人的企业还由于雇佣童工而为人所诟病。关于童工的数量没有精确的数据,但是粗略估计童工总数接近 1 万人。1985 年在作为"温州模式"摇篮的金乡——铝制徽章和塑料薄膜的生产中心——进行的一项研究发现,483 名员工的年龄在 10~16 岁之间,其中 405 人是女孩。当地观念认为,农村孩子要么做"童农",要么做"童工"。温州所谓的童工问题只是暴露了中国农村的总体情况,这些情况包括诸如农村儿童缺乏教育机会、歧视女性的传统以及 1980 年以后家庭工业的兴起。同时,温州发展也存在道德沦丧的一面。1979 年以来,中国的全国性媒体一再揭露了一些温州商人的不诚信行为,例如虚假广告、欺诈性合同、假冒伪劣商品。温州在政治渎职尤其是非法拥有或修建私人住宅方面也有份。[①]艾伦·刘同时提醒人们,要客观理性地看待温州发展当中出现的这些消极因素。"尽管温州在发展的道德沦丧的方面也表现出失范的迹象。但是这些应该站在合适的视角来看。首先,社会层面和经济层面的越轨行为全国都有。第二,温州的一些越轨行为是政府前后不一的政策和法律所造成的,这些前后不一的政策和法律不足以保护私营企业的权利。时至今日,北京仍然没有颁布这样的法律,尽管已经有了关于私营经济的规章。第三,一些越轨行为可能是由于全国市场的不充分竞争以及温州内部沉重的人口压力的产物。随着其他地区开始与温州在手工业和轻工业方面竞争,以及向外移民降低过多的人口,这些越轨行为也许会减少。"

---

① Alan P. L. Liu. The "Wenzhou Model" of Development and China's Modernization [J]. Asian Survey, 1992,32(8):696-711.

刘雅灵指出,私营工业在社会主义经济中的敏感地位以及私营企业寻求政治支持的方式已经加剧了温州各级干部中的受贿、勒索和其他腐败行为,这一点毋庸置疑。温州混乱的税收制度就是一个很好的事例。柳市镇一家生产收音机零配件的私人企业缴纳的是累进所得税,而位于同一个镇的另一家生产电视机开关的私营企业只缴纳轻微的占其产值1％的统一税。不平等的税收使得前一家工厂的老板怀疑,这是对他没有贿赂好当地税务部门而遭到的打击报复。[①]

克里斯特·帕立斯指出,温州私人经济成分的发展过程并不是一帆风顺的,而是付出了代价的。温州模式下的温州经济发展并不平衡。家庭与家庭之间存在着痛苦的差距。虽然私人雇员和他们的雇主之间的差距非常大,但是在温州几乎没有明显的动乱迹象。最近有一篇文章报道说,在一些劳动力不足的农村地区,曾发生过几起怠工和罢工,但是这种集体行动是很少的。这可能是因为在私人企业里的工人原先都是农民,而现在他们的收入有了大幅度提高的缘故。但是,确有发生冲突的潜在因素。一份对温州84家私营企业所做的调查报告表明,雇主报告的他们的平均年收入是他们雇员的35.6倍,而在另外50家企业中则发现,40％的工人对他们的收入或利益感到不满意。童工也成为一个问题,特别是在那些农村私有市场的小镇的车间里,年轻的山村姑娘在又黑又脏的车间里每天要工作12小时或更多,但却只能拿低标准的工资。对于许多学龄青少年来说,到私营企业工作赚钱的这种潜在机遇是比上学更具有吸引力的选择。克里斯特·帕立斯还谈到了价值观的问题,认为温州消费方式的变化也反映出国家社会主义范围内新价值观念的产生。许多农民企业家宁愿把钱花在高消费上,而不愿进行再投资和扩大企业。在20世纪70年代末期和80年代,温州被认为是一个挥霍无度的地区,那里的人们不仅在住房和穿戴上大把花钱,在红白喜事和坟墓上亦是如此。在一些人看来,这正证明温州的企业活动是非理性的、非现代化的或者非社会主义的。这一消费方式可以看作未变得与社会主义国家一致的农民传统行为风气的复苏。在这种情况下,一种小业主的和消费至上主义的新意识形态产生了。无论是城市还是农村居民,都把私人住宅和消费品当成名望的象征。农民企业家的身份和消费至上主义反映出中国传统的"反霸权"的小商品文化。在国家社会主义范围内,新的"反霸权"不是作为自治的地方社会对整个国家的不可改变的对立而兴起的。新的消费方式

---

① Yia－ling Liu. Reform from Below: The Private Economy and Local Politics in the Rural Industrialization of Wenzhou[J]. The China Quarterly, 1992,130(6).

在当地引起了妒忌和冲突。它培养着新的权力关系,有时看起来却和不受束缚地追求物质利益没有什么差别。这对当地社会是一种潜在的危害,对中国共产党也是如此。①

丹尼斯·魏警告道,温州存在制度闭锁——代际的、亲缘的和结构的闭锁——问题。温州的发展囿于独特的发展道路——以家庭为基础的、劳动密集型的制造业为核心。新一代人可能教育程度更高,但是仍然保持强大的家庭商业纽带,尽管他们失去了温州精神的一些美德,例如创业精神和艰苦奋斗。因此,尽管进行了上述的重组,许多温州鞋企还是依赖低技术生产方式的小企业,这些企业仍然是家庭企业。底蕴深厚的制度、强大的地方网络和独特的文化造成了亲属闭锁的问题。强大的地方关系网络——以当地方言和文化为中心——阻止了非温州人的"融入",这进一步降低了当地制鞋业对有经验的设计师和熟练工人的吸引力。在一个政治改革滞后、法律界限不明确的环境中,对利润的追逐导致了"黑箱"交易和腐败。强大的顽固的地方制度在本质上是抵制变革的,这造成了结构性闭锁的潜在问题。在当地制度环境中,外部资金和熟练工人很难表达需求和开展合作。在外商直接投资方面,这一点尤为明显,到目前为止温州的外商直接投资极为有限。因此,三种当地特有的惰性——代际的和结构的惰性——已经极大地影响到吸引外部投资、技术创新和有经验的技术人员。②

蔡欣怡指出,首先温州模式在国内不再是独一无二的了;其次随着时间的推移,它的新的特征使最初的温州模式的性质日趋复杂化,它的可持续性也备受质疑。

第一,政治经济环境已经改变,过去在这一环境中,温州由于作为私营经济活动的堡垒而声名狼藉。20世纪90年代,中国的非国有经济进一步发展,1997年年底的中共十五大宣布致力于国有企业大规模私有化,通过深化改革来提高私营经济发展的合法性。1999年全国人大通过修订的《宪法》第11条规定,私营经济是中国"社会主义市场经济"的重要组成部分;2001年,允许私营企业家入党;2004年,全国人大修订第11条,新增的表述暗示国家将保护私人产权。

① Kristen Parris. Local Initiative and National Reform:The Wenzhou Model of Development[J]. The China Quarterly, 1993,134(6).

② Wei, V. H. Dennis. China's Shoe Manufacturing and the Wenzhou Model:Perspectives on the World's Leading Producer and Exporter of Footwear[J]. Eurasian Geography & Economics, 2009,50(6).

简言之,在改革初期令温州脱颖而出的那些做法不再有争议,也不再不同寻常了。到 2002 年,即使是更多地靠集体企业发展而不是私营经济发展的省份——江苏省,其私营经济也超过了温州所在的浙江省。

第二,除了中国的指导思想和经济结构发生了重大变化外,温州自身也发生了重大变化,这些变化重新定义并且可能损害了温州模式的活力。尽管温州在改革第一个十年中的比较优势来自它的私营家庭工厂和专业市场,但温州地方政府对于大型企业的政策倾斜使得农村个体家庭企业要保持竞争力愈发困难。与大企业相比,小企业在土地审批和银行贷款方面受到的歧视更多。正如金融协会的会长所说,"现在是找市长,而不是找市场了"。政府更多地干预私营经济发展的其中一个后果是,温州各个地区的经济发展成绩被重新洗牌。例如,在 80 年代,苍南县曾经是改革年代中国最富裕的县之一,也是第一家私人钱庄的诞生地。私人企业主过去经常去苍南,仅仅是为了进入苍南非正式的金融市场。但是在 2001 年,浙江省把苍南列为"欠发达"县,因为它的工业相对不发达,尽管龙港的经济由于县政府的投资以及他优越的地理位置而兴盛起来。

与此同时,由于温州的市(县)政府开始掌握当地发展资金,乡镇政府——隶属于县/市一级的政府——的财政压力极大,结果到 2001 年,大约三分之二的乡镇政府破产。尽管在新中国成立的前 30 年,当地政府(或公社)的经费都由上级政府编制预算和下拨经费,财政分权改革让乡镇和村一级政府得以保留更多的地方税收,但是他们的开支需求也急剧增加。政府职能的增多给没有资金的地方政府造成了沉重的负担,即使是像温州这样相对富裕地区的乡镇政府也会拖欠教师和乡镇干部的工资,缺乏诸如修路、教育和医院这些基本服务的基金。到 21 世纪初,温州农村地区的干部从农村信用合作社、私营企业主和各种非正式金融渠道借钱办公成为非常普遍的现象。但是,考虑到乡镇干部、学校和其他行政单位没有现成的预算支出或者其他收入来源,"借钱"给他们并不指望他们归还。因此,在农村信用社已经很紧的资金中出现了更多的呆账,私营企业主实际上——的确是直接地——为农村地区提供公共服务。简言之,由于市(县)一级政府的发展偏好,地方政府不得不从基层提取资金——这些资金本来是可以用于私营企业发展的。[1]

---

① KELLEE S. TSAI. Debating Decentralized Development: a Reconsideration of the Wenzhou and Kerala Models, Indian Journal of Economics & Business, Special Issue China & India, 2006.

此外,蔡欣怡还认为,尽管温州企业主在金融创新上享有盛誉,但是他们并没有像杭州、上海等城市那样掀起投入股市的浪潮。相反,组织严密的股份合作企业和股份有限公司开始出现,成为他们所选择的法人企业形式。从20世纪90年代末期以来,浙江省的决策者与学者之间的争论就更多地集中于经济转型年代中所遇到的管理问题,而不是其相对的合法性和行政管理上的服从问题。与此同时,国有银行的地方分行已经扩展业务,争夺存款的竞争日益加剧,这使一位干部惊呼:"城中的银行比厕所还多。"①

刘群指出,温州民营企业发展的障碍是有限的外部资源(主要是金融限制)和企业的有限能力(企业迫切需要技术升级、获得新的外部技术资源)。如果这两个问题得不到解决的话,温州的民营企业在短期内将难以有巨大的发展。②

叶新月、丹尼斯·魏指出,尽管温州自改革开放以来取得了巨大成功,但它也不是没有问题的;它面临着日益增长的竞争、地方政府的寻租行为和潜在的制度失效的挑战。地方官员仍然试图通过官僚规章和延长项目审批过程来控制经济发展过程,这往往表现为寻租。民营企业主不得不通过与政府官员拉关系甚至贿赂政府官员来保护自己并且(或者)从政府政策中获益。③ 作为温州经济发展的关键推动力的民营企业往往是劳动密集型的,其特点是"轻、小、加工",这意味着劳动分工水平很低、行业缺乏深度、企业的质量低下、产品等级不高、技术水平低下。④

(六)温州发展的经验和启示

海外学者大都把温州的发展视为"中国现代化的缩影"、"改革开放的风向标"、"中国在中央计划的经济和以市场为基础的经济之间,以及在政治的民族主义和社会经济的民族主义之间进行艰难抉择的试金石",试图通过对温州的研

① Tsai,Kellee S. Back—alley banking private entrepreneurs in China[M]. Ithaca, N.Y.; London:Cornell University Press,2002.

② 刘群. Case Studies of Local Private Enterprises in Zhejiang Province,China[J]. 開発金融研究所報,2008,37:143—173.

③ Xinyue Ye,Yehua Dennis Wei. Geospatial Analysis of Regional Development in China:The Case of Zhejiang Province and the Wenzhou Model[J]. Eurasian Geography and Economics,2005,46(5):342—361.

④ Yehua Dennis Wei,Xinyue Ye. Regional Inequality in China:A Case Study Of Zhejiang Province[J]. Tijdschrift voor Economische en Sociale Geografie,2004,95(1):44—60.

究来解答改革开放以来中国所发生的政治、经济、社会等方面的重大变革,相信温州发展的经验和教训也能被用于中国其他地区作为参考。

相当多的海外学者认为,"温州的独特发展道路的重要性超出了它的地理范围,'温州模式'比'苏南模式'更适合于中国农村的发展,'苏南模式'由政府拥有的地方企业组成,采用更为先进的技术,依赖城市地区的国有企业的转包合同。温州与中国的广大农村都具有下列共同特征:远离主要工业城市、低水平的结余、非农业生产技术不发达、依赖家庭经营的手工业。在这些特征中,家庭的决定性作用是温州和中国其余农村社会之间最重要的共同特征"[①]。

艾伦·刘认为,对诸如温州这样的亚社会的深入研究的一个好处在于,勾勒出发展所赖以依存的社会和文化背景的性质。这一研究的另一个可能的好处在于,将温州的发展看作是中国现代化的缩影。通过对温州的研究有助于我们了解中国的政治和经济发展的重要方面与困境。温州的发展表明,当一个复杂社会在进行现代化时,没有一个地方能保持自我封闭;相反,整个地区要在更大的空间中发挥特定的作用。温州现在在中国的现代化进程中发挥着两个特定的作用。第一个作用是作为一个全国性的自由市场。它不再仅仅充当区域性贸易中心,而是定位为全国的贸易中心,全国各地的人都到温州著名的 10 个市镇做生意。温州发挥的第二个作用是充当中国的"第一世界"和"第三世界"之间联系的纽带。当温州人把他们的商品定位于中国的"第三世界"——对外隔绝的山区、边境和贫困地区——时,他们自觉地发挥第二个作用。[②]

蔡欣怡指出,温州的实际经验表明,改革过程充满了不可预见的后果。理由之一是,相互竞争的官僚机构的行为者对于政策的彼此矛盾的解释和实施,对于地方层面上原有的以及新兴的企业主来说产生了不同的影响;他们可能先发制人,提前行动或者乃至激发其他的改革手段。在这种情况下,特定金融机构生存的能力取决于每位行为者在危急关头拥有什么筹码,以及有什么资源来

---

① Alan P. L. Liu. The "Wenzhou Model" of Development and China's Modernization [J]. Asian Survey,1992,32(8):696—711.

② Alan P. L. Liu. The "Wenzhou Model" of Development and China's Modernization [J]. Asian Survey,1992,32(8):696—711.

改造旧的交易关系以适应新的游戏规则。①

张贵斌、钟秦指出,民营企业的崛起通常证明了产权理论中普遍接受的观念,即产权清晰是经济繁荣的先决条件。然而,温州民营企业的发展也证明了这样一个观点,即对于实现私有制,没有普遍接受的方法。这可以从这些事实中看到:不仅中国民营企业的发展是市场导向改革的意料之外的结果,而且正如温州模式所表明的那样,政府极大地参与了民营企业的发展。因此可以说,产权理论需要包括企业所运营的社会和文化背景。温州民营企业的发展受到中国传统文化中政府和家庭因素的影响,由此产生了两种不同的民营企业的发展模式。一种是"红帽子"企业现象,在这里存在政府的极大的参与;另一种是家庭商业的现象,在这里存在家庭极大的参与。家庭企业由于代表了所有权和经营权的不分离的"原生态企业家精神",以及受制于中国目前不完善的市场条件,因此,它似乎是民营企业应该采取的合适的经营形式。②

张谦认为,市场并不内在地增加或者减少不平等;相反,不平等取决于正在出现的市场的制度环境。如果市场扩张扩大了接触市场的机会,使得市场更少地受到精英的支配的话,那么它就拥有平等化的影响。温州的发展经验表明,当分配更多的收入给非农工业工作的劳动力市场成为收入不平等的主要来源时,仍然公平运作的土地市场的开放给予那些在非农业部门处于不利地位的家庭以救济,以便他们也能从市场机会当中获益。这表明,农村市场(包括土地、谷物和信用市场)的进一步开放能补救中国农村日益扩大的不平等。③

马克·斯金纳、阿伦·约瑟夫等学者认为,温州的经验表明,影响农业土地保护的性质和程度的关键性因素是地方政府在中国的政治经济的市场化转型过程中平衡经济、社会和环境利益的能力,农村地区可持续的经济发展取决于

① Tsai，Kellee S. Back－alley banking private entrepreneurs in China[M]. Ithaca，N.Y.；London：Cornell University Press，2002.

② Guibin Zhang，Zhong Qin. The Development of Private Businesses In China：1978－2004[R]. Asia－Pacific Economic and Business History Conference，2008.

③ Qian Forrest Zhang. Retreat from Equality or Advance towards Efficiency? Land Markets and Inequality In Rural Zhejiang[J]. The China Quarterly，2008，195：535－557.

地方政府在整个发展战略中给予农业土地保护的重要性。^① 农村地区的可持续的发展将日益取决于地方政府发展战略中对于社会稳定和环境保护的强调程度。^②

福斯特指出，温州的"多水平、多渠道、多形式的新的商品经济……不是计划经济，而是自然产生的网络，并不是回应强制制度，而是对需求的回应。温州开拓了一条新路来消化过剩的地方劳动力，发展了商品经济，积累了资金，培训了高质量的劳动力，通过家庭工业的发展创造了取代农业经济的必需条件"。但是，福斯特通过引用一位温州奇迹观察者的表述"要警惕对温州模式的模仿来发展经济，要注意它的适用性"，来提醒大家这种警告是及时的、有益的，福斯特指出，人们经常忽视中国的模式的成功率事实上很低，这些模式总是和一定时间的政策相联系的。曾经很出名的"农业学大寨"就是一个很典型的例子。^③

克里斯特·帕立斯认为，在中国，温州模式是一种倍受争议的模式。20世纪80年代，温州的发展模式成为国家政治生活、政策制定和改革的争议焦点。因此，在温州推行和完善的政策，不仅仅是作为地方经济发展的典型，而且具有更为广泛的意义。温州的经验表明，地方个人和群体确实具有影响现存政策的能力。他们着眼于国家社会主义制度与当地实际相结合，期间经常变革现存制度。温州经济体制、多元价值以及新的组织的出现反映了当今中国国家和社会边界的转变以及二者关系的重新定义。^④

佐藤浩认为，温州的案例表明，只要市场环境仍然不够完善，下列情形就可能出现：地方政府要么与参与市场竞争的企业直接合作，要么为企业发挥着市场替代物的作用。然而，随着市场化的深入，地方政府与企业的关系发生了变

① Mark W. Skinner，Richard G. Kuhn，Alun E. Joseph. Agricultural land protection in China：a case study of local governance in Zhejiang Province[J]. Land Use Policy，2001,18:329—340.

② Mark W. Skinner. The Social and Environmental Impact of Rapid Rural Industrialization：Local Regulation In Zhejiang Province[D]. the University of Guelph，2000.

③ Keith Forster. The Wenzhou Model for Economic Development：Impressions[J]. China Information，199053(5):53—64.

④ Kristen Parris. Local Initiative and National Reform：The Wenzhou Model of Development[J]. The China Quarterly，1993,14(6).

化,成为更为间接的关系。换句话说,可以预见,地方政府将居于市场幕后采取支持性作用,而不是作为前台的积极参与者。[①]

---

① Hiroshi Sato. TVE reform and patron-client networks between peasant entrepreneurs and the local government: the Sunan model versus the Wenzhou model reconsidered[J]. The Growth of Market Relations in Post-reform Rural China,Volume 1,Part 2 January,2003:51—90.